新时代马克思主义经典文献精学导读丛书

主编/顾海良

《政治经济学批判》手稿精学导读

顾海良◎著

科学出版社

北京

内 容 简 介

本书所指的《政治经济学批判》手稿，是指马克思的《政治经济学批判（1857—1858年手稿）》和《政治经济学批判（1861—1863年手稿）》这两部手稿。全书在阐明这两部手稿的历史地位、突出作用、主要内容、体系结构的基础上，重点对这两部手稿所蕴含的马克思主义政治经济学的基本原理和思想精髓作出了讲解。同时，本书还深刻挖掘了这两部手稿在新时代的理论价值和现实意义。

本书可供广大党员干部、马克思主义理论与理论经济学专业的学生，以及对马克思主义经典著作感兴趣的读者阅读。

图书在版编目(CIP)数据

《政治经济学批判》手稿精学导读 / 顾海良著. -- 北京 : 科学出版社, 2025. 7. -- （新时代马克思主义经典文献精学导读丛书 / 顾海良主编）. -- ISBN 978-7-03-082431-8

Ⅰ. A811.22

中国国家版本馆 CIP 数据核字第 2025VE2071 号

责任编辑：刘英红　夏水云／责任校对：贾伟娟

责任印制：师艳茹／封面设计：润一文化

科学出版社 出版

北京东黄城根北街 16 号

邮政编码：100717

http：//www.sciencep.com

天津市新科印刷有限公司印刷

科学出版社发行　各地新华书店经销

*

2025 年 7 月第　一　版　开本：720 × 1000　1/16

2025 年 7 月第一次印刷　印张：17 3/4

字数：207 000

定价：68.00 元

（如有印装质量问题，我社负责调换）

丛书编委会

总　　序

“新时代马克思主义经典文献精学导读”是根据新时代学习马克思主义经典著作的需要，对各主要的经典著作所蕴含的马克思主义基本原理及其精神实质作出学习和研究性导读。

马克思主义基本原理是马克思主义的理论精粹，体现了马克思主义的根本性质和整体特征，体现了马克思主义立场观点方法的核心要义，体现了马克思主义科学性、人民性、实践性和时代性的思想特征。习近平总书记指出：“掌握马克思主义，最重要的是掌握它的精神实质，运用它的立场、观点、方法和基本原理分析解决实际问题。”[①]在坚持和发展中国特色社会主义中，我们说“老祖宗”不能丢，在根本上就是马克思主义基本原理不能丢。

马克思主义基本原理深刻地蕴含于马克思主义经典著作之中；马克思主义经典著作是马克思主义基本原理的思想本源和理论基础。同时，马克思主义经典著作也蕴藏着马克思主义经典作家汲取人类探索真理的丰富的思想成果，深刻展现了马克

① 习近平：《中国共产党90年来指导思想和基本理论的与时俱进及历史启示》，《学习时报》2011年6月27日。

思主义经典作家攀登科学高峰、矢志追求真理的精神境界。深入研读马克思主义经典著作是理解和掌握马克思主义基本原理的必修课，也是理解和掌握马克思主义理论体系的基本功。如习近平总书记所指出的："共产党人要把读马克思主义经典、悟马克思主义原理当作一种生活习惯、当作一种精神追求，用经典涵养正气、淬炼思想、升华境界、指导实践。"[①]

"马克思主义就是我们共产党人的'真经'，'真经'没念好，总想着'西天取经'，就要贻误大事！"[②]在提到学习《共产党宣言》的重要意义时，习近平总书记提出："广大党员、干部特别是高级干部要学好用好《共产党宣言》等马克思主义经典著作，坚持学以致用、用以促学，原原本本学，熟读精思、学深悟透，熟练掌握马克思主义立场、观点、方法，不断提高马克思主义理论素养。"[③]理论联系实际，在深化马克思主义经典著作研究阐释中，"推进经典著作宣传普及，让理论为亿万人民所了解所接受，画出最大的思想同心圆"[④]。

"新时代马克思主义经典文献精学导读"对各经典著作的研究阐释，由北京大学、中国人民大学、北京师范大学等高校马克思主义学院从事马克思主义经典著作教学和研究的学者担

---

①《十九大以来重要文献选编》上，中央文献出版社2019年版，第434页。

②《习近平关于全面从严治党论述摘编》，中央文献出版社2016年版，第66页。

③ 习近平：《中国共产党是〈共产党宣言〉精神忠实传人》，《人民日报》2018年4月25日。

④ 习近平：《深刻感悟和把握马克思主义真理力量 谱写新时代中国特色社会主义新篇章》，《人民日报》2018年4月25日。

纲。在对各经典著作的研究阐释中，首先力求对各经典著作形成的社会和历史条件作出准确解读，凸显相应的马克思主义基本原理形成和发展的思想基础和理论背景；其次力求对各经典著作理论内涵和精神实质作出系统导读，彰显新时代学习和实践相应的马克思主义基本原理的理论意义和现实意义；最后力求对经典著作中体现的科学原理和科学精神相结合的思想特征作出全面论述，更为深刻地理解“历史和人民选择马克思主义是完全正确的，中国共产党把马克思主义写在自己的旗帜上是完全正确的，坚持马克思主义基本原理同中国具体实际相结合、不断推进马克思主义中国化时代化是完全正确的”①。

“要以科学的态度对待科学，以真理的精神追求真理，不断赋予马克思主义以新的时代内涵。”②习近平新时代中国特色社会主义思想就是当代中国马克思主义，就是 21 世纪马克思主义。学习马克思主义经典著作，要同学习习近平新时代中国特色社会主义思想结合起来。在这一结合中，更为深刻地理解习近平新时代中国特色社会主义思想，更有定力、更有信心，也更加自觉、更加自信地坚持和发展新时代中国特色社会主义，确保中华民族伟大复兴的巨轮始终沿着正确航向破浪前行。

顾海良

2019 年 11 月 1 日

①《十九大以来重要文献选编》上，中央文献出版社 2019 年版，第 427—428 页。

② 习近平：《深刻感悟和把握马克思主义真理力量　谱写新时代中国特色社会主义新篇章》，《人民日报》2018 年 4 月 25 日。

前　言

马克思的《政治经济学批判》手稿，在广义上是指1843年至1883年马克思政治经济学研究的手稿及相关的文本，狭义上则专指1857年马克思政治经济学进入以叙述为主的思想过程后，以“政治经济学批判”为题撰写的两部手稿，即《政治经济学批判（1857—1858年手稿）》和《政治经济学批判（1861—1863年手稿）》。

《〈政治经济学批判〉手稿精学导读》，就是以马克思的《政治经济学批判（1857—1858年手稿）》和《政治经济学批判（1861—1863年手稿）》为研究对象的。

《〈政治经济学批判〉手稿精学导读》分设十章。在结构上可分作五大板块：第一章为第一板块，主要对这两部手稿在马克思经济思想中的地位和作用问题作出读解；第二章至第四章为第二板块，主要对《政治经济学批判（1857—1858年手稿）》的内容和体系结构及其主要理论作出读解；第五章至第七章为第三板块，主要对《政治经济学批判（1861—1863年手稿）》的内容和体系结构及其主要理论作出读解；第八章和第九章为第四板块，主要对贯穿于这两部手稿的科学技术进步与社会生产力发展理论、未来社会与人的现实和观念联系的全面性理论的读解；第十章作为第五板块，对《政治经济学批判》两部手稿与马克思主义在当代中国的发展问题作出读解。

在以下阐释和读解中，《政治经济学批判（1857—1858 年手稿）》被简称为“《57—58 年手稿》”，《政治经济学批判（1861—1863 年手稿）》被简称为“《61—63 年手稿》”。

目　　录

第一章　马克思经济思想的历史档案

——《政治经济学批判》手稿的理论地位和学理意蕴

随着马克思经济思想研究的深入，关于什么是马克思的《政治经济学批判》手稿、怎样评价马克思的《政治经济学批判》手稿的问题，越来越多地被马克思主义政治经济学研究者和学习者所关注。马克思的《政治经济学批判（1857—1858 年手稿）》（以下简称《57—58 年手稿》）和《政治经济学批判（1861—1863 年手稿）》（以下简称《61—63 年手稿》），是以“政治经济学批判”为题，分别根据马克思构划的“五篇结构计划”和“六册结构计划”撰写的经济学手稿。这两部手稿以往常常被称作《资本论》“第一稿”和“第二稿”，这显然是不准确的。“这两部手稿包含了马克思对《资本论》之外的更为广泛的经济学问题的思考，也包含了超越经济学视界的探索，实际上是‘未知的马克思理论探索’的‘实验记录’和‘档案’。”[①]

《政治经济学批判》手稿的理论地位和学理意蕴的研究，是马克思经济思想探索的大课题。在此，先要对这一大课题中的两个基本问题作出探索：一是中国学者对这两部手稿的命名及其意义的理

① 于春晖：《马克思经济学研究的 10 个问题——访中央马克思主义理论研究和建设工程首席专家顾海良教授》，《人民日报》2013 年 9 月 29 日。

解，对把这两部手稿简单地视为《资本论》“第一稿”和“第二稿”的观点作出评析；二是对这两部手稿在马克思经济思想史上具有的独立的学术价值和理论意境作出阐释，拓新马克思政治经济学理论及其体系的认识视界。

一、《政治经济学批判》手稿的命名及其理论地位

在马克思经济学手稿特别是在《政治经济学批判》这两部手稿研究的不断拓展中，涉及《资本论》和这两部手稿关系的研究亦随之深化。把《政治经济学批判》这两部手稿直接称作《资本论》“第一稿”和“第二稿”的观点时有出现，这种观点在一定程度上忽视了这两部手稿中马克思政治经济学理论的独创性探索，也忽略了这两部手稿独立的学术价值和理论意境。这里仅以《马克思恩格斯全集》中的两个中文译本和《马克思恩格斯文集》第 8 卷为例，说明对《政治经济学批判》这两部手稿地位和意义评价上的变化。

1995 年和 1998 年，《57—58 年手稿》新的中文译本，作为《马克思恩格斯全集》中文第二版的第 30 卷和第 31 卷正式出版，这是这部手稿的第三个中文全译本。在此之前，第一个中文全译本是刘潇然翻译的，手稿标题译作《政治经济学批判大纲（草稿）》[*Grundrisse der Kritik der politischen Ökonomie (Rohentwurf)*]，分五册出版。在对手稿的总体评价上，刘潇然沿用了 1939 年和 1941 年出版的《马克思恩格斯全集》（MEGA[1]）中《政治经济学批判大纲（草稿）》德文版“编者序”的观点，认为这部手稿“标志着马克思

在经济学创作进程上的一个关键阶段”[①]。第二个中文全译本是《马克思恩格斯全集》中文第一版第46卷的译本，分作上、下两册于1979年和1980年出版。《马克思恩格斯全集》中文第一版将这部手稿译作“《政治经济学批判（1857—1858年草稿）》”。在对手稿的总体评价上，中文译者认为这部手稿“是后来的《资本论》的最初草稿，在马克思主义的发展史上占有特殊的地位”；还认为马克思在手稿中“多次提到他的政治经济学巨著的写作计划和分篇法，这些成了后来写作《资本论》的基础”[②]。并对这部手稿作出了三个方面的突出评价：一是从马克思主义发展史上凸显这部手稿的“特殊的地位”；二是突出了这部手稿在《资本论》创作中的“基础”作用；三是强调了从“写作计划”和“分篇法”上理解这部手稿和《资本论》的关系的意义。这成为中国学者对这部手稿进行研究的最具代表性的观点。

《马克思恩格斯全集》中文第二版译本，在对《57—58年手稿》的总体评价上，对中文第一版的主要观点作出新的评价，提出“手稿被视为《资本论》的最初稿，它是马克思主义发展史上的里程碑”；手稿“结构计划中‘一般性’这一部分后来发展成为‘资本一般’，它对《资本论》结构的形成有着重要的影响”[③]。

与之前两个中文全译本的评价相比，第三个中文全译本的评价：一是对这部手稿在马克思主义发展史上的地位作出了“里程碑”意义的新评价；二是肯定了这部手稿在具体范畴和理论上对

① 马克思：《政治经济学批判大纲（草稿）》第1分册，刘潇然译，人民出版社1978年版，第1页。

②《马克思恩格斯全集》第46卷上册，人民出版社1979年版，第Ⅱ—Ⅲ页。

③《马克思恩格斯全集》第30卷，人民出版社1995年版，前言第4、10页。

《资本论》产生的“重要的影响”；三是提出了从“结构计划”上理解这部手稿和《资本论》的关系问题。

《61—63 年手稿》有两个中文全译本：一是在《马克思恩格斯全集》中文第一版中，分别被编入第 26 卷（三册）、第 47 卷和第 48 卷，这一全译本对手稿没有作出整体性评价。二是在《马克思恩格斯全集》中文第二版中，分六卷（第 32 卷至第 37 卷）于 1998 年至 2019 年出版。在第 32 卷的“前言”中，译者没有涉及这部手稿与《资本论》的关系，只在谈到利润理论形成时提及“《资本论》第一稿”的意义，但没有明确这个“第一稿”①就是《57—58 年手稿》，也没有提及“第二稿”的问题；在第 36 卷和第 37 卷的“前言”中，译者不仅提出“1861—1863 年手稿通称《资本论》第二稿”②的观点，还得出“1861—1863 年手稿是马克思在创作《资本论》的过程中，继 1857—1858 年经济学手稿之后写成的又一部手稿，手稿标题为《政治经济学批判》”③的结论。

2009 年，《马克思恩格斯文集》第 8 卷正式出版，这一卷收录了马克思的《政治经济学批判》两个手稿和 1863 年至 1865 年的《资本论》手稿，标题分别为“《政治经济学批判（1857—1858 年手稿）》”、“《政治经济学批判（1861—1863 年手稿）》”和“《资本论（1863—1865 年手稿）》”。这三部手稿的标题，对《政治经济学批判》两个手稿和《资本论》手稿在名称上作出了区分，这应该是中国学术界对《政治经济学批判》手稿研究的新的基本观点。但是，在《政治经济学批判》两个手稿与《资本论》手稿的关系上，

①《马克思恩格斯全集》第 32 卷，人民出版社 1998 年版，“前言”第 18 页。
②《马克思恩格斯全集》第 36 卷，人民出版社 2015 年版，“前言”第 1 页。
③《马克思恩格斯全集》第 37 卷，人民出版社 2019 年版，“前言”第 1 页。

《马克思恩格斯文集》“第 8 卷说明”作出了与《马克思恩格斯全集》中文第一版和第二版不尽相同的说明。

在《马克思恩格斯文集》“第 8 卷说明”中，译者把《57—58 年手稿》直接称作“《资本论》的第一稿”、《61—63 年手稿》直接称作“《资本论》的第二稿”，同时把“《资本论（1863—1865 年手稿）》”称作“《资本论》的第三稿”。作为一种学术观点，这种“三部手稿”的说法，当然不能以“正确”或“错误”的说法加以判定；但在学理上，“三部手稿”的说法还是有其片面性的，这一说法一方面舍弃了长期以来对《政治经济学批判》两部手稿在马克思主义发展史上地位的肯定，另一方面不再以“结构”和“方法”为学理原则来评价这两部手稿与《资本论》手稿之间的关系。更为重要的是，《马克思恩格斯文集》第 8 卷摘选的《政治经济学批判》两部手稿的片段，在内容上并没有支撑这两部手稿是《资本论》的“第一稿”和“第二稿”的观点，反倒是说明这两部手稿具有独立的学术价值和学理意蕴。

《马克思恩格斯文集》第 8 卷从《57—58 年手稿》中摘选的内容的主题主要是：货币的产生和本质；交换价值和社会交换关系的性质；资本的历史使命；劳动和资本在生产过程中的作用；资本的二重倾向：扩大所使用的活劳动和缩小必要劳动；资本主义生产的作用及其界限；异化劳动和资本、资本的再生产和积累、原始积累；资本主义生产以前的各种形式；资本主义生产和交换的普遍性趋势；剥削社会中的劳动和真正自由的劳动；资本主义社会中的个人自由；机器体系和科学发展以及资本主义劳动过程的变化；资本主义条件下和共产主义条件下的社会生产力等。按照这些主题摘选的内容，深化了对《57—58 年手稿》在马克思主义发展史上的地位和意义的理解。特别是关于人的历史发展的三种社会形式理论所凸显的人的依赖关系的形式，以物的依赖性为基础的人的独立性的形式，以及建立在个人全面发展和他们共同的、社会的生产能力成为从属于他们的社会财富这一基础上的自由个性的形式，没能体现《资本论》“第一稿”的学理意义；对前资本主义的各种所有制形式，如亚细亚的所有制形式、古代的所有制形式、日耳曼的所有制形式的探索，也没能体现出作为《资本论》“第一稿”的含义；对机器体系的发展及其应用的重大意义的分析，以及对科学技术是极其重要的生产力的探索等内容，完全“超越”了《资本论》理论及其体系的研究。

《马克思恩格斯文集》第 8 卷从《61—63 年手稿》中摘选的内容，在主题上主要是：关于生产劳动和非生产劳动的论述，对生产劳动问题不能只从物质生产的内容来考察，还要从社会形式即一定的社会关系理论上加以考察；关于经济危机的系统阐述，揭示了简单商品生产条件下存在的危机可能性怎样随着资本主义的发展而成为现实必然性；关于自然力和科学的使用问题的探索，对机器的产生和发展过程及其对社会经济关系影响问题作出广泛论述，得出科学的应用、机器的发明必然引起生产方式的演进，进而引起生产关系和社会关系的变革的理论；关于劳动对资本的形式从属和实际从属的历史逻辑和理论逻辑的探索，揭示了资本及其剩余价值生产方式的本质特征及其历史趋势等内容。这些摘选的片段，都是《61—63 年手稿》中独特的理论内容，都是在《资本论》手稿中没有再度展示的内容，因而也不能支撑《61—63 年手稿》是《资本论》“第二稿”的说法。

二、《政治经济学批判》“结构”的学理探析

对《政治经济学批判》手稿和《资本论》手稿关系的判断，不能只从写作时间的连续性上或者年代排列的接续性上加以考察，而应该从手稿本身的对象、理论和体系结构的演进与过程上去探索。如《马克思恩格斯全集》中文第一版和第二版所指出的，应该从马克思关于“结构”的内涵及其“方法”的学理要义上加以理解。

1866 年 2 月 20 日，马克思在为《资本论》第一卷德文第一版作最后润色时，在给恩格斯的信中提起：“在像我这样的著作中细节上的缺点是难免的。但是结构，即整个的内部联系是德国科学的辉煌成就，这是单个的德国人完全可以承认的，因为这决不是他的功绩，而是全民族的功绩。”[1]马克思这里的“结构”是用英语“结构”（composition）表达的，突出了德语中“内部的联系”（Zusammenhang）的含义。这实际上是马克思对“结构”的内涵和学理意蕴及其展开过程和表现形式的理解与把握。中译本将其译作“结构”是有其合理性的，为我国学术界破解《政治经济学批判》两部手稿和《资本论》手稿的关系提供了一把“钥匙”。

对“结构”的内涵与学理意蕴，马克思在写作《政治经济学批判》两部手稿和《资本论》手稿时曾多次提到，留下了许多详尽的论述。梳理其要义，这些论述对“结构”的含义作出了三个层面的阐释，这三个层面的含义既有显著的差异性，又有密切的关联性。

第一，对象的结构。马克思在 1857 年 8 月开始写作的《〈政治经济学批判〉导言》（以下简称《导言》）中提出：政治经济学探讨

①《马克思恩格斯文集》第 10 卷，人民出版社 2009 年版，第 236 页。

的就是“形成资产阶级社会内部结构并且成为基本阶级的依据的范畴”①。这里的“内部结构”（die inner Gliederung②），指的就是作为政治经济学对象含义上的结构。经济思想史上重大的理论突破和推进，一般都以对象结构上的新的理解为起点；同样，对马克思经济学手稿或文本的探索，也应该立足于对对象结构本身的把握上。对象结构，就是作为客体存在的既定的经济的社会关系的内部结构。

第二，思想、思维的结构。马克思提到“资产阶级社会是最发达的和最多样性的历史的生产组织。因此，那些表现它的各种关系的范畴以及对于它的结构的理解，同时也能使我们透视一切已经覆灭的社会形式的结构和生产关系”③中的“对于它的结构的理解”（das Verständniß inner Gliederung④）；以及“把经济范畴按它们在历史上起决定作用的先后次序来排列是不行的，错误的。它们的次序倒是由它们在现代资产阶级社会中的相互关系决定的，这种关系同表现出来的它们的自然次序或者符合历史发展的次序恰好相反。问题不在于各种经济关系在不同社会形式的相继更替的序列中在历史上占有什么地位”，“而在于它们在现代资产阶级社会内部的结构”⑤中的“内部结构”（die inner Gliederung⑥）的“结构”。这里“结构”主要是指经济概念、经济范畴及经济运动过程在“思想总体”中的结构，即经济概念、经济范畴和经济运动过程的内在联系

①《马克思恩格斯全集》第 30 卷，人民出版社 1995 年版，第 50 页。
② *Marx-Engels-Gesamtausgabe (MEGA²)*, Band Ⅱ, Berlin: Dietz Verlag, 1976, p.43.
③《马克思恩格斯全集》第 30 卷，人民出版社 1995 年版，第 46 页。
④ *Marx-Engels-Gesamtausgabe (MEGA²)*, Band Ⅱ, Berlin: Dietz Verlag, 1976, p.40.
⑤《马克思恩格斯全集》第 30 卷，人民出版社 1995 年版，第 49 页。
⑥ *Marx-Engels-Gesamtausgabe (MEGA²)*, Band Ⅱ, Berlin: Dietz Verlag, 1976, p.42.

和内部结构。

在马克思看来，思维结构是对对象结构的反映，是对象结构在思维过程中的再现。作为主体对客体的思维结果，思维结构的发展程度：一是新的范畴和概念的产生，二是范畴和概念之间逻辑关系的形成，三是逻辑起点范畴和概念的形成。思维的结构是理论创新的关键，马克思视作“德国科学的辉煌成就”的“结构”，指的就是“结构”的这一含义。

第三，外在的结构。政治经济学理论著作的编排顺序结构，如著作的“册”“卷”“篇”“章”等结构。在《导言》中，马克思在提到“五篇结构计划”划分时提出“应当这样来分篇”[1]，其中的“分篇”（Eintheilung[2]）就是著作篇章外在的结构的含义，是一种已经存在的结构的状态（the state of being organized）。1867 年 6 月 27 日，马克思在最后校改《资本论》第一卷德文第一版时，在同恩格斯讨论价值形式“附录”的“结构”时再次提到：“我这里把这一附录的结构——章节和标题等等——抄给你。”[3]这里的“结构”（Eintheilung）就是以上“分篇”的意义，指的就是价值形式“附录”章节排列上的结构。

在马克思看来，“结构”这三个层面的表述及含义是有区分的，但又是相互联系的。对结构的含义及关系的把握，同马克思在《导言》中提出的“具体总体作为思想总体、作为思想具体，事实上是思维的、理解的产物”[4]的方法有着直接联系。“结构”的这三

①《马克思恩格斯全集》第 30 卷，人民出版社 1995 年版，第 50 页。

② *Marx-Engels-Gesamtausgabe (MEGA^2)*, Band Ⅱ, Berlin: Dietz Verlag, 1976, p.43.

③《马克思恩格斯全集》第 31 卷，人民出版社 1972 年版，第 319 页。

④《马克思恩格斯全集》第 30 卷，人民出版社 1995 年版，第 42 页。

个层面及其关联性的含义，是从学理上理解《政治经济学批判》两部手稿之间的关系，以及理解《政治经济学批判》两部手稿与《资本论》手稿之间的关系的重要根据。对结构及其关系的这些理解，是以马克思的经济学方法为基础的。

马克思在 1857 年 8 月开始撰写的《导言》中就提出了《政治经济学批判》的“五篇结构计划”。这一结构的主题：第一篇为“一般的抽象的规定”；第二篇为“形成资产阶级社会内部结构并且成为基本阶级的依据的范畴。资本、雇佣劳动、土地所有制”；第三篇为“资产阶级社会在国家形式上的概括”；第四篇为“生产的国际关系”；第五篇为“世界市场和危机”①。1857 年 10 月之后，“五篇结构计划”成为马克思写作《57—58 年手稿》的总纲，也成为这部手稿具有独特的科学价值的结构上的根据。

1858 年 2 月，马克思改变了“五篇结构计划”的写作构想，进一步提出了《政治经济学批判》的“六册结构计划”。在给拉萨尔的信中，马克思提出，“全部著作分成六个分册：1. 资本（包括一些绪论性的章节）；2. 土地所有制；3. 雇佣劳动；4. 国家；5. 国际贸易；6. 世界市场”②。1858 年 3 月至 4 月，马克思对“六册结构计划”作了补充性说明：一是把第一册《资本》分为四篇，形成了关于《资本》的“四篇结构”，即第一篇“资本一般”、第二篇“竞争或许多资本的相互作用”、第三篇“信用”和第四篇“股份资本”③；二是对第一册《资本》的第一篇“资本一般”的内在结构作了初步思考，认为“资本一般”篇应该包括“(1) 价值，

①《马克思恩格斯全集》第 30 卷，人民出版社 1995 年版，第 50 页。
②《马克思恩格斯文集》第 10 卷，人民出版社 2009 年版，第 150 页。
③《马克思恩格斯文集》第 10 卷，人民出版社 2009 年版，第 157—158 页。

（2）货币，（3）资本一般（资本的生产过程，资本的流通过程，两者的统一，或资本和利润、利息）”[①]。1859 年 6 月出版的《政治经济学批判》第一分册，就是由“六册结构计划”中第一册《资本》第一篇“资本一般”的前两章构成的。马克思在《〈政治经济学批判〉序言》（以下简称《序言》）中，第一次也可能是唯一一次公开阐明“六册结构计划”的主要内容：“我考察资产阶级经济制度是按照以下的顺序：资本、土地所有制、雇佣劳动；国家、对外贸易、世界市场。在前三项下，我研究现代资产阶级社会分成的三大阶级的经济生活条件；其他三项的相互联系是一目了然的。”[②]

1861 年 8 月，马克思按照预定计划，从第一篇“资本一般”的第三章开始，继续写作《政治经济学批判》第二分册，这就是《61—63 年手稿》的肇始。“六册结构计划”成为《61—63 年手稿》具有独特的科学价值的结构上的根据。

大约在 1862 年底，马克思在写作《61—63 年手稿》时，对“六册结构计划”作出了调整，提出了写作《资本论》的“四册三卷”的结构计划。1862 年 12 月 28 日，在给库格曼的信中，马克思提到，他正在写作的手稿是“第一分册的续篇，将以《资本论》为标题单独出版，而《政治经济学批判》只作为副标题。其实，它只包括本来应构成第一篇第三章的内容，即《资本一般》。这样，这里没有包括资本的竞争和信用。这一卷的内容就是英国人称为‘政治经济学原理’的东西。这是精髓（同第一部分合起来），至于余下的问题（除了不同的国家形式对不同的社会经济结构的关系以

①《马克思恩格斯全集》第 50 卷，人民出版社 2021 年版，第 346 页。
②《马克思恩格斯全集》第 31 卷，人民出版社 1998 年版，第 411 页。

外），别人就容易在已经打好的基础上去探讨了”[①]。在这里，马克思还是从与第一册《资本》的第一篇“资本一般”的联系上，说明了《资本论》的最初结构：《资本论》只是第一篇“资本一般”第三章的内容，也只是《61—63 年手稿》整体结构的局部内容；后者在结构上并没有作为前者的“初稿”或者“第二稿”而存在。

1863 年至 1865 年，马克思写下的以《资本论》为标题的政治经济学新手稿，其依据的就是《资本论》的新结构。马克思告诉恩格斯：“至于我的工作，我愿意把全部实情告诉你。再写三章就可以结束理论部分（前三册）。然后还得写第四册，即历史文献部分；对我来说这是最容易的一部分，因为所有的问题都在前三册中解决了，最后这一册大半是以历史的形式重述一遍。”[②]《资本论》的“四册三卷”结构：第一册“资本的生产过程”、第二册“资本的流通过程”（与第一册合为第一卷）、第三册“总过程的各种形式”（第二卷）、第四册“理论史”（第三卷）[③]。

显然，《马克思恩格斯文集》第 8 卷标示的“《政治经济学批判（1857—1858 年手稿）》”、“《政治经济学批判（1861—1863 年手稿）》”和“《资本论（1863—1865 年手稿）》”的名称，是对马克思三部经济学手稿内涵和学理上的准确把握；而把这三部经济学手稿简单地称作《资本论》的“第一稿”、“第二稿”和“第三稿”是有片面性的。

①《马克思恩格斯文集》第 10 卷，人民出版社 2009 年版，第 196 页。
②《马克思恩格斯文集》第 10 卷，人民出版社 2009 年版，第 230—231 页。
③《马克思恩格斯文集》第 10 卷，人民出版社 2009 年版，第 246 页。

三、《政治经济学批判》手稿独立的科学价值

马克思自 1843 年开始研究政治经济学，就提出了撰写政治经济学著作的结构问题。1844 年，马克思提出过政治经济学著作的两个结构计划：一是“政治和政治经济学批判”的结构计划。这一结构计划萌生于 1844 年的春天，比《1844 年经济学哲学手稿》的创作早几个月。马克思有时把这两卷本的“政治和政治经济学批判”著作，直接称作《政治经济学批判》①。其实，马克思并没有实际地写作这一两卷本的手稿。二是在写作《1844 年经济学哲学手稿》时提出的结构计划。马克思在这部手稿中提出：“我打算用不同的、独立的小册子来相继批判法、道德、政治等等，最后再以一本专门的著作来说明整体的联系、各部分的关系，并对这一切材料的思辨加工进行批判。由于这个原因，在本著作中谈到的国民经济学同国家、法、道德、市民生活等等的联系，只限于国民经济学本身专门涉及的这些题目的范围。”②德语中的“国民经济学”，就是当时流行的“政治经济学”。按照马克思初步形成的思想体系，对国民经济学的批判同对法的批判、道德的批判、政治的批判，以及对其他的与“整体的联系”相关方面的批判是结合在一起的，但在“整体”内又具有相对独立性。1851 年下半年，马克思在《伦敦笔记》的创作过程中，还提出过出版政治经济学“批判”和“历史”的三卷本结构和写作计划，其中第一卷为政治经济学“批

①《马克思恩格斯全集》第 27 卷，人民出版社 1972 年版，第 473 页。
②《马克思恩格斯文集》第 1 卷，人民出版社 2009 年版，第 111 页。

判”、第二卷为社会主义者“批判”、第三卷为政治经济学“历史”[①]，“政治经济学批判”正式成为马克思政治经济学著作的总的名称。

在1857年的《导言》中，马克思不仅对“政治经济学批判”这一著作名称再次加以肯定，而且以“五篇结构计划”为总纲，撰写了《57—58年手稿》，实际地进入了马克思政治经济学理论体系阐释的新阶段。

“五篇结构计划”凸显了《57—58年手稿》在理论上的独特性和创造性。在“五篇结构计划”第一篇“一般的抽象的规定”中，突出的是对“一些有决定意义的抽象的一般的关系，如分工、货币、价值等等”[②]的探讨。这些抽象范畴实质上是对资本主义发达的商品经济关系的抽象，因为“最一般的抽象总只是产生在最丰富的具体发展的场合”[③]。在这些独特的叙述中，马克思得出的创造性结论就是：“有必要对唯心主义的叙述方式作一纠正，这种叙述方式造成一种假象，似乎探讨的只是一些概念规定和这些概念的辩证法。因此，首先是弄清这样的说法：产品（或活动）成为商品；商品成为交换价值；交换价值成为货币。”[④]

第二篇重点论述的是资本、雇佣劳动和土地所有制这三个形成资产阶级社会内部结构并成为这一社会基本阶级的依据的范畴及其相互关系。在对资本、雇佣劳动和土地所有制的历史逻辑和理论逻辑关系的阐释中创造性地提出：“毫无疑问，典型形式的雇佣劳

①《马克思恩格斯全集》第48卷，人民出版社2007年版，第430、435页。
②《马克思恩格斯全集》第30卷，人民出版社1995年版，第41—42页。
③《马克思恩格斯全集》第30卷，人民出版社1995年版，第45页。
④《马克思恩格斯全集》第30卷，人民出版社1995年版，第101页。

动，即作为扩展到整个社会范围并取代土地而成为社会立足基地的雇佣劳动，起初是由现代土地所有权创造出来的，就是说，是由作为资本本身创造出来的价值而存在的土地所有权创造出来的。因此，土地所有权反过来导致雇佣劳动。从一方面来看，这不外是雇佣劳动从城市传播到农村，即雇佣劳动扩展到社会的整个范围。”[①]

在对资本与科学技术的结合的分析中，马克思认为，科学在资本主义经济中的利用，极大地推动了社会生产力的发展，劳动的主体因素和客体因素发展到历史的新高度。但是，科学在资本主义经济关系中的利用形式，也使得科学的力量转化为资本的力量，科学成为资本获取财富的手段。对劳动主体来说，在这一过程中，科学成为一种异己的、敌对的和统治的权力：一方面，科学成为资本攫取剩余价值的手段，科学本身也就成了那些投资于科学的人致富的手段，科学在生产实践中的神圣使命被资本增殖的本性所扼制；另一方面，“科学通过机器的构造驱使那些没有生命的机器肢体有目的地作为自动机来运转，这种科学并不存在于工人的意识中，而是作为异己的力量，作为机器本身的力量，通过机器对工人发生作用”[②]。资本的趋势是赋予生产以科学的性质，而直接劳动则被贬低为只是生产过程的一个要素。科学在资本主义经济关系中的利用形式，必然出现以客体的智能化弥补主体异化的发展趋势，对客体改造的追求远甚于对主体智能提高的关注。科学在劳动主体和劳动客体作用上的这种反差，不仅是科学的力量转化为资本的力量的必然结果，也是科学在资本主义经济关系中进一步发展的最大障碍。

①《马克思恩格斯全集》第 30 卷，人民出版社 1995 年版，第 235 页。
②《马克思恩格斯全集》第 31 卷，人民出版社 1998 年版，第 91 页。

第三篇主要探讨资产阶级社会在国家形式上的概括。按马克思的设想，这一篇包括对国家的本质及其经济职能一般性质的研究；对国家和经济发展、经济结构关系的研究，其中包括对不同国家和经济发展、经济结构关系的比较研究；对国家经济职能形式的概述，包括对税、国债、公共信用、人口等问题的概述。

第四篇和第五篇从资本主义国际交换和世界市场的整体关系上，考察资本主义经济关系的具体规定性。

在《57—58 年手稿》的写作过程中，马克思就提出了“六册结构计划”。“六册结构计划”对“五篇结构计划”作出了两个方面的重要修改：一是“五篇结构计划”的第一篇“一般的抽象的规定”或“关于生产一般”不再独立成篇，调整为“六册结构计划”的第一册《资本》“绪论性的章节”的内容。二是对“五篇结构计划”的第二篇“形成资产阶级社会内部结构并且成为基本阶级的依据的范畴。资本、雇佣劳动、土地所有制”等内容作了扩展，资本、土地所有制（地产）和雇佣劳动三大范畴，成为“六册结构计划”前三册的独立部分。“五篇结构计划”后三篇与“六册结构计划”后三册的主题，基本上是一致的。

“六册结构计划”凸显了资本及其形式理论的重要地位，马克思在《61—63 年手稿》一开始就以“资本的最一般形式”的“G—W—G”公式为基础，对产业资本、商业资本和借贷资本等各种资本的产生、作用过程及相互转化关系作出系统阐释。马克思认为，商业资本和生息资本尽管是历史上最古老的资本形式，但在资本主义生产方式的基础上，它们都表现为产业资本的“派生的、第二级的形式”。这是因为，在资本主义生产方式的总体中，“产业资本是在资产阶级社会占统治地位的资本关系的基本形式，其他一切形式都不过是从这个基本形式派生的或次要的，——派生的，如生息资本；次要的，也就是执行某种特殊职能（属于资本的流通过程）的资本，如商业资本。所以，产业资本在它的产生过程中还必须首先使这些形式从属于自己，并把它们转化为它自己的派生的或特殊的职能”①。资本的“基本形式”和“派生形式”关系，是理解资本一般与资本特殊关系的关键，是揭示剩余价值一般向剩余价值特殊（产业利润、商业利润、利息）转化的基本规定。

在资本形式及其转化过程中，产业资本转化为商业资本是职能资本（产业资本、商业资本）从生产过程向流通过程的转化；产业资本转化为借贷资本则是职能资本向非职能资本的转化。在借贷资本 G—G′ 的运动形式上，资本的一般形式 G—W—G′ 取得了最外在化的表现，成了一种“毫无内容的形式，不可理解的、神秘的形式”②。在这一过程中，资本的形式越来越和它的内在本质相异化，越来越与资本的本质失去联系。在借贷资本的运动中，“资本取得了它的纯粹的物神形式”③。马克思对资本形式转化及其过程的这些阐释，揭示了资本本质及其转化的、衍生的各资本形式的关系，使得《61—63 年手稿》超越了《资本论》的理论视界。因此，把这部手稿仅仅作为《资本论》的“第二稿”来对待是有片面性的。

在这部手稿中，马克思第一次对劳动对资本的从属关系作出深透分析。马克思认为：劳动对资本的形式从属和绝对剩余价值生产有着同等的意义，这使旧有的、宗法的或以其他人身依附为基础的

①《马克思恩格斯全集》第 35 卷，人民出版社 2013 年版，第 319 页。
②《马克思恩格斯全集》第 35 卷，人民出版社 2013 年版，第 317 页。
③《马克思恩格斯全集》第 35 卷，人民出版社 2013 年版，第 316 页。

强制形式被消除，劳动者成为形式上的“自由人”；资本承袭的只是从封建社会演变来的现存的“生产方式”。但是，在从属形式中，劳动过程是在资本的监督和管理下进行的，劳动过程的性质已经发生本质变化。

随着资本主义生产方式的实际发展，劳动对资本的形式从属也以相同的程度转化为对资本的实际从属。实际从属是在直接生产过程中更大规模地应用自然力、科学和机器的结果，是科学技术力量转化为资本力量的结果，也是绝对剩余价值生产向相对剩余价值生产转化并得到充分发展的结果。在实际从属中，雇佣劳动者不仅在生产过程中完全从属于资本，劳动成为发展起来的机器和机器体系的附属物，而且在消费过程中也从属于资本，成为资本再生产的必要要素。在劳动对资本的实际从属阶段，资本家必须是具有一定规模的生产资料的所有者或占有者；在这种生产资料所有制形式中，劳动对资本的实际从属，潜藏着资本主义经济关系自我扬弃的因素，在“劳动的异己的所有制”①的经济关系中，深刻蕴藏着资本私有制转化为“联合起来的、社会的个人的所有制”②的历史必然性。劳动对资本从属的理论，是《61—63 年手稿》中具有独立的科学价值的理论，它的理论内涵远远超出了《资本论》“第二稿”的限界。

《政治经济学批判》这两部手稿在结构上的差异，使得它们成为理论上相对独立的两部手稿。无论是在对象结构、思维结构还是在外在结构上，以“五篇结构计划”和“六册结构计划”为纲要的

①《马克思恩格斯全集》第 37 卷，人民出版社 2019 年版，第 300 页。
②《马克思恩格斯全集》第 37 卷，人民出版社 2019 年版，第 300 页。

《政治经济学批判》两部手稿，不能简单地被视作《资本论》的“第一稿”和“第二稿”；如果仅仅从《资本论》“第一稿”和“第二稿”的意义上来理解《政治经济学批判》两部手稿，就有可能把马克思在这两部手稿中超越《资本论》的理论创新和理论创造湮没，也就不可能从马克思政治经济学的整体结构上全面理解《政治经济学批判》手稿和《资本论》的思想精髓与理论要义。

四、《政治经济学批判》手稿与《资本论》体系结构的关系

《资本论》的“四册三卷”结构是在《政治经济学批判》“六册结构计划”的基础上形成和发展起来的。在《资本论》中，马克思没有舍弃“政治经济学批判”的名称，“政治经济学批判”实际上是马克思一生政治经济学的科学革命的理论特征、思想特色和学理根据。《资本论》是马克思对《政治经济学批判》整体中“核心”和“精髓”内容的叙述，不能把《政治经济学批判》两部手稿整体上的内容，仅仅作为《资本论》的“第一稿”或“第二稿”来对待，否则既可能忽视《政治经济学批判》这两部手稿中独特的理论创新和独立的科学价值，也可能把《资本论》“四册三卷”结构误解为是《政治经济学批判》“六册结构计划”的终结。

马克思经济思想发展的历史证明，《资本论》“四册三卷”结构的形成，并不意味着马克思已经放弃原先的“六册结构计划”；“六册结构计划”仍然是马克思设想的《政治经济学批判》的整体结构。总体上，“六册结构计划”的第一册《资本》第一篇以后的各

篇（竞争或许多资本的相互作用；信用；股份资本），以及第一册《资本》以后的其他各册（土地所有制；雇佣劳动；国家；对外贸易；世界市场），还是作为《资本论》“可能的续篇”而存在。

《资本论》集中于对“六册结构计划”中第一册《资本》第一篇“资本一般”的阐释。为了资本一般理论的完整性，《资本论》尽管对竞争、信用和股份资本的一般规定性作过一定程度的阐释，例如，在《资本论》第三卷中，马克思曾对资本竞争的两种形式理论作出过一般论述；但是，马克思坚持认为，对竞争在利润平均化过程中的详细论述，还是“属于专门研究竞争的范围”，对《资本论》而言，“竞争的实际运动在我们的计划范围之外”[①]。在对生息资本的研究中，马克思指出，“我们要在这里阐述的，只是生息资本的独立形态和利息从利润中独立出来的过程”[②]。因此，“详细分析信用制度和它为自己所创造的工具（信用货币等等），在我们的计划之外。在这里，只着重指出为说明资本主义生产方式一般的特征所必要的少数几点”。在马克思看来，在《资本论》中，“我们只谈商业信用和银行信用。这种信用的发展和公共信用的发展之间的联系，也在考察范围之外”。[③]。这就表明，《资本论》的“四册三卷”结构要阐释的主要还是第一册《资本》第一篇“资本一般”的内容，《资本》册之后的竞争或许多资本的相互作用篇、信用篇和股份资本篇，依然是马克思在《资本论》之后将要继续阐释的内容。实际上，马克思在一开始提出《资本论》的“四册三卷”结构时，就已经明确《资本论》阐释的是“资本一般”的内容，“没有

①《马克思恩格斯文集》第 7 卷，人民出版社 2009 年版，第 219、941 页。
②《马克思恩格斯文集》第 7 卷，人民出版社 2009 年版，第 401 页。
③《马克思恩格斯文集》第 7 卷，人民出版社 2009 年版，第 450 页。

包括资本的竞争和信用”[①]等方面的内容。

“六册结构计划”的第二册《土地所有制》，也是马克思打算在《资本论》之后要继续阐释的内容。在《资本论》的第三卷中，马克思认为：“考察现代的土地所有权形式所以是必要的，是因为我们要考察资本投入农业而产生的一定的生产关系和交往关系。不作这种考察，对资本的分析就是不完全的。”[②]因此，“我们只是在资本所产生的剩余价值的一部分归土地所有者所有的范围内，研究土地所有权的问题”；至于“系统地论述土地所有权”，实际上“不在我们的计划以内”。在马克思看来，在《资本论》之后他还要对土地所有权问题进行“独立研究”[③]。

“六册结构计划”的第三册《雇佣劳动》，也是马克思打算在《资本论》之后要继续阐释的内容，“专门研究雇佣劳动学说”还是《资本论》的续篇。在1867年出版的《资本论》第一卷德文第一版中，马克思指出：“工资本身又采取各种各样的形式，这种情况从那些过分注重材料而忽视一切形式区别的经济学教程中是了解不到的。但是，阐述所有这些形式是属于专门研究雇佣劳动的学说的范围，因而不是本书的任务。”[④]马克思明确指出，《资本论》“四册三卷”结构之后，还有专门阐释“雇佣劳动的学说”的《雇佣劳动》册。在1872年9月至1875年11月分9辑44分册出版的《资本论》第一卷法文版，对这一构想作了进一步强调，提出“工资又采取各种各样的形式，对于这些形式，那些只注重粗糙的事实的经济

①《马克思恩格斯文集》第10卷，人民出版社2009年版，第196页。
②《马克思恩格斯文集》第7卷，人民出版社2009年版，第694页。
③《马克思恩格斯文集》第7卷，人民出版社2009年版，第693—694、699页。
④《马克思恩格斯全集》第42卷，人民出版社2016年版，第558页。

学论著的作者没有作出任何说明。显然，在本书中不可能论述所有这些形式，这是专门研究雇佣劳动的论著的任务，不是本书的任务”[①]。马克思肯定地认为，《雇佣劳动》作为专门的“论著”，将成为《资本论》的“续篇”。

对“六册结构计划”中的第四册《国家》，马克思在最初提出《资本论》“四册三卷”结构时就指出，专门阐释“不同的国家形式对不同的社会经济结构的关系”的第四册《国家》，还是要由自己来完成。

马克思认为，“六册结构计划”中的最后两册《对外贸易》和《世界市场》，还将是《资本论》的“可能的续篇”。在《资本论》第三卷的手稿中，马克思指出：“一般说来，世界市场是资本主义生产方式的基础和生活环境。但资本主义生产的这些比较具体的形式，只有在理解了资本的一般性质以后，才能得到全面的说明；不过这样的说明不在本书计划之内，而属于本书一个可能的续篇的内容。”[②]与此相对应，在《资本论》中，“世界市场上利息率或大或小的、近似的平均化，也不能在这里说明”[③]。

马克思在《资本论》中的这些提示表明，《资本论》的“四册三卷”结构并没有取代《政治经济学批判》的“六册结构计划”。《政治经济学批判》的“六册结构计划”是“五篇结构计划”的赓续。在“六册结构计划”中，以资本为核心问题和理论精髓的学理得到确立；《资本论》集中于对资本这一核心要义和理论精髓的阐述。《资本论》是马克思主义政治经济学理论的宏伟巨著，但《资

①《马克思恩格斯全集》第 43 卷，人民出版社 2016 年版，第 571 页。
②《马克思恩格斯文集》第 7 卷，人民出版社 2009 年版，第 126 页。
③《马克思恩格斯文集》第 7 卷，人民出版社 2009 年版，第 401 页。

本论》并没有涵盖《政治经济学批判》两部手稿的全部内容；《政治经济学批判》两部手稿也不是为《资本论》准备的“第一稿”和“第二稿”，《政治经济学批判》两部手稿有着超越《资本论》的更为丰富的思想内容和独立的科学价值。

当然，《资本论》“四册三卷”结构本身并没有全部完成，而马克思在《资本论》之后是否还会按照“六册结构计划”来完成他的《政治经济学批判》的全部写作计划？对这一问题，在可见的马克思留下的经济学手稿和文本中，还没有直接的答案。在国外，学术界对这个问题已经有过多方面的研究。主流的观点认为，在《资本论》之后，马克思没有放弃“六册结构计划”，但还是对“六册结构计划”作出了修改、调整。在对这一问题的研究中，《57—58 年手稿》的第一个英文全译本的译者马丁·尼古拉斯（Martin Nicolaus）认为：马克思提出《资本论》“四册三卷”结构之后，并没有改变原先的“六册结构计划”，只是改变了第一册《资本》内部的结构。他认为：“《资本论》‘四册三卷’结构改变了《资本》册分作‘资本一般’等四篇的结构，而回复到‘资本一般’分作资本的生产过程、资本的流通过程、两个过程的统一的结构。”①国外学术界第一部研究《57—58 年手稿》的专著《马克思〈资本论〉的形成》的作者罗曼·罗斯多尔斯基（Roman Rosdolsky）认为：《资本论》“四册三卷”结构对原先的“六册结构计划”作出了修改，修改的主要方面在于“‘六册结构计划’中的《土地所有制》和《雇佣劳动》两册分别并入了《资本论》的第 3 卷和第 1 卷；

① Karl Marx. *Grundrisse Foundations of the Critique of Political Economy (Rough Draft)*, Translated by Martin Nicolaus, London: Penguin Books Ltd., 1973, pp.58-60.

‘六册结构计划’中的后三册，作为《资本论》的‘可能的续篇’”。罗斯多尔斯基强调：“这种变化是马克思运用唯物辩证法研究资本主义经济关系‘内部结构’的必然结果。”①

《资本论》“四册三卷”结构同《政治经济学批判》“六册结构计划”之间的关系的研究，虽然各种观点莫衷一是，但在方法上和学理上有着高度的相似性，都是以“政治经济学批判”为其理论主题和学理根据的，也都是以马克思对政治经济学理论体系的“结构”变化为其基本内涵和学理依循的。

---

① Roman Rosdolsky. *The Making of Marx' Capital*, Translated by Pete Burgess, London: Pluto Press, 1977, pp.53-54.

第二章　马克思经济学进程的思想驿站

——《57—58 年手稿》

马克思在 1857 年 7 月到 1858 年 5 月写的一系列经济学手稿，被统称为《政治经济学批判（1857—1858 年手稿）》（即《57—58 年手稿》）。

《57—58 年手稿》写作的 10 年前即 1847 年，马克思发表了《哲学的贫困》一书，这是马克思经济思想演进中发表的第一部政治经济学著作。1859 年，马克思在回顾《哲学的贫困》的写作意义时提到："我们见解中有决定意义的论点，在我的 1847 年出版的为反对蒲鲁东而写的著作《哲学的贫困》中第一次作了科学的、虽然只是论战性的概述。"[①]1883 年马克思逝世后不久，恩格斯在重提《哲学的贫困》时，同样肯定"马克思自己已经弄清了他的新的历史观和经济观的基本特点"[②]。这里讲的"新的历史观"就是唯物史观，也就是马克思的唯物史观；这里讲的"经济观"就是马克思的政治经济学。

《57—58 年手稿》写作的 10 年后即 1867 年，马克思的《资本论》第一卷德文第一版出版了。恩格斯认为，《资本论》第一卷

① 《马克思恩格斯文集》第 2 卷，人民出版社 2009 年版，第 593 页。
② 《马克思恩格斯文集》第 4 卷，人民出版社 2009 年版，第 199 页。

“以无可争辩的罕见的博学，在与整个经济科学的联系中，论述了资本与劳动的全部关系，把‘揭示现代社会的经济运动规律’作为自己的最终目的，并且根据以无可怀疑的专门知识所作的显然认真的研究，得出了这样的结论：整个‘资本主义生产方式’必定要被消灭”①。

从《哲学的贫困》出版到《资本论》第一卷德文第一版出版，这 20 年是马克思经济思想过程最重要的时期。《57—58 年手稿》处于这一过程的中间阶段，既是继《哲学的贫困》之后马克思思想发展的重要路标，也是马克思向《资本论》创作进展的思想驿站。

一、自 1843 年之后 15 年间政治经济学研究的结晶

1843 年底，马克思在巴黎开始经济学研究时，就研读了大量的经济学文献，并认真研读了恩格斯的《国民经济学批判大纲》。到 1845 年 1 月底离开巴黎时，马克思已经写了 7 本涉及政治经济学原理、政治经济学史、政治史和现实经济等问题的笔记。这些笔记现在被称作《巴黎笔记》。

1844 年 4—8 月马克思撰写的《1844 年经济学哲学手稿》，是他对政治经济学理论阐述的第一次尝试。这部手稿实际上是由后人根据马克思写于 1844 年的三个分散的手稿整理编辑而成。在这部手稿中，马克思运用他娴熟的哲学话语，如“私有财产”“异化”“异化劳动”“类本质”等概念，分析和研究他刚接触不久的政治经济学问题，这实际上是一部用哲学话语阐述政治经济学问题的手

①《马克思恩格斯全集》第 21 卷，人民出版社 2003 年版，第 309 页。

稿。根据这一特点，这部手稿在命名上，使用“经济学—哲学”这一跨学科的名称显然是合适的。在这部手稿中，马克思以反映当时社会经济关系的两个基本范畴——私有财产和异化劳动为基础，展开他“从当前的国民经济的事实出发”的批判①。

1845 年到 1846 年，马克思和恩格斯合作撰写的《神圣家族》和《德意志意识形态》手稿，奠定了马克思唯物史观的基础，形成了理解整个社会的系统方法。依据这一方法理解的经济的社会形态的整体结构，成为马克思政治经济学范式的基础。

1846 年，马克思、恩格斯唯物史观的创立，使马克思经济思想发生了重要转折，马克思政治经济学取得了三个重要的标志性成果：一是在唯物史观的基础上，政治经济学方法有了根本性突破，即马克思在《哲学的贫困》中对基于唯物史观的政治经济学方法的提出及运用。当然，从马克思经济思想的全部历史过程来看，这部著作只是用唯物史观的方法来理解劳动价值理论等经济学的基本问题，并且由劳动价值理论的质疑者转变为赞成者，对劳动价值理论本身没有创新性的见解。二是马克思准确地把握了资本主义经济关系据以旋转的轴心，即资本与雇佣劳动的关系，首次揭示了资本主义经济关系及其运行的本质。这些见解，突出地体现在《雇佣劳动与资本》的系列演讲中。这一系列演讲主要是一种针对现实存在的经济问题的批判，但还不是一种更为深刻的、根本性的理论体系的批判。三是对现实经济问题的探索，马克思发表的《关于自由贸易问题的演说》就是最有意义的例证。1848 年初出版的由马克思和恩格斯合著的《共产党宣言》，对资本主义经济关系的内在矛盾、

①《马克思恩格斯文集》第 1 卷，人民出版社 2009 年版，第 156 页。

历史地位及其发展趋势作了深刻论述，这实际上也是对 19 世纪 40 年代马克思经济思想的总结。

1848 年欧洲革命使马克思一度中断了政治经济学研究。1849 年 8 月底，马克思移居伦敦后，一方面继续从事共产主义者同盟领导机关的重组工作，总结 1848 年欧洲革命的新鲜经验；另一方面重新着手政治经济学的研究，以实现他创立无产阶级政治经济学理论的夙愿。

从 1850 年 8 月开始，马克思利用不列颠博物馆图书馆收藏的各种经济学著作和资料，再次研读了所有能够发现的重要的经济学文献。马克思这时的研究不只限于政治经济学原理和政治经济学说史问题，还深入研究了工业、农业、商业、财政、信用、外贸等现实经济问题，以及土地关系史、技术史和发明史等相关问题。到 1853 年底，马克思已写下多达 24 个笔记本的读书笔记。这些读书笔记除了对当时经济学的主要文献和重要资料原文的摘录外，还包括一些评论、注释和相对独立的短篇文论。这些笔记现在被称为《伦敦笔记》。

《伦敦笔记》对以下四个方面的理论问题作了重点研究：一是对货币、信用和危机问题的研究。当时欧洲经济学界围绕英国 1844 年皮尔银行法实施的争论，实质上涉及的是货币和危机问题的基本观点。马克思研读了大量的相关理论资料和实际资料，对 80 多位经济学家关于货币流通问题的论著的有关论述作了摘录，对货币、信用和危机问题作了初步的但却是深入的研究，写了《完整的货币体系》手稿。二是对导致李嘉图学派解体的原因作了初步研究，特别是对李嘉图的《政治经济学及赋税原理》的主要内容作了摘录和评注，并对李嘉图的通货和货币流通问题的论述作了研究，推翻了李嘉图的货币数量理论。三是对雇佣劳动与资本的关系及工人阶级的状况、农业问题作了研究。马克思在收集有关资本原始积累和工人阶级为争取正常工作日而斗争等材料的基础上，研究了当时流行的各种工资基金理论，强调了工会斗争对缓解工人阶级贫困状况的意义。马克思在研究了大量的农业经济著作的基础上，对土地肥力递减规律的理论的失误作了深入分析。四是对人类社会多种经济形态的发展历史作了初步研究。对古罗马社会、中世纪封建社会等各种社会结构，以及拉丁美洲的社会经济状况、亚细亚生产方式作了初步研究；对经济史、社会史，以及技术史、工艺史、法制史、风俗史、文化史等作了研究。这些研究，为马克思后来研究殖民地理论、亚细亚生产方式理论，以及资本原始积累理论准备了重要的材料。

1852 年底，马克思中断了政治经济学研究，靠为报纸写稿谋生，主要是为《纽约每日论坛报》撰写评论文章。这些文章的内容，大多是关于英国和欧洲大陆突出的政治经济事件。显然，这对马克思熟悉当时资本主义经济社会发展的新动向和面临的新问题有着重要意义。1854 年底到 1855 年初，马克思重读了他过去 10 余年写的经济学笔记，并对这些笔记作了简要的索引。但是，由于家庭经济上的困难和接连的不幸事件，以及本人身体状况的恶化，马克思不得不再次中断经济学的研究和写作。贫困和家庭的不幸，给马克思带来了深切的忧伤，但他并没有因此放弃自己的崇高理想和科学追求。

1856 年上半年，英国面临着一场新的严重的经济危机。这年 9 月，马克思在给恩格斯的一封信中提到：“我不认为，一场大的金融危机的爆发会迟于 1857 年冬天。”[①]为了迎接危机后可能来临的无产阶级革命（他当时认为，危机之后革命就将来临），马克思决心在革命的“洪水”到来之前，至少把经济学的一些基本问题搞清楚。1856 年下半年，马克思再次回到经济学研究上来，开始通宵达旦地总结他的经济学研究成果，撰写了以“政治经济学批判”为题的著作。后来，虽然经济危机之后并没有爆发马克思所预计的新的革命，但是，他在这一期间写下的一系列经济学手稿，却实现了经济科学上的一场真正的革命。

二、马克思经济思想发展的三个重大转折

《57—58 年手稿》包含的一系列手稿，除了《巴师夏和凯里》《导言》，主要就是以“政治经济学批判”为题的手稿正文。

《57—58 年手稿》写在马克思标明的 I—VII的七个笔记本上，其主体内容包括“货币章”（从第 I 笔记本的第 1 页到第 II 笔记本的第 7 页）和“资本章”（从第 II 笔记本的第 8 页到第 VII 笔记本的第 62 页）。最后，马克思又写了“价值章”的开头部分（第 VII 笔记本的第 63 页），并在“价值章”前写上“I”，表示这是第一章。回过头来，马克思在“货币章”前写上“II”、在“资本章”前写上“III”，表示它们分别为第二章和第三章。“价值章”只写了 1 页，它是以商品范畴为逻辑起点的。《57—58 年手稿》还包括马克思为自己以后写作方便而编写的手稿索引和提要。这些索引和提要，成为后人理解《57—58 年手稿》结构和内容的入门指南。

① 《马克思恩格斯全集》第 29 卷，人民出版社 1972 年版，第 72—73 页。

从马克思经济思想的历史发展来看,《57—58 年手稿》实现了马克思政治经济学的三个重大转折。

第一，马克思从以对现存的政治经济学理论批判为主的研究，向着以政治经济学体系构建为主的理论叙述的转变。

马克思在论及政治经济学研究方法和叙述方法时曾指出："在形式上，叙述方法必须与研究方法不同。研究必须充分地占有材料，分析它的各种发展形式，探寻这些形式的内在联系。只有这项工作完成以后，现实的运动才能适当地叙述出来。这点一旦做到，材料的生命一旦在观念上反映出来，呈现在我们面前的就好像是一个先验的结构了。"[①]研究方法包括充分地占有材料、分析所有材料的各种发展形式和探寻这些形式的内在联系等主要环节。经过研究方法的这些主要环节，就能得出一些理论结论。接着，把这些理论结论以思维的方式表达出来、再现出来，就是叙述方法。研究方法和叙述方法既有继起性又有并存性。从继起性来看，研究方法的结果是叙述方法的起端，只有运用研究方法得出的理论结论，才有叙述方法的理论阐述和理论体系表达。

从马克思经济思想的历史过程来看，在《57—58 年手稿》之前，马克思政治经济学的发展，主要是充分地占有政治经济学的各种材料、分析所有这些材料的各种发展形式，以及寻求这些形式的内在联系的研究过程。以《57—58 年手稿》为起点，开始以叙述为主的政治经济学发展的新阶段，如从《导言》开始、从批判巴师夏和凯里开始或从批判达里蒙的货币理论开始的连续尝试，一直到确立以商品范畴为逻辑起点的过程，都反映了马克思政治经济学发

①《马克思恩格斯文集》第 5 卷，人民出版社 2009 年版，第 21—22 页。

展的这一重大变化。这一重大变化最直接的成果就是出版于 1859 年的《政治经济学批判》第一分册，最重大的成果就是出版于 1867 年的《资本论》第一卷德文第一版。

第二，提出《政治经济学批判》"六册结构计划"的恢宏构想，这也是上述转变的集中体现。

在《导言》中，马克思第一次提出关于《政治经济学批判》的"五篇结构计划"，这就是："(1) 一般的抽象的规定，因此它们或多或少属于一切社会形式，不过是在上面所阐述的意义上。(2) 形成资产阶级社会内部结构并且成为基本阶级的依据的范畴。资本、雇佣劳动、土地所有制。它们的相互关系。城市和乡村。三大社会阶级。它们之间的交换。流通。信用事业（私人的）。(3) 资产阶级社会在国家形式上的概括。就它本身来考察。'非生产'阶级。税。国债。公共信用。人口。殖民地。向国外移民。(4) 生产的国际关系。国际分工。国际交换。输出和输入。汇率。(5) 世界市场和危机。"①

"五篇结构计划"第一篇中的"一般的抽象的规定"，指的是"一些有决定意义的抽象的一般的关系，如分工、货币、价值等等"，或者说是"劳动、分工、需要、交换价值等等这些简单的东西"②。第二篇重点论述的是资本、雇佣劳动和土地所有制这三个形成资产阶级社会内部结构，并且成为基本阶级的依据的范畴及其相互关系。在现代资产阶级社会中，资本具有支配一切的经济权力，只有在考察资本范畴之后，才能考察其他两个范畴及其相互关

①《马克思恩格斯全集》第 30 卷，人民出版社 1995 年版，第 50 页。

②《马克思恩格斯全集》第 30 卷，人民出版社 1995 年版，第 41—42 页。

系。第三篇主要探讨资产阶级社会在国家形式上的概括。例如，对国家的本质及其经济职能一般性质的研究；对国家和经济发展、经济结构关系的研究；对国家经济职能形式，其中包括对税、国债、公共信用、人口等问题的研究。第四篇和第五篇从国家对外经济关系和世界市场整体关系上，考察资本主义经济更为具体的规定性。

大约在 1858 年初，在“五篇结构计划”的基础上，马克思提出了《政治经济学批判》的“六册结构计划”。这六册依次为：《资本》、《土地所有制》、《雇佣劳动》、《国家》、《对外贸易》(或称《国际贸易》)、《世界市场》。原来“五篇结构计划”中的第二篇，调整为“六册结构计划”中的前三册，第一篇则成为第一册《资本》的绪论性的内容。在前三册对当时社会三个主要方面的经济关系、反映当时社会三大阶级之间关系的叙述的基础上，进一步研究“资产阶级社会在国家形式上的概括”，最后达到世界市场这一最具体的层面，这时，整个资本主义经济关系才能从整体上展现出来。

在“六册结构计划”中，第一册《资本》又分作四篇：一是“资本一般”篇，对资本最抽象、最本质的规定性的研究；二是“竞争或许多资本的相互作用”篇，即相互竞争的许多资本之间的关系；三是“信用”篇；四是“股份资本”篇，股份资本是资本的最高形式，是包含着扬弃自身的资本形式。“资本一般”篇又分作三章：第一章商品、第二章货币和第三章资本。其中，第三章又分作资本的生产过程、资本的流通过程和总过程的各种形式三项内容。这也就是说，商品是马克思经济学体系的始基范畴，对商品的叙述才能理解货币的本质，对货币的叙述才能理解资本的本质。从最抽象、最简单的商品范畴开始，一直到最具体、最复杂的世界市场范畴，这之间存在着从抽象逐次上升到具体的逻辑过程。

《57—58 年手稿》是马克思按照“五篇结构计划”撰写政治经济学著作的第一次尝试；而 1859 年出版的《政治经济学批判》第一分册，则是按照“六册结构计划”撰写的政治经济学著作的开头部分，即第一册《资本》第一篇“资本一般”的起首两章。

之后，马克思按照“六册结构计划”继续撰写《政治经济学批判》第二分册。这就是 1861 年至 1863 年上半年，马克思完成的一部卷帙浩繁的政治经济学手稿，即《61—63 年手稿》。按照原先的计划，第二分册主要论述第一册《资本》第一篇“资本一般”的第三章资本。但在对资本的深入论述中，大约在 1862 年底，马克思对原先的写作计划作了调整，决定把他正在写作的政治经济学著作定名为“资本论”，原先的“政治经济学批判”改作副标题。这样，马克思把他的政治经济学著作正式定名为《资本论·政治经济学批判》。

其实，马克思只是对他原先的写作计划作出调整，并没有改变“六册结构计划”的写作构思。马克思似乎感觉到，在他有生之年难以按照“六册结构计划”完成全部政治经济学著作，但他应该完成第一册《资本》中属于“基本原理”的部分，这一部分既是他整个著作最难叙述的部分，也是他整个著作的“精髓”。这一部分论述清楚了，其他部分后人就可能较为容易地做出进一步的叙述。1863 年之后，马克思就是以《资本论》为标题写作他的经济学著作的。因此，现在的《资本论》前三卷，其实只相当于“六册结构计划”中第一册《资本》第一篇“资本一般”（商品、货币、资本）的内容。

第三，马克思政治经济学主要理论的突破性进展。

在《57—58 年手稿》中，马克思第一次对劳动价值论、剩余价值论和资本主义经济运动趋势理论作了较为系统的论述，特别是完成了劳动价值论的科学革命，首次提出了剩余价值范畴，初步阐述了剩余价值的来源、生产方式、流通过程和资本主义经济危机等重要问题，这些成了马克思经济学理论创新的重要标识，奠定了《资本论》理论大厦的基石。

三、“货币章”实现的劳动价值论的科学革命

劳动价值论是马克思政治经济学的理论基础，也是马克思实现政治经济学科学革命的最辉煌的成果之一。在《资本论》第一卷中，马克思对劳动价值论作出系统叙述；而《57—58 年手稿》中的“货币章”，则是马克思对劳动价值论的第一份科学实验记录。

“货币章”以对达里蒙的《论银行改革》中提出的货币理论的批判为起点。达里蒙秉持的是蒲鲁东的货币理论，马克思对这一货币理论，提出两个“基本问题”上的质疑。

其一，是否能够通过改变流通工具或流通组织，使现存的生产关系以及与这些关系相适应的分配关系发生革命呢？蒲鲁东主义者的回答是肯定的，马克思的回答是否定的。因为流通的每一次“改造”，都是以生产条件的“改变”和社会“变革”为前提的，蒲鲁东主义者根本不了解生产关系、分配关系和流通关系之间的内在联系，根本没有从经济关系总体上理解资本主义经济运行中个别环节的社会性质。

其二，是否能够在保留货币的某一形式（如金属货币、纸币、信用货币、劳动货币）的同时，消除货币关系固有的矛盾呢？马克

思认为，“一种货币形式可能消除另一种货币形式无法克服的缺点；但是，只要它们仍然是货币形式，只要货币仍然是一种重要的生产关系，那么，任何货币形式都不可能消除货币关系固有的矛盾，而只能在这种或那种形式上代表这些矛盾”[1]。

针对达里蒙对资本主义危机的原因及其出路理解上的“偏见”，“货币章”接着对货币关系和资本主义经济危机根源的关系问题作出分析。马克思认为，危机产生的直接原因在于社会供给和社会需求的尖锐矛盾，因而可以归结为“供求规律”作用的结果；但是，危机产生的根本原因则在于资本主义经济关系的内在矛盾。金银货币本身对危机有两个方面的影响，使危机进一步加剧：一是银行针对金银的输出采取的措施，对国内流通产生了不利的反作用；二是外国只愿意以金银的形式，而不是以任何其他形式得到资本，这加剧了国内流通的矛盾和危机的严重程度。在马克思看来，金银货币的存在，并不是资本主义经济危机产生的原因；而资本主义经济的内在矛盾，却是金银货币矛盾深化的原因。

在对蒲鲁东主义的“劳动货币”理论的批判中，“货币章”对价值的本质、价值和价格的关系作了初步论述，提出了劳动价值论中的三个基本观点：一是一切商品的价值决定于制造这些商品所需要的劳动时间。二是由劳动时间决定的商品价值，只是商品的“平均价值”。商品的“市场价值”不同于商品的“平均价值”，即“市场价值”总是低于或高于“平均价值”。货币所表现的是商品的“市场价值”，即商品的价格。三是价值是作为价格运动的规律而出现的，价值和价格的差别既不是名和实的差别，也不是由价格的金

①《马克思恩格斯全集》第 30 卷，人民出版社 1995 年版，第 69—70 页。

和银的名称引起的。价值和价格的不一致，与供求的变化有关系。

“货币章”对达里蒙的货币理论的批判的逻辑思路就是：从对货币关系的探讨中，揭示出交换价值的内在规定性；从对交换价值的探讨中，揭示出价值的内在规定性，以及价值向货币转化的内在必然性。由此，“货币章”进一步揭示出价值、交换价值作为商品的内在要素和机能的性质，货币成为商品内在矛盾运动的产物。在逻辑思路的这一转换中，商品作为最抽象的范畴必然成为逻辑起点。原先以货币或以价值为理论起点的叙述方法，不免带有某些唯心主义的痕迹。“货币章”据此强调：“有必要对唯心主义的叙述方式作一纠正，这种叙述方式造成一种假象，似乎探讨的只是一些概念规定和这些概念的辩证法。因此，首先是弄清这样的说法：产品（或活动）成为商品；商品成为交换价值；交换价值成为货币。”[①] 以此为新的阐述基点，马克思第一次确定了以商品作为他经济学理论体系的起始范畴，即以商品范畴作为理论逻辑叙述的起点。而从商品范畴到货币范畴的转化，反映了理论逻辑中从具有简单规定性范畴向具有复杂规定性范畴的转化，反映了从抽象上升到具体的总体方法在马克思经济学理论体系中的成功运用。

“货币章”进一步围绕商品的内在矛盾及商品向货币转化的问题作了详尽论述。这些论述，是马克思实现的劳动价值论革命的重要内容。“货币章”首先揭示了商品的二重存在形式——内在存在形式和外在存在形式的对立统一关系。商品的“二重存在”包含了以下两层含义：其一，商品本身和商品价值的二重存在。商品本身指的是商品的“自然存在”，它是商品经济关系上的质的规定性。

①《马克思恩格斯全集》第 30 卷，人民出版社 1995 年版，第 101 页。

马克思提到的“商品的自然差别必然和商品的经济等价发生矛盾”[①]，就是他不久后提到的商品使用价值和价值的两重规定及其矛盾。其二，商品的内在价值和外在交换价值的二重存在。价值不仅是商品的一般交换能力，而且是一种商品交换其他商品的比例的指数，即商品的交换价值。这就是说，“交换价值所表现的正是这个商品换成其他商品的比例；在实际的交换中，商品只有在和自己的自然属性相联系的并且和交换者的需要相适应的数量上，才是可交换的”[②]。马克思对价值和交换价值之间关系的分析，不仅揭示了价值的内在规定性和外在表现形式之间的联系，还为货币和货币关系的产生确定了逻辑前提。因为商品的交换价值实质上是商品内在的货币属性；货币同商品脱离的过程，就是这种内在属性取得外在独立存在的过程。在经济学说史上，马克思第一次从商品价值的内在规定中揭示了货币的起源和本质，从而使货币理论建立在科学的劳动价值论的基础之上。

商品的二重存在形式，一方面是商品的自然存在形式，另一方面就是在质上不同于另一种商品存在的作为交换价值符号的形式，即一方面是作为交换的商品本身，另一方面是与交换的商品本身相分离的，并作为交换价值独立存在的特殊商品。这种特殊商品就是货币。因此，货币是商品内在的二重存在形式外在化的结果，是交换过程中商品内在矛盾发展的必然结果。据此，马克思对劳动价值论作出了两个重要结论。

第一个结论是：“产品的交换价值产生出同产品并存的货币。

①《马克思恩格斯全集》第 30 卷，人民出版社 1995 年版，第 90 页。
②《马克思恩格斯全集》第 30 卷，人民出版社 1995 年版，第 90 页。

因此，货币同特殊商品的并存所引起的混乱和矛盾，是不可能通过改变货币的形式而消除的，同样，只要交换价值仍然是产品的社会形式，废除货币本身也是不可能的。”[①]

第二个结论是：货币作为同其他一切商品相对立的特殊商品，作为其他一切商品的交换价值的化身的规定性，其具有四个重要属性：商品交换价值的尺度；交换手段；在契约上作为商品的代表；同其他一切特殊商品并存的一般商品。马克思强调：“所有这些属性都单纯来自货币是同商品本身相分离的和对象化的交换价值这一规定。”[②]货币在其第四个属性上，已表现为资本在历史上的“最初”形式。在转入“资本章”时，马克思专门论述了“货币转化为资本”的历史的逻辑过程。

货币是商品内在矛盾发展的结果。同时，货币的产生进一步发展了商品的内在矛盾。这就是说，货币制度下商品交换出现的新的矛盾，只是商品内在矛盾的进一步的外在化形式。马克思把这些进一步发展的新的矛盾归结为以下四点。

第一，商品内在的二重形式一旦外在地表现为商品和货币的对立形式，商品内在的可交换性就以货币形式存在于商品之外，从而货币就可能成为某种与商品不同的、对商品来说是“异己的东西”。

第二，商品的交换行为也因此而分为两个互相独立的行为，即分为在空间上和时间上彼此分离的、互不相干的两个存在形式：卖和买。商品交换行为的直接同一已经消失。

第三，随着交换价值脱离商品而在货币形式上独立化，随着卖

① 《马克思恩格斯全集》第 30 卷，人民出版社 1995 年版，第 94—95 页。
② 《马克思恩格斯全集》第 30 卷，人民出版社 1995 年版，第 95 页。

和买在空间上和时间上的分离，整个交换过程也开始同交换者、生产者相分离，在生产者之间出现了一个商人阶层。这一商人阶层参与交换的目的，不是为了占有作为产品的商品，而是为了取得交换价值本身。商人阶层的产生，形成了交换的“二重化”：一是为消费而交换，一是为交换而交换。后一种新的“不协调”的形式，已经包含了“商业危机”的可能性。

第四，交换价值一旦采取货币这一独立的形式，它就不再作为商品的一般性质而存在，必然在与商品的并列中“个体化”，即成为一种与其他商品并列的“特殊商品”。从商业中分离出来的“货币经营业”就是专门经营这种“特殊商品”的。①

“货币章”还提出了货币作为价值尺度、作为交换手段和作为货币这三种规定的理论，实现了货币理论的创新。

四、“资本章”奠定的剩余价值理论的重要基础

1858 年 1 月，马克思在写作《57—58 年手稿》的“资本章”时，在给恩格斯的信中提到：“我取得了很大的进展。例如，我已经推翻了迄今存在的全部利润学说。”②这里提到的“很大的进展”和“推翻了迄今存在的全部利润学说”，指的就是“资本章”在剩余价值理论研究上的重大突破，其重要标志就是“剩余价值”范畴的提出。

“货币章”已经提到，货币的第三种规定使金银积累取得了货

①《马克思恩格斯全集》第 30 卷，人民出版社 1995 年版，第 96—101 页。
②《马克思恩格斯文集》第 10 卷，人民出版社 2009 年版，第 143 页。

币积累的形式，使得“W—G—G—W”简单商品流通形式，转化为“G—W—W—G”纯粹为了货币积累的形式。在后一种形式中，生产过程的内容已经发生了根本变化，成为为交换价值的生产。资本的最初形式由此形成，在这里，“资本首先来自流通，而且正是以货币作为自己的出发点”，马克思指出：“货币是资本借以表现自己的最初形式。”[①]一旦货币表现为不仅与流通相独立，而且在流通中保存自己的交换价值，那么它就不再是货币，而是资本了。同直接的交换价值或货币相比，资本的特征就是，“在流通中并通过流通保存自己，并且使自己永存的交换价值”[②]。

在货币转化为资本的论述中，“资本章”的逻辑就是：商品和货币是考察资本主义经济关系的必要前提，货币的完成形态表现为资本的最初规定性；要以流通作为考察资本形成及其根本性质的前提；资本运动的首要的一般特征，表现为资本和劳动能力相交换的特殊规定，劳动能力的使用价值是价值增殖的“媒介”。因此，资本的生产过程表现为二重性：一方面表现为一般生产过程中活劳动和它的物质对象之间的自然联系，也就是表现为“简单生产过程”或“劳动过程”；另一方面表现为资本占有劳动而实现价值增殖的特殊的社会关系。劳动力商品理论是揭示资本运动过程的根本性质，进而创立剩余价值理论的重要基础。

在对资本主义生产的价值简单保存和价值增殖过程的分析中，“资本章”首次提出了“剩余价值”范畴。从价值的简单保存过程来看，商品价值只相当于生产商品的生产费用，即“产品的价格等

① 《马克思恩格斯全集》第 30 卷，人民出版社 1995 年版，第 208 页。
② 《马克思恩格斯全集》第 30 卷，人民出版社 1995 年版，第 218 页。

于它的生产费用，也就是=在生产过程中消费掉的各商品的价格总和”[①]。假如资本以生产费用等于商品价值为界限，那么资本的“生产性”就不存在，资本主义生产过程也就不可能发生。要使预先存在的资本价值得到增殖，就必须使劳动能力使用所创造的价值大于劳动力自身的价值。“资本章”指出：“价值所以能够增加，只是由于获得了也就是创造了一个超过等价物的价值。”因此，“在资本方面表现为剩余价值的东西，正好在工人方面表现为超过他作为工人的需要，即超过他维持生命力的直接需要的剩余劳动”[②]。马克思第一次把这一“超过等价物的价值”称作“剩余价值”。资本的使命就是创造这种剩余劳动，攫取剩余价值。

“剩余价值”范畴是马克思经济思想发展中的一次“术语的革命”。恩格斯在对马克思经济学科学革命意义的论述中指出：“一门科学提出的每一种新见解都包含这门科学的术语的革命。”[③]马克思通过剩余价值揭开了资本主义生产方式的秘密，进而“发现了现代资本主义生产方式和它所产生的资产阶级社会的特殊的运动规律”[④]。正是在这种历史的和社会的意义上，剩余价值理论在马克思思想中的突出地位真正地得到彰显，剩余价值理论在《资本论》体系中的地位也由此而确定。

“资本章”在提出“剩余价值”概念以后，分别考察了绝对剩余价值和相对剩余价值问题。但是，“资本章”还没有对这两种剩余价值生产方式的历史的和逻辑的转化关系作出阐述。一方面，马

---

①《马克思恩格斯全集》第 30 卷，人民出版社 1995 年版，第 272 页。
②《马克思恩格斯全集》第 30 卷，人民出版社 1995 年版，第 285—286 页。
③《马克思恩格斯文集》第 5 卷，人民出版社 2009 年版，第 32 页。
④《马克思恩格斯文集》第 3 卷，人民出版社 2009 年版，第 601 页。

克思没有论及资本主义生产从简单协作到工场手工业，再到机器大工业的发展阶段问题，因而还不能说明从绝对剩余价值到相对剩余价值转化的历史过程；另一方面，马克思也没有提出超额剩余价值概念，因而还不能说明从绝对剩余价值到相对剩余价值转化的逻辑中介。在“资本章”中，马克思论述的只是剩余价值量的绝对的和相对的增加问题。

在对劳动生产力的变化同剩余价值绝对量和相对量变化的相互作用问题的探讨中，“资本章”提出了关于生产力提高和剩余价值量增加之间关系的三条规则。这三条规则对理解资本主义经济关系的动态过程有着重要的意义。

规则一：生产力的提高之所以能够增加剩余价值，只是因为它缩小了必要劳动和剩余劳动的比例。“剩余价值恰好等于剩余劳动；剩余价值的增加可以用必要劳动的减少来准确地计量。”[①]

规则二：生产力“乘数”对剩余价值量增长的影响。生产力的“乘数”是指生产力增长的倍数。“资本章”指出：“资本的剩余价值的增加数并不是生产力的乘数即生产力的增加数，而是活的工作日中原来代表必要劳动的部分超出该部分除以生产力的乘数之后的余额。”[②]假如生产力提高以前，必要劳动和剩余劳动各占工作日的1/2，在生产乘数为 2 时，剩余价值的增加数就等于必要劳动占工作日比例的 1/2 减去该比例 1/2 除以生产力乘数 2 之后的余额，即 $\frac{1}{2}-\frac{1}{2}\div 2=\frac{1}{4}$，现在剩余劳动占工作日的比例就从原来的 1/2，增加到 1/2+1/4 即 3/4。显然，必要劳动占全部工作日的比例越大，由

①《马克思恩格斯全集》第 30 卷，人民出版社 1995 年版，第 303 页。

②《马克思恩格斯全集》第 30 卷，人民出版社 1995 年版，第 303 页。

一定生产力乘数引致的剩余价值增加数也就越大。这表明，同一生产力乘数对不同国家或不同产业部门剩余价值增加数的影响，是各不相同的。

规则三：从规则二可以推导出，在生产力提高以前，剩余劳动在全部工作日中所占的比例越大，由生产力提高而增加的剩余价值就越少。这就是说："资本已有的价值增殖程度越高，资本的自行增殖就越困难。"[①]在资本主义经济关系中，生产力的提高和剩余价值的增加之间，存在着一种内在的对立关系。

"资本章"进一步论述了不变资本和可变资本之间的比例关系变动，对剩余价值生产和剩余价值量变化的影响。通过对不变资本和可变资本比例变动的研究，"资本章"揭示了利润和剩余价值、利润率和剩余价值率的内在联系：一是不变资本和可变资本的划分及其对利润率和剩余价值率的影响；二是不变价值和可变价值比例变动的趋势及对利润和剩余价值的影响；三是同时并存的工作日剩余价值量的变化。"资本章"还没有提出"资本有机构成"概念，但是，关于资本有机构成理论的基本观点已经形成。不变资本和可变资本的比例及其变动趋势理论的形成，是马克思理解利润和剩余价值的性质及其内在联系的必要的理论前提。

在上述对资本生产过程的考察的基础上，"资本章"进一步提出资本的再生产和积累问题。资本的特殊社会性质及其基本矛盾的作用，必然使资本在不断扩张的同时，形成以"生产过剩"为基本特征的一系列"限制"。"如果说创造资本的剩余价值是以创造剩余劳动为基础的，那么资本作为资本来增加（即积累，而如果没有积

①《马克思恩格斯全集》第30卷，人民出版社1995年版，第305页。

累，资本就不可能成为生产的基础……）则取决于这种剩余产品的一部分转化为新资本。”[①]剩余价值是资本积累的源泉。积累的资本进入生产过程时，必须分为实现劳动所需的客观条件和“劳动基金”两个部分。“劳动基金”成为新剩余价值的源泉。

“资本章”指出，作为资本主义扩大再生产的源泉，资本积累的不断增长具有两重性质：一方面，资本积累是资本扩张的基础，它直接表现为资本物质生产能力的不断增长，因而包含着“进步的因素”；另一方面，资本积累也是资本主义关系再生产的过程。在这两重性质中，资本积累的意义首先就在于：“资本和劳动的关系本身的，资本家和工人的关系本身的再生产和新生产。这种社会关系，生产关系，实际上是这个过程的比其物质结果更为重要的结果。”[②]

“资本章”通过对剩余价值生产过程和实现过程的分析，揭示了资本对生产力发展的四个限制因素：“（1）必要劳动是活劳动能力的交换价值的界限；（2）剩余价值是剩余劳动和生产力发展的界限；（3）货币是生产的界限；（4）使用价值的生产受交换价值的限制。”[③]实质上，这四个限制反映了资本主义经济关系发展中生产的扩张和雇佣工人的消费萎缩、资本价值增殖的生产目的和手段、价值生产和价值实现等一系列矛盾。在资本主义基本矛盾的作用下，资本再生产过程的结果必然是：“资本的发展程度越高，它就越是成为生产的界限，从而也越是成为消费的界限，至于使资本成为生

①《马克思恩格斯全集》第 30 卷，人民出版社 1995 年版，第 434—435 页。
②《马克思恩格斯全集》第 30 卷，人民出版社 1995 年版，第 450 页。
③《马克思恩格斯全集》第 30 卷，人民出版社 1995 年版，第 397 页。

产和交往的棘手的界限的其他矛盾就不用谈了。”[①]由于这些限制因素的强制作用，资本在不断推动生产力发展的同时，必然会遭遇一次比一次大的危机。

资本的原始积累属于资本的“形成史”，不属于资本的“现代史”，不属于受资本统治的生产方式的实际体系。但是，在论及资本主义生产方式“超越自己”的历史必然性时，有必要对资本主义生产方式的历史形成过程作出考察。通过这一考察，可以揭示资本主义生产方式发生、发展和灭亡的历史必然性。“资本章”指出：“如果说一方面资产阶级前的阶段表现为仅仅是历史的，即已经被扬弃的前提，那么，现在的生产条件就表现为正在扬弃自身，从而正在为新社会制度创造历史前提的生产条件。”[②]

“资本章”从资本周转问题的研究切入，对资本流通过程的理论作出了阐释。在一开始对“资本流通和资本周转”问题的探讨中，马克思对以下三个问题进行了集中分析。

第一，对资本周转构成要素的分析。从“整体”上考察，资本流通包括生产过程和流通过程两大要素。这里的资本流通，指的是“出发点就是复归点，复归点就是出发点”的资本运动过程，实际上就是周而复始、不断重复的资本周转。资本周转时间取决于生产过程经历的时间（生产时间）和流通过程经历的时间（流通时间）。其中，生产时间“直接同生产力的发展相一致”，流通时间指的是“资本从转化为产品到产品转化为货币所经历的期间”[③]。流通时间决定和制约着生产过程，因而也影响着一年内资本自行增殖

①《马克思恩格斯全集》第 30 卷，人民出版社 1995 年版，第 397 页。
②《马克思恩格斯全集》第 30 卷，人民出版社 1995 年版，第 453 页。
③《马克思恩格斯全集》第 30 卷，人民出版社 1995 年版，第 514 页。

的次数，影响着年利润率的高低。

资本周转由四个要素构成：Ⅰ．实际生产过程及其持续时间；Ⅱ．资本由产品转化为货币；Ⅲ．货币转化为生产资本各要素；Ⅳ．资本同活劳动能力相交换。在这四个要素中，“第Ⅰ个要素不在这里进行考察，因为它和价值增殖的一般条件相重合。第Ⅲ个要素只有当不是谈论资本一般，而是谈论许多资本的时候，才予以考察。第Ⅳ个要素属于工资等等那一篇”[①]。因此，资本周转要讨论的只是第Ⅱ个要素，即资本由产品转化为货币。

第二，对资本周转第Ⅱ个要素的分析。资本由产品转化为货币这个要素对资本周转的影响，“只能是由于价值实现的较大困难而引起的”[②]。这一实现过程，首先涉及产品到销售地，即市场距离问题，这也就涉及“运输费用”问题。马克思指出，运输中耗费的劳动时间，同直接生产过程中物化在产品中的劳动时间一样，都是产品“生产费用”的组成部分。

第三，流通过程和生产过程的内在联系。在资本周转限度内，流通本身不仅是一般生产过程的要素，也是直接生产过程的要素，如运输作为直接生产过程的继续，就是在流通过程中完成的；而且流通过程的时间、速度，对资本再生产过程中的价值增殖也具有决定性影响。同时，资本生产过程只有顺利地通过流通阶段，才能开始资本的再生产过程。因此，流通过程也是对资本再生产过程的一种限制因素。

在资本的总体运动中，资本的价值增殖过程，实际上也就是资

①《马克思恩格斯全集》第 30 卷，人民出版社 1995 年版，第 517 页。
②《马克思恩格斯全集》第 30 卷，人民出版社 1995 年版，第 518 页。

本“丧失”货币资格的“价值丧失”过程。只有在被生产出来的包含了增殖价值的商品再度进入流通过程，并顺利得到“实现”时，资本才重新取得货币形式。可见，资本的再生产过程表现为“价值增殖—价值丧失—价值增殖实现”的序列转化过程。显然，从“价值丧失”到“价值增殖实现”的转化，对资本再生产有着极其重要的意义；而这一转化的关键，就在于各资本彼此按照一定的和限定的比例进行交换。

“资本章”最后从“生产和流通的统一”的意义上，对“资本的总运动”问题作了论述。剩余价值是利息、利润的“纯粹”形式，利润是剩余价值的第二级的派生形式和变形形式。这里的“第二级的”，不仅具有由原生的生产关系转化而来的意义，而且具有在形式上脱离原生的生产关系，形成更高层次的“非原生的生产关系”的意义。利润是剩余价值的“第二级的”转化形式，不仅说明剩余价值是利润的源泉，是利润的本质，还说明，在剩余价值转化为利润时，利润已较剩余价值具有更复杂、更具体的规定性。

从“资本的总运动”来考察资本运动的性质，首先就产生剩余价值向利润转化的问题。一旦剩余价值表现为利润，剩余价值率也就转化为利润率。循着这一逻辑思路，“资本章”进一步对两个重要的理论问题作了初步论述：一是通过对利润率变化趋势的考察，提出了利润率趋向下降规律的基本内容。就利润率趋向下降规律而言，“从每一方面来说都是现代政治经济学的最重要的规律，是理解最困难的关系的最本质的规律。从历史的观点来看，这是最重要的规律。这一规律虽然十分简单，可是直到现在还没有人能理解，更没有被自觉地表述出来”[①]。二是通过对利润率形成过程的考察，提出了利润率“平均化”的问题：“在各个不同的产业部门中，数量相等的各个资本的利润不相等，即利润率不相等，这是竞争的平均化作用的条件和前提。”[②]但是，“资本章”对这两个理论问题并没作展开论述。因为马克思这时已决定按照“六册结构计划”出版《政治经济学批判》著作，并打算先出版第一册《资本》中论述商品和货币理论的第一分册。这样，《57—58 年手稿》对“资本的总运动”没有再作进一步的详尽论述，只作了一些提示性的说明。

五、《57—58 年手稿》对探寻马克思整体思想的重大意义

《57—58 年手稿》不仅在马克思经济思想的历史发展中有着重要的地位，而且在马克思整体思想的发展中也有着重要的意义。《57—58 年手稿》涉及马克思关于哲学、政治学、社会学、历史学的一系列重要理论观点，许多重要观点在马克思以后的包括《资本论》在内的著述中，没有再度出现或没有再次直接论及。《57—58 年手稿》无疑是探索马克思整体思想及其内在联系的历史档案和重要文献。

《57—58 年手稿》考察的前资本主义社会的各种所有制形式，主要如亚细亚的所有制形式、古代的所有制形式、日耳曼的所有制

①《马克思恩格斯全集》第 31 卷，人民出版社 1998 年版，第 148 页。
②《马克思恩格斯全集》第 31 卷，人民出版社 1998 年版，第 164 页。

形式等，展示了马克思理解的“世界历史”的理论视阈，彰显了马克思对东方社会的理解的理论意蕴。

“资本章”在对资本的直接生产过程问题的最后探讨中，考察了资本主义所有制以前的一些形式——亚细亚的所有制形式、古代的所有制形式和日耳曼的所有制形式。在这些所有制形式中，对劳动的客体条件的占有，不是通过劳动进行的，而是劳动的前提，“劳动的主要客观条件本身并不是劳动的产物，而是已经存在的自然”[①]。这时，劳动的主体条件是作为某一公社的成员，作为其从事劳动的基础，劳动主体（个人）是以公社为媒介才与劳动客体（土地）发生关系的。

对这些所有制形式的历史考察，深刻地揭示了资本主义生产方式中劳动主体和客体关系的基本性质及其历史趋势。马克思的结论就是：“在资本对雇佣劳动的关系中，劳动即生产活动对它本身的条件和对它本身的产品的关系所表现出来的极端异化形式，是一个必然的过渡点，因此，它已经自在地、但还只是以歪曲的头脚倒置的形式，包含着一切狭隘的生产前提的解体，而且它还创造和建立无条件的生产前提，从而为个人生产力的全面的、普遍的发展创造和建立充分的物质条件。”[②]这时，马克思主要是从经济的社会形态发展的自然的历史过程的角度，展开对前资本主义生产方式的探索。

《57—58 年手稿》对异化劳动和资本、机器体系和科学技术的资本主义使用方式和劳动过程的异化、资本主义的普遍化趋势与异化，以及对异化和经济社会危机等问题的论述，是“青年马克思”

①《马克思恩格斯全集》第 30 卷，人民出版社 1995 年版，第 476 页。

②《马克思恩格斯全集》第 30 卷，人民出版社 1995 年版，第 511—512 页。

思想的赓续，也是理解当代资本主义社会关系本质的理论指南。

《57—58 年手稿》的异化理论是建立在劳动价值论和剩余价值论的基础之上的，是对《1844 年经济学哲学手稿》中异化理论的拓展。“货币章”指出：货币作为交换价值的外在化形式，从“最初作为促进生产的手段出现的东西，成了一种对生产者来说是异己的关系”，货币的异化关系是人们生产中的社会关系发展的结果，“货币所以能拥有社会的属性，只是因为各个人让他们自己的社会关系作为对象同他们自己相异化”[①]。在资本主义商品货币关系中，这种异化更为严重地发展起来。货币的异化作为一种“历史的产物”，在资本主义的“基地”上是不会自行消除的，但它的发展会“带来一些关系和联系，这些关系和联系本身包含着消除旧基地的可能性”[②]。例如，资本主义经济危机作为货币关系发展到一定阶段的产物，和世界市场的“独立化”有着密切的联系，是货币的异化在世界市场上的体现。正是货币关系的异化和世界市场的独立化的交互作用，使生产和消费的普遍联系与全面依赖同消费者和生产者的相互独立与漠不关心形成鲜明的对立，导致了资本主义普遍的生产相对过剩的经济危机。货币异化的抽象特征，在“世界市场”上才获得最为具体的展开形式，也才使得资本主义生产的“一切矛盾都展开了”[③]。

“资本章”指出，资本主义生产过程就是“劳动本身的力量变成对工人来说的异己力量的必然过程”[④]。由活劳动的使用形成的

①《马克思恩格斯全集》第 30 卷，人民出版社 1995 年版，第 95、110 页。
②《马克思恩格斯全集》第 30 卷，人民出版社 1995 年版，第 111 页。
③《马克思恩格斯全集》第 30 卷，人民出版社 1995 年版，第 181 页。
④《马克思恩格斯全集》第 30 卷，人民出版社 1995 年版，第 268 页。

生产力，成为与劳动力相脱离的资本的生产力，“文明的进步只会增大支配劳动的客体的权力”[①]。剩余价值完全成为人格化的资本对活劳动的权力，使得工人的活劳动“变成失去实体的、完全贫穷的劳动能力而同与劳动相异化的、不属于劳动而属于他人的这种实在相对立”[②]。在资本再生产过程中，机器和机器体系作为资本的物质力量，成为与活劳动相对立的，并最终成为活劳动的支配力量，“在机器体系中，对工人来说，知识表现为外在的异己的东西，而活劳动则从属于独立发生作用的对象化劳动”。可见，“资本的趋势是赋予生产以科学的性质，而直接劳动则被贬低为只是生产过程的一个要素”。[③]马克思的异化劳动理论并没有终止于《1844年经济学哲学手稿》。如果说《1844年经济学哲学手稿》通过对异化的哲学意义的理解来解释资本主义经济关系，那么《57—58年手稿》则通过对异化的经济学意义的阐述来解释资本主义整体的社会关系。

《57—58年手稿》对科学技术是生产力的重要判断、对机器体系的发展及其社会应用意义的理解，凸现了马克思对科学技术革命社会意义的准确判断、对自动化时代人类文明进步与挑战的天才预测，这是马克思留下的弥足珍贵的理论遗产。

科学技术在生产力发展中的作用之一，就是加快和加大个别劳动转化为社会劳动的速度、规模，从而为现代化大生产和全社会的协作提供基础。《57—58年手稿》指出：“在大工业的生产过程中，一方面，发展为自动化过程的劳动资料的生产力要以自然力服

①《马克思恩格斯全集》第30卷，人民出版社1995年版，第267页。
②《马克思恩格斯全集》第30卷，人民出版社1995年版，第445页。
③《马克思恩格斯全集》第31卷，人民出版社1998年版，第93—94页。

从于社会智力为前提，另一方面，单个人的劳动在它的直接存在中已成为被扬弃的个别劳动，即成为社会劳动。”[①]随着时间的推移，科学技术的进步和社会生产力的发展，可能使原来的生产发展的基础——直接劳动被“社会活动的组合”所代替。这同科学所具有的独立性、渗透性、互补性和传导性的特点是分不开的。现代社会生产力发展的实践证明了这一点。由于科学技术的发展，尤其是信息技术的发展，生产和交换的全过程真正地被联结起来，这是生产社会化的高级形式。

在资本主义的早期发展中，虽然人本身是生产力中最革命的因素，但人始终是围绕着生产工具或机器进行活动的。在一般的意义上，这被看作是生产工具在生产力发展中具有重要作用的体现；在特殊的意义上，这被看作是劳动力对机器的一种隶属关系，这是人与物的异化。自从科学技术被广泛运用，人及其智力在经济发展中的作用日益显著。《57—58 年手稿》谈道，“随着大工业的发展，现实财富的创造较少地取决于劳动时间和已耗费的劳动量，较多地取决于在劳动时间内所运用的作用物的力量，而这种作用物自身——它们的巨大效率——又和生产它们所花费的直接劳动时间不成比例，而是取决于科学的一般水平和技术进步，或者说取决于这种科学在生产上的应用。(这种科学，特别是自然科学以及和它有关的其他一切科学的发展，本身又和物质生产的发展相适应。)”。在耗费的劳动时间和劳动产品之间惊人的不成比例上，最主要的表现就是：“劳动表现为不再像以前那样被包括在生产过程中，相反地，表现为人以生产过程的监督者和调节者的身分同生产过程本身

①《马克思恩格斯全集》第 31 卷，人民出版社 1998 年版，第 105 页。

发生关系。”①

六、《马克思恩格斯文集》中文本对《57—58 年手稿》摘选内容的评价

马克思经济学手稿已经成为马克思经济思想研究的重要方面，特别是《57—58 年手稿》和《61—63 年手稿》，它们无论是对马克思经济思想史的研究还是对《资本论》创作史的研究，都有着重要的意义。

实际上，在国内外学术界，对马克思经济学手稿的研究已经超越经济学的意义，成为马克思整体思想研究的重要课题，受到越来越多的关注。2009 年出版的《马克思恩格斯文集》第 8 卷（以下简称为《文集》），对马克思三部经济学手稿的选编，特别是对《57—58 年手稿》的摘选，展示了马克思经济学和马克思整体思想研究的宽广视域，显示了对马克思经济学手稿的新的读解取向。

《文集》对《57—58 年手稿》的十三个片段作了摘选，这是中国学者对《57—58 年手稿》多年研究的成果。《文集》的“第 8 卷说明”对《57—58 年手稿》摘选作出了两个方面的说明。一方面，《文集》把摘选的十三个片段，概括为六个方面的主题：一是人的历史发展的三种社会形式；二是资本主义以前的各种所有制形式；三是商品、货币和资本的本质和矛盾；四是机器体系的发展及其应用的重大意义；五是科学技术是极其重要的生产力；六是对未来共产主义社会特征的预测。另一方面，《文集》对摘选的十三个片段

①《马克思恩格斯全集》第 31 卷，人民出版社 1998 年版，第 100 页。

分别加的标题概括了各片段的主题。这些标题依次为：货币的产生和本质；交换价值和社会交换关系的性质；资本的历史使命；劳动和资本在生产过程中的作用；资本的二重倾向：扩大所使用的活劳动和缩小必要劳动；资本主义生产的作用及其界限；异化劳动和资本、资本的再生产和积累、原始积累；资本主义生产以前的各种形式；资本主义生产和交换的普遍性趋势；剥削社会中的劳动和真正自由的劳动；资本主义社会中的个人自由；机器体系和科学发展以及资本主义劳动过程的变化；资本主义条件下和共产主义条件下的社会生产力。

从这两个方面的说明上，我们至少可以得出以下三个结论：

第一，《文集》摘选的片段，达到了“第 8 卷说明”提出的“作为对《资本论》的理论观点的补充和阐发”的要求。这些片段的主题和内容，在《资本论》中大多有过直接的或间接的阐述。例如，关于“资本的历史使命”“资本的二重倾向：扩大所使用的活劳动和缩小必要劳动”“资本主义生产的作用及其界限”等的阐述，特别是“货币的产生和本质”的阐述，其是读解《资本论》第一卷商品货币理论的重要的“补充和阐发”。

“货币的产生和本质”片段，包含了《57—58 年手稿》“货币章”中关于商品货币理论的重要论述。“货币章”以对蒲鲁东主义者达里蒙的《论银行改革》中的货币理论批判为起点，从对货币关系的探讨中，揭示出交换价值的内在规定性；从对交换价值的探讨中，揭示出价值的内在规定性，以及价值向货币转化的内在必然性。“货币的产生和本质”片段进一步探讨的是，商品的内在矛盾及商品向货币转化的问题。“货币的产生和本质”片段，不仅对货币是商品内在矛盾发展的问题作了论述，而且对货币的产生进一步深化了商品的内在矛盾的问题作了阐述。

"货币的产生和本质"片段对《资本论》第一卷中商品货币理论的"补充和阐发"，对理解马克思经济学中的相关理论问题有着重要意义，对当代马克思主义政治经济学的研究也有着重要启示。

第二，《文集》摘选的片段，并没有局限于"作为对《资本论》的理论观点的补充和阐发"的视界。如果完全按照"作为对《资本论》的理论观点的补充和阐发"的要求，《57—58 年手稿》中的有些片段是必选无疑的。例如，关于商品范畴作为经济学体系逻辑起点的论述。"货币的产生和本质"片段，基本搞清楚了价值、交换价值作为商品的内在要素和机能的性质，以及货币成为商品内在矛盾运动的产物的问题，商品因此成了最抽象的范畴，就必然成为经济学体系的逻辑起点。据此，《57—58 年手稿》紧接着在"货币的产生和本质"片段之后，强调指出："有必要对唯心主义的叙述方式作一纠正，这种叙述方式造成一种假象，似乎探讨的只是一些概念规定和这些概念的辩证法。因此，首先是弄清这样的说法：产品（或活动）成为商品；商品成为交换价值；交换价值成为货币。"[①]《57—58 年手稿》在此第一次确定了以商品作为经济学体系的始基范畴，即以商品范畴作为理论体系叙述的逻辑起点，从而确立了后来的《资本论》体系的逻辑起点。又如，首次提出剩余价值范畴及其意义的论述。《57—58 年手稿》在对资本主义生产价值增殖过程的分析中提出，"价值所以能够增加，只是由于获得了也就是创造了一个超过等价物的价值"，必须使劳动能力使用所创造的价值大于劳动力自身的价值，因此"在资本方面表现为剩余价

①《马克思恩格斯全集》第 30 卷，人民出版社 1995 年版，第 101 页。

值的东西，正好在工人方面表现为超过他作为工人的需要，即超过他维持生命力的直接需要的剩余劳动”[①]。资本的使命就是创造这种剩余劳动，攫取剩余价值。剩余价值范畴是马克思经济思想发展中的一次“术语的革命”[②]，奠定了《资本论》理论体系的基石。再如，对“资本一般”范畴的论述、关于“资本”结构的阐述等。如果《文集》摘选的内容，仅在于对《资本论》中的理论的“补充和阐发”，这些相关的部分是不会被遗漏的。

第三，《文集》摘选的内容，实际上超越了只是“作为对《资本论》的理论观点的补充和阐发”的要求，包含了对《57—58 年手稿》中经济学以外的特别是集中反映马克思整体思想最重要的和最主要的论述的摘选。《文集》对马克思整体思想的有关论述的摘选，涉及马克思关于哲学、政治学、社会学、历史学的一系列重要理论观点，许多观点在马克思以后的包括《资本论》在内的著述中，没有再度出现或没有再次直接论及。

在对这些问题的理解上，有必要提一下戴维·麦克莱伦编辑的《57—58 年手稿》英文摘译本和他对摘译本内容的评价的观点。麦克莱伦在 1971 年翻译出版的《马克思的〈政治经济学批判大纲〉》（英文节译本）是较早的英文译本，这里的“政治经济学批判大纲”包含了我们现在称作《57—58 年手稿》的全部内容。该英文节译本比马丁·尼古拉斯于 1973 年翻译的《57—58 年手稿》英文全译本早两年出版。在英文节译本的“序言”中，麦克莱伦提出：“从某种意义上来说，《大纲》是马克思所有著作中最基本的著

①《马克思恩格斯全集》第 30 卷，人民出版社 1995 年版，第 285—286 页。
②《马克思恩格斯文集》第 5 卷，人民出版社 2009 年版，第 32 页。

作”，“是马克思思想的中心点”。因此，“没有相当广泛地收选《大纲》的马克思著作选集肯定是极其不适当的。在讨论马克思思想的连续性问题时，不考虑《大纲》那么也注定是要重新做起的”。对于有的学者把《1844 年经济学哲学手稿》看作是“真正的马克思的新鲜材料……马克思思想发展中的关键性阶段”的评价，麦克莱伦认为，把这一评价用在马克思的《政治经济学批判大纲》上，“要更有道理得多”。麦克莱伦的结论就是，从马克思政治经济学来看，“《大纲》的论题比以后包含在《资本论》中的论题要广泛得多”；从马克思整体思想来看，“《大纲》应该是马克思撰写的最基本的著作”。“《大纲》比其他著作更多地包含了马克思各方面思想的总结”。[①]麦克莱伦就是从马克思政治经济学和马克思整体思想的角度来选译《57—58 年手稿》的相关内容的。甚至在选译的有些关于政治经济学的片段中，麦克莱伦也冠以超越政治经济学意义的标题。如《文集》摘选的“交换价值和社会关系的性质”片段，麦克莱伦在英文节译本中也选译了，但他将其分解成标题为“社会权力和个人”、“异化、社会关系和自由的个性”和“一般劳动和特殊劳动”三个片段，以突出《57—58 年手稿》中政治经济学以外的马克思的整体思想。

① David McLellan. *Grundrisse*, *Karl Marx*, New York: Harper & Row Publishers, Inc., 1971, pp.2-3、8-9、15.

第三章　劳动“主体一客体”关系与人的发展形式和所有制历史形态的探讨

这里提到的人的发展形式，是指马克思在《57—58 年手稿》“货币章”中提出的人作为劳动主体演进的三大发展形式的理论；这里所指的所有制历史形态，是指马克思在《57—58 年手稿》“资本章”中提出的生产资料作为劳动客体在所有制关系上的历史形态的理论。

人的发展的三大形式理论是 20 世纪 80 年代以来我国学术界对《57—58 年手稿》研究的最凸显的课题，也是对《57—58 年手稿》中马克思超越政治经济学研究视域的最主要的课题。但是，对这一课题的诸多研究，都不同程度地脱离了《57—58 年手稿》的整体结构，离弃了“货币章”和“资本章”特定的理论逻辑，特别是疏远了“资本章”中关于生产资料所有制关系演进的历史形态理论的研究，进而出现了孤立地看待人的发展的三大形式理论的偏误，也不同程度地阻隔了《57—58 年手稿》关于客体对象化发展的社会形态理论本身的研究，失去了在总体上对劳动“主体一客体”关系中人的主体发展形式和生产资料客体所有与占有形态的研究。

如何从物质生产中“主体是人，客体是自然”的一般规定性，上升到对资本主义生产方式中劳动主体和生产资料客体特殊规定性的理解，进而全面把握马克思关于生产方式中劳动“主体—客体”关系理论的本质规定性，是《57—58 年手稿》思想内涵和学理研究的重要课题。

一、对交换关系中主体、客体和中介三个要素规定的探索

《57—58 年手稿》是以马克思写于 1857 年 8 月的《导言》为起点的。马克思在《导言》一开始就提出：作为政治经济学对象的“物质生产”的社会性和历史性规定，内在地包含在对“物质生产”一般性质和特殊性质的理解中。特别是在对“主体是人，客体是自然”这样的一般性的理解中，政治经济学不能忘记不同社会、不同历史阶段存在的各种生产的“主体”和“客体”的“本质的差别”。在马克思看来，“一切生产阶段所共有的、被思维当作一般规定而确定下来的规定，是存在的，但是所谓一切生产的一般条件，不过是这些抽象要素，用这些要素不可能理解任何一个现实的历史的生产阶段”[①]。

“主体是人，客体是自然”的一般的、简单的形式，在资本主义生产方式中有着进一步展开的特殊的和复杂的规定性。在《57—58 年手稿》的“资本章”中，马克思在对货币转化为资本问题分析的一开始，就从资本的特殊“形态规定”上，对交换关系的三个最简单的也是最重要的要素作出了考察。马克思指出，“只要考察的是纯粹形式，关系的经济方面”，那么，在我们面前呈现的就只

①《马克思恩格斯全集》第 30 卷，人民出版社 1995 年版，第 29 页。

是“形式上不同的三种要素”：首先是“关系的主体，交换者，他们处在同一规定中”；其次是这一关系的客体，即“他们交换的对象，交换价值，等价物”；最后就是起着“中介作用”的“交换行为本身”，“通过这种中介作用，主体才表现为交换者，相等的人，而他们的客体则表现为等价物，相等的东西”。[①]在“资本章”中，马克思揭示了主体、客体和中介要素在交换关系及其过程中的主要特征和基本规定。

关于主体，马克思阐明了两个方面的基本规定：一是每一个主体都是交换者，一个主体同另一个主体之间的交换关系都是一种社会关系；二是主体之间交换的是等价物，等价物实质上是“一个主体对于其他主体的对象化”[②]。因此，作为主体之间物的依赖关系而存在的等价物，实际上是主体的对象化形式，或者说是主体的客体化形式。

关于客体，马克思阐明同样存在两个方面的基本规定：一是交换价值作为一定发达程度的生产方式中的客体，一开始就包含了对主体的“强制”，因为主体这时是作为交换价值的生产者而存在的，生产者个人完全是由社会决定的，从而成为对个人的自然存在的完全否定；二是客体对主体的“强制”，完全是以生产力、分工等的发展为前提的，因而客体的发展“决不是从个人的意志产生，也不是从个人的直接自然产生，它是一个历史的前提，它已经使个人成为由社会决定的人了”[③]。

至于交换行为本身，马克思认为：“交换行为不仅设定并证明

①《马克思恩格斯全集》第 30 卷，人民出版社 1995 年版，第 196 页。
②《马克思恩格斯全集》第 30 卷，人民出版社 1995 年版，第 196 页。
③《马克思恩格斯全集》第 30 卷，人民出版社 1995 年版，第 203 页。

交换价值，而且设定并证明作为交换者的主体”[①]。这种交换行为，实际上是主体之间以物的形式实现和完成的“社会接触”的过程，是主体与客体交互作用的“中介”要素。

在对交换关系的三个简单要素的阐释中，马克思强调的是主体在与客体的联系和关系中的重要特征。在马克思看来，主体之间的关系是一种社会关系，但这种社会关系的性质及其形式是离不开客体的；客体不仅作为主体的对象化消极地存在，而且以极大的强制性影响着主体的存在和发展。在既定的交换关系中，主体和客体之间的联系和关系具有特定的历史性和社会性。在这里，与交换主体相对的交换客体，不是从其自然属性上加以理解的，而是从其社会属性上、从主体之间的交互作用关系上加以理解的。在马克思看来，撇开客体及客体的社会属性，是不可能完整地理解主体的发展形式和客体演进形态的阶段及其性质的。

在对交换关系的三个要素的阐释中，马克思还从抽象上升到具体的方法论上提出：交换关系发展中的交换价值和货币关系，只是一种“简单规定性”，是交换关系演进中的一种“抽象规定”。在马克思看来，“从科学的进程来考察，这些抽象规定恰恰是最早的和最贫乏的规定；它们部分地在历史上也是这样出现过的；比较发达的规定是较晚出现的规定”[②]。科学的进程是以事物的最简单的规定为逻辑起点的，在此基础上，才有逐次上升到复杂规定性的思维过程，才有可能达到具有许多规定和关系的丰富的“总体”。

在“资本章”中，马克思在对资本占据统治地位的社会关系和

①《马克思恩格斯全集》第30卷，人民出版社1995年版，第196页。
②《马克思恩格斯全集》第30卷，人民出版社1995年版，第202页。

交换关系的分析和考察中，一方面在抽象层次上阐明，“在交换价值和货币的简单规定中已经潜在地包含着工资和资本的对立等等”；另一方面在抽象上升到具体的思维过程中，展现“那些现在存在着交换或靠交换来实现的生产联系的较高级的形式”[1]。那种脱离交换关系中主体和客体既定的社会性和历史性规定的观点是荒谬的；那种漠视交换关系的简单形式和高级形式之间演进关系的观点是偏颇的；那种把交换价值和货币关系等看作是可以脱离一定的社会经济关系而孤立存在的观点更是错误的。

交换关系中主体和客体的这种社会的和历史的辩证关系，是马克思在《57—58 年手稿》“货币章”到“资本章”中，对资本主义生产方式及其本质关系阐释的根本要义。从手稿第 I 笔记本的第 20 页[2]开始，到第 28 页[3]结束，马克思先从交换关系中劳动主体的特殊视角作出阐释。

首先，马克思认为，在他所考察的既定的资产阶级社会中，交换关系已经呈现出“以生产中人的（历史的）一切固定的依赖关系的解体为前提”“以生产者互相间的全面的依赖为前提”[4]，这两个“前提”使交换渗入一切生产关系的特征得到充分体现。在这两个“前提”中，主体就是交换关系中的生产者，即劳动主体；主体之间的“固定的依赖关系的解体”，以及主体之间“全面的依赖”关系的形成，就是主体历史发展形式的主要过程和实际内容。在这

①《马克思恩格斯全集》第 30 卷，人民出版社 1995 年版，第 203 页。

② 即从《马克思恩格斯全集》第 30 卷（人民出版社 1995 年版）第 105 页最后一个自然段开始。

③ 即到《马克思恩格斯全集》第 30 卷（人民出版社 1995 年版）第 123 页第二个自然段结束。

④《马克思恩格斯全集》第 30 卷，人民出版社 1995 年版，第 105 页。

里，马克思选取的特殊视角就在于：通过对主体发展形式的考察，揭示交换关系的历史演进过程及其本质特征。

其次，在经济学说史上，资产阶级经济学家对生产中主体作用的认识存在诸多谬误，其中最突出的在于以下两个方面：一是抽去劳动主体的社会性，完全以追求个人利益的私人为理解交换过程及其性质的出发点；二是抽去了劳动主体存在和发展的物质基础，割裂私人利益同社会生产手段及再生产的内在联系。在马克思看来，任何社会的私人利益的内容及其实现形式，都是“由不以任何人为转移的社会条件决定的”①。劳动主体历史发展形式的社会性和物质性，是马克思对资本主义生产方式中“主体—客体”关系探索的第一个特殊视角和基本特征。

再次，在交换关系充分发展的形式中，毫不相干的个人之间的社会联系，采取了交换价值形式：一方是交换价值的一般形式——货币，另一方是支配交换价值的所有者。因此，主体在交换关系的发展中具有两重意义：一是作为生产和再生产中的主体，主体与客体（即自然，或人化的自然即各种生产资料）都是作为生产的要素而存在的。二是作为交换关系中的主体，存在着对客体的所有和占有关系。在这一所有和占有关系上，人的社会关系被转化为物与物之间的关系，人的能力被物化；主体在生产中的社会关系，也就转化为人对物的所有和占有关系。在历史上，这种关系具体地表现为家长制的关系、封建制度和行会制度等。因此，对交换过程的考察，既包含着主体与客体作为生产和再生产要素的考察，也包含着主体对客体所有和占有关系上的考察。劳动主体的一般性和特殊性

①《马克思恩格斯全集》第 30 卷，人民出版社 1995 年版，第 106 页。

的统一，是马克思对资本主义生产方式中“主体—客体”关系探索的第二个特殊视角和基本特征。

最后，从主体和客体作为再生产的要素来看，主体的历史可以分为以下两个截然不同的发展阶段：其一，个人已经自然地、历史地扩大为家庭和氏族（以后是公社）的个人，直接地从自然界再生产自己。这时，在再生产过程中，主体还直接依赖于自然存在这一客体。其二，作为主体生产活动对象的客体，不再是自然的要素而是“人化的自然”，是经过劳动主体在生产过程中“过滤”“加工”过的劳动资料或劳动对象，“它们是人的产业劳动的产物，是转化为人的意志驾驭自然界的器官或者说在自然界实现人的意志的器官的自然物质。它们是人的手创造出来的人脑的器官；是对象化的知识力量”①。

二、关于人的发展的三大形式理论挈要

人是社会历史的主体，这是马克思哲学的本质命题。在《1844年经济学哲学手稿》中，青年马克思就提出：“历史本身是自然史的一个现实部分，即自然界生成为人这一过程的一个现实部分”，社会的历史不过是“作为既定的主体的人的现实历史”②。在1847年出版的《哲学的贫困》中，马克思从“历史剧”“剧中人物”“剧作者”的辩证关系分析上提出：“研究每个世纪中人们的现实的、世俗的历史，不就是把这些人既当成他们本身的历史剧的剧作者又

①《马克思恩格斯全集》第31卷，人民出版社1998年版，第102页。
②《马克思恩格斯文集》第1卷，人民出版社2009年版，第194、201页。

当成剧中人物吗？”[①]在一定社会中从事实践和认识活动的人，就是历史主体最一般的规定。在马克思看来，作为历史主体的人的发展，是以社会历史的发展为基础的，也是与社会生产力运动和经济关系的发展相一致的。

在《57—58 年手稿》“货币章”中，马克思提出了人作为劳动主体和历史主体的发展的三大形式理论。这就是“货币章”中经常被引述的那一著名论断：“人的依赖关系（起初完全是自然发生的），是最初的社会形式，在这种形式下，人的生产能力只是在狭小的范围内和孤立的地点上发展着。以物的依赖性为基础的人的独立性，是第二大形式，在这种形式下，才形成普遍的社会物质变换、全面的关系、多方面的需要以及全面的能力的体系。建立在个人全面发展和他们共同的、社会的生产能力成为从属于他们的社会财富这一基础上的自由个性，是第三个阶段。第二个阶段为第三个阶段创造条件。”[②]

需要说明的是，这里提到的“社会形式”，《57—58 年手稿》中德文原文为“Gesellschaftsformen”[③]。在以上引述的《57—58 年手稿》的中译本（即《马克思恩格斯全集》中文第二版）中，“Gesellschaftsformen”被译作“社会形式”。在刘潇然翻译的《57—58 年手稿》的中文译本即《政治经济学批判大纲（草稿）》中，“Gesellschaftsformen”被译作“社会形态”[④]；在《马克思恩

①《马克思恩格斯文集》第 1 卷，人民出版社 2009 年版，第 608 页。

②《马克思恩格斯全集》第 30 卷，人民出版社 1995 年版，第 107—108 页。

③ *Marx-Engels-Gesamtausgabe (MEGA²)*, Band Ⅱ, Berlin: Dietz Verlag, 1976, p.90.

④ 马克思：《政治经济学批判大纲（草稿）》第 1 分册，刘潇然译，人民出版社 1975 年版，第 94 页。

格斯全集》中文第一版第 46 卷上册中，“Gesellschaftsformen”也被译作“社会形态”[①]。《马克思恩格斯全集》中文第二版把“Gesellschaftsformen”译作“社会形式”而不译作“社会形态”，更接近马克思的本意。这三个中文译本中的“阶段”，在德文原文中为“Stufe”[②]，指上升的“阶段”，“第一个阶段”、“第二个阶段”和“第三个阶段”有着“第一步”、“第二步”和“第三步”逐次上升的含义。

不难看出，马克思对人的发展的三大形式理论的这一系统论述，与他先前提出的理解交换关系中的理论视角是一致的。首先，马克思是从交换关系的主体这一方面展开对人的发展的三大形式演进关系的探索的，主体的历史成为论述的着力点；其次，这一阐释是以揭示社会交换关系演进为中心线索的，因此，马克思既强调了主体之间的社会交往关系和交换关系，也强调了交换关系中主体与客体之间的物质变换关系；最后，马克思在凸显交换关系主体演进的历史时，也十分关注交换关系主体演进的社会性和物质性二重意义的问题，以及其中一般性和特殊性二重意义的交互作用及其关系问题。

在马克思看来，在第一大形式下，劳动主体制约和控制自然客体的能力十分低下，主体还只是“直接地从自然界再生产自己”[③]，主体的潜在的生产能力还受到自然的限制。因此，在这一形式下，一方面，个人只有依赖群体，在没有社会分工，或者只是在一种纯粹的自然分工状态下，向人周围的自然索取直接的生活资料等自然

①《马克思恩格斯全集》第 46 卷上册，人民出版社 1979 年版，第 104 页。
② *Marx-Engels-Gesamtausgabe (MEGA²)*, Band Ⅱ, Berlin: Dietz Verlag, 1976, p.91.
③《马克思恩格斯全集》第 30 卷，人民出版社 1995 年版，第 107 页。

富源；另一方面，人们只能以血缘或以有限的地域为基础，结成相互依赖的共同体，同自然客体发生物质变换关系。这时，一切产品的生产都只是在一种相对封闭的“共同体”内完成；主体间的劳动变换，或主体与客体的物质变换，采取的是一种完全固定的、直接的社会形式。

随着社会生产力的发展，特别是随着社会分工、自然力的利用及科学技术在工艺上的运用等，劳动主体对客体的制约和控制能力逐渐提高，“共同体”的劳动形式被不断发展起来的协作、专业化等社会分工形式所瓦解，第一大形式所固有的封闭状态受到极大冲击。同时，由普遍的需求和供给互相产生的张力，促使毫不相干的人发生着以物的依赖性为特征的联系，劳动主体之间一切固定的依赖关系逐渐解体；与此相联系，主体之间的以产品交换为基础的相互间的“全面依赖”形式逐渐产生和发展起来。这样，“活动和产品的普遍交换已成为每一单个人的生存条件，这种普遍交换，他们的相互联系，表现为对他们本身来说是异己的、独立的东西，表现为一种物”[①]。这时，人对人的依赖性减弱了，人对物的依赖性增强了。最后达到的是，“主体只有通过等价物才在交换中彼此作为价值相等的人，而且他们只是通过彼此借以为对方而存在的那种对象性的交换，才证明自己是价值相等的人”[②]。

第二大形式的重要特征，突出地表现为劳动主体自身的发展。马克思认为，在第一大形式中，主体发展的特征就是对人的依赖关系，以及与此相适应的“原始的丰富”。这种“原始的丰富”是一

①《马克思恩格斯全集》第 30 卷，人民出版社 1995 年版，第 107 页。
②《马克思恩格斯全集》第 30 卷，人民出版社 1995 年版，第 196 页。

种贫乏的“全面”，是一种充满稚气的古代世界的“崇高”。这就是说，“在发展的早期阶段，单个人显得比较全面，那正是因为他还没有造成自己丰富的关系，并且还没有使这种关系作为独立于他自身之外的社会权力和社会关系同他自己相对立”[①]。在第二大形式中，主体自身的多方面的需求，以及全面的能力的体系已经形成，并得到不断发展。

马克思对第二大形式中主体发展的历史进步性和现实必然性作出高度评价。马克思指出：“人们说过并且还会说，美好和伟大之处，正是建立在这种自发的、不以个人的知识和意志为转移的、恰恰以个人互相独立和漠不关心为前提的联系即物质的和精神的新陈代谢这种基础上。”因此，“这种物的联系比单个人之间没有联系要好，或者比只是以自然血缘关系和统治从属关系为基础的地方性联系要好”。同样，“在个人创造出他们自己的社会联系之前，他们不可能把这种社会联系置于自己支配之下”。[②]

最后，在第三大形式中，劳动主体对客体具有充分的制约和控制能力，主体的“自由个性”得到全面的发展，主体之间的关系也无须采取间接的物的形式。其实，这是马克思设想的人的发展的一种未来“形式”。对这种未来形式，马克思虽然没有作更多的阐释，但还是对其中的两个基本特征作出了说明。第一个基本特征是这一形式产生的两个方面的独特的基本条件：一方面这一形式是以个人的全面发展为基本条件的，即取决于主体的发展强度；另一方面这一形式是以主体的共同的生产能力成为他们共同的社会财富为

①《马克思恩格斯全集》第 30 卷，人民出版社 1995 年版，第 112 页。
②《马克思恩格斯全集》第 30 卷，人民出版社 1995 年版，第 111 页。

基本条件的，即取决于主体对客体所有和占有形式上的发展程度。第二个基本特征是第三大形式的发展是以第二大形式的发展为基础的，“第二个阶段为第三个阶段创造条件”[①]。马克思在对这一演进过程的历史性和社会性的概述中指出：“全面发展的个人——他们的社会关系作为他们自己的共同的关系，也是服从于他们自己的共同的控制的——不是自然的产物，而是历史的产物。”主体演进这一过程，“是以建立在交换价值基础上的生产为前提的，这种生产才在产生出个人同自己和同别人相异化的普遍性的同时，也产生出个人关系和个人能力的普遍性和全面性”[②]。人的发展的第二大形式的充分发展，成为向第三大形式过渡的一个不可逾越和不可取消的过程。

三、关于客体所有和占有关系三大历史形态的理论精微

在“资本章”中，马克思以既定的资本主义生产方式为前提，从对客体的所有和占有关系上，对经济社会“形态”的演进及其性质作出考察。这里的客体所有和占有关系实质上就是一种所有制关系。在这一考察中，马克思对资本主义之前的客体所有和占有关系作出了第一至第三序列的“历史形态”的阐释，对资本主义及其未来社会的客体所有和占有关系作出了递进的“历史形态”的阐释。这里中文译作“历史形态”的，《57—58 年手稿》的德文原文

①《马克思恩格斯全集》第 30 卷，人民出版社 1995 年版，第 108 页。
②《马克思恩格斯全集》第 30 卷，人民出版社 1995 年版，第 112 页。

为“historischer Zustand”[①]，意为“历史状态”“历史形态”。这妥切地把之前提到的人的发展的三大形式中的“社会形式”（Gesellschaftsformen）的“形式”，同这里提到的“历史形态”（historischer Zustand）的“形态”内涵作了区分。

在“资本章”对“资本主义生产以前的各种形式”问题的阐释一开始，马克思就提出：“雇佣劳动的前提和资本的历史条件之一，是自由劳动以及这种自由劳动同货币相交换，以便再生产货币并增殖其价值，也就是说，以便这种自由劳动不是作为用于享受的使用价值，而是作为用于获取货币的使用价值，被货币所消耗；而另一个前提就是自由劳动同实现自由劳动的客观条件相分离，即同劳动资料和劳动材料相分离。”[②]这里译作“客观条件”的，在德文原文中为“objektiven Bedingungen”[③]，指的是“客体的条件”，是“自然是客体”中“客体”（das Objekt）[④]的含义，以下引文提到的“客观条件”与“客体条件”用语内涵是一致的。

从劳动主体与客体的关系来看，马克思认为，资本主义生产方式的特点就在于：“劳动的客观条件在工人方面作为跟他相分离的东西、作为资本出现，和工人在资本家方面作为无财产者、作为抽象工人出现，——价值同活劳动之间发生的交换，是以一个历史过程为前提的（虽然资本和雇佣劳动这两者本身再生产着这种关系，并且在其客观的广度上以及深度上都发展着这种关系），这种历史

① *Marx-Engels-Gesamtausgabe (MEGA²)*, Band Ⅱ, Berlin: Dietz Verlag, 1976, p.402.
②《马克思恩格斯全集》第 30 卷，人民出版社 1995 年版，第 465 页。
③ *Marx-Engels-Gesamtausgabe (MEGA²)*, Band Ⅱ, Berlin: Dietz Verlag, 1976, p.378.
④ *Marx-Engels-Gesamtausgabe (MEGA²)*, Band Ⅱ, Berlin: Dietz Verlag, 1976, p.23.

过程正如我们所看到的，就是资本与雇佣劳动的起源史。”[①]因此，对资本主义生产方式的产生及其历史过程的探索，就成为理解资本主义生产方式本质特征的关键所在。马克思就是在对资本主义生产方式以前的各种形式发展过程的考察的基础上，对客体在所有制关系上的三种历史状态的演进作出深入阐释的。

回溯历史，马克思认为，在劳动客体所有和占有关系的历史演进中，最初的“第一种历史状态”的特点，就在于“劳动的个人把土地看作是自己的东西，也就是说，他是作为土地所有者而劳动、而生产的”；这时，个人“不仅是作为劳动者同土地发生关系，而且是作为土地所有者同作为劳动主体的自身发生关系”[②]。在这种历史状态中，对土地作为一种自然因素上的所有和占有意味着，无论是生产资料（原料、工具等）还是生活资料，都不是由劳动主体创造的，而是由土地本身所提供的，即在土地本身中就能发现。相对于人的发展的三大形式而言，这处于劳动主体“直接地从自然界再生产自己”[③]的第一大形式，主体的潜在的生产能力受制于自然的力量的束缚。

随着社会生产力的发展，作为客体的工具不再是土地本身；经过劳动主体加工改造过的工具及其他劳动资料、劳动对象，逐渐转化为生产过程的客体。这种客体化的工具或劳动资料、劳动对象等，与完全由自然生成的劳动客体相区别，马克思称之为“第二类财产”。一旦对“第二类财产”的所有和占有，与对土地这一自然要素的所有和占有同样重要时，“第一种历史状态”就不可逆转地

①《马克思恩格斯全集》第 30 卷，人民出版社 1995 年版，第 480—481 页。
②《马克思恩格斯全集》第 30 卷，人民出版社 1995 年版，第 492 页。
③《马克思恩格斯全集》第 30 卷，人民出版社 1995 年版，第 107 页。

向“第二种历史状态”转化。马克思认为，“第二种历史状态”的主要特征在于：“共同体本身已经是被生产出来的、产生出来的、派生出来的、由劳动者本身生产出来的共同体”；主体对“第二类财产”的所有和占有关系，使得所有和占有的对象不再是土地自然本身，而是人化的自然，即主体的客体化、对象化。在“第二种历史状态”中，这种所有和占有关系同时“把劳动的主体确立为所有者”[①]。

值得注意的是，马克思在对这两种历史状态演进的阐释中，区分了客体的两类财产及其在所有和占有关系上的差别：在两类财产中，第一类财产是指作为自然物的土地本身；第二类财产是指经过劳动者加工的，或者说是对象化的劳动资料和劳动工具。与此相对应，劳动主体也区分出两类所有者：仅仅对作为自然物的土地的所有和占有关系的，是第一类劳动所有者；不仅对作为自然物的土地而且对劳动对象化的劳动资料和劳动工具的所有和占有关系的，是第二类劳动所有者。“第一个历史阶段本身，由于上述第二类财产或第二类从事劳动的所有者独立出来，就必然以大大改变了的面貌出现。”[②]

在马克思看来，以上两种历史状态存在于原始“共同体”发展的不同阶段上。除此之外，在奴隶制和农奴制中，还存在着“第三种历史状态”。这种历史状态的主要特征在于：“劳动者只是生活资料的所有者，生活资料表现为劳动主体的自然条件，而无论是土地，还是工具，甚至劳动本身，都不归自己所有。”[③]在资本主义经济关系的发展中，上述三种历史状态都被否定了，都表现为历史上

①《马克思恩格斯全集》第 30 卷，人民出版社 1995 年版，第 493 页。
②《马克思恩格斯全集》第 30 卷，人民出版社 1995 年版，第 493 页。
③《马克思恩格斯全集》第 30 卷，人民出版社 1995 年版，第 494 页。

已经解体的状态，相应地形成进一步发展起来的“历史状态”。

资本主义生产方式中发展起来的“历史状态”是以上三种历史状态解体之后出现的新的历史状态。马克思虽然没有直接称其为“第四种历史状态”，但对这种“历史状态”产生的基本前提还是作出了深入阐释。马克思认为，在这种“历史状态”中，一方面劳动主体成为自由的工人，他们的唯一财产只是自己的劳动能力；另一方面劳动主体与客体完全分离，所有客体要素和条件都成为他人的财产，都作为主体的“非财产”而与主体相对立。马克思指出：“在这里我们首先要谈的是：劳动对资本的关系，或者说，劳动对作为资本的劳动客观条件的关系，是以一个历史过程为前提的，这个历史过程曾促使劳动者是所有者，或者说所有者本身从事劳动的各种不同形式发生了解体。”在这可以被称作“第四种历史状态”中，“劳动者作为自由工人，作为丧失客体条件的、纯粹主体的劳动能力，来同作为他的非财产，作为他人的财产，作为自为存在的价值，作为资本的生产的客观条件相对立”[①]。在劳动的这种“主体—客体”关系中，主体只是作为纯粹的“劳动能力”存在，主体丧失了任何的“客观条件”（“客体条件”）即“个体条件”；所有“客观条件”都成为归资本所有和占有的“客观条件”，作为主体的“非财产”而存在。因此，在资本的概念中，实际上包含着“劳动的客观条件（而这种客观条件是劳动本身的产物）对劳动来说人格化了，或者同样可以说，客观条件表现为对工人来说是异己的人格的财产”[②]。这里的“劳动的客观条件”同样就是“劳动的客体条件”。

①《马克思恩格斯全集》第30卷，人民出版社1995年版，第490、492页。
②《马克思恩格斯全集》第30卷，人民出版社1995年版，第508页。

马克思在对“第四种历史状态”演进的阐释中指出：“以交换价值为基础的生产，即在表面上进行着上述那种自由和平等的等价物交换的生产，从根本上说，是作为交换价值的对象化劳动同作为使用价值的活劳动之间的交换；或者可以换一种说法，是劳动把劳动的客观条件——因而也是把劳动本身所创造的客体性——看作是他人财产的关系：劳动的外化。”①资本主义生产方式中生成的这种历史状态，是从交换价值中劳动“主体—客体”关系的最初形态中发展起来的，并在这一发展中不可逆转地走向它的反面。

最后，马克思还对未来的新的“历史状态”的基本特征作出预测，这种新的“历史状态”也可以称作继“第四种历史状态”之后的“第五种历史状态”。马克思在对未来的新的历史状态的阐释中指出：“在资本对雇佣劳动的关系中，劳动即生产活动对它本身的条件和对它本身的产品的关系所表现出来的极端异化形式，是一个必然的过渡点，因此，它已经自在地、但还只是以歪曲的头脚倒置的形式，包含着一切狭隘的生产前提的解体，而且它还创造和建立无条件的生产前提，从而为个人生产力的全面的、普遍的发展创造和建立充分的物质条件。”②

四、《资本论》对劳动“主体—客体”关系的总体探索及其意义

在对“主体是人，客体是自然”的一般性和特殊性关系的理解

① 《马克思恩格斯全集》第 30 卷，人民出版社 1995 年版，第 510—511 页。
② 《马克思恩格斯全集》第 30 卷，人民出版社 1995 年版，第 511—512 页。

上，对特定经济社会形态中劳动“主体—客体”关系作出“自然历史”意义上的探索，是马克思政治经济学的重要理论特征和显著思想特色。在《57—58 年手稿》中，马克思以交换关系的基本要素及其联系的探索为基础，先在“货币章”中，从作为劳动主体的人的发展的三大形式上，然后在“资本章”中，从作为劳动客体的生产资料所有和占有关系的三大历史形态上，对经济的社会关系演进中的“主体—客体”关系作出系统阐释。人的发展的三大形式与所有和占有关系的三大历史形态，是马克思对交换关系中劳动“主体—客体”关系阐释的相互联系、有机结合的两个部分。对这两个部分的探索并不止于《57—58 年手稿》，在马克思之后的政治经济学著述中得以赓续，在《资本论》第一卷中更是得到显著拓展。

“货币章”中提出的人的发展的三大形式理论，在马克思以后的经济学著述中，虽然没有再度出现，但不能由此认为，关于人的发展的三大形式理论已经被马克思作为一种不成熟的理论或者作为一种“过渡性”理论舍弃了。在《资本论》第一卷中，马克思把《57—58 年手稿》中关于人的发展的三大形式理论与所有和占有关系的三大历史形态理论结合在一起，在“自然历史”的意义上作出了总体阐释。

在 1867 年出版的《资本论》第一卷德文第一版中，马克思在对商品拜物教的理论阐释中，还没有从“自然历史”的视角对经济的社会形态的发展阶段作出系统阐释。在《资本论》第一卷德文第一版第一章“商品和货币”的“(1)商品”中，马克思在对想象中的“孤岛上的鲁滨逊”的生产方式进行说明后，就转入对“自由人联合体”的生产方式的阐释[①]，这里明显缺乏对前资本主义生产方式的“历史形态”的探讨。直到19世纪70年代初，马克思在《资本论》第一卷德文第二版中，在对商品拜物教理论作出新的阐释中，才在“孤岛上的鲁滨逊”的生产方式论述之后，加入了对“劳动的原始的形式”和“欧洲的昏暗的中世纪”等生产方式的阐释，最后再转入“自由人联合体”生产方式及资本主义生产方式的系统研究。实际上，这是马克思对“自然历史”中劳动“主体—客体”关系的第一次系统阐释。

在对资本主义生产方式之前劳动“主体—客体”关系的分析中，马克思得出的结论是：“这些古老的社会生产有机体比资产阶级的社会生产有机体简单明了得多，但它们或者以个人尚未成熟，尚未脱掉同其他人的自然血缘联系的脐带为基础，或者以直接的统治和服从的关系为基础。它们存在的条件是：劳动生产力处于低级发展阶段，与此相应，人们在物质生活生产过程内部的关系，即他们彼此之间以及他们同自然之间的关系是很狭隘的。”[②]在对资本主义生产方式之后“自由人联合体”的劳动“主体—客体”的关系分析中，马克思得出的结论就是：“只有当社会生活过程即物质生产过程的形态，作为自由联合的人的产物，处于人的有意识有计划的控制之下的时候，它才会把自己的神秘的纱幕揭掉。”[③]在马克思看来，商品拜物教是经济社会发展到一定阶段的历史现象，它把劳动主体之间借助于客体发生的社会关系，歪曲地表现为脱离主体而独立存在的客体之间纯粹的自然关系。商品拜物教的消除，“需要有

①《马克思恩格斯全集》第42卷，人民出版社2016年版，第57—58页。

②《马克思恩格斯文集》第5卷，人民出版社2009年版，第97页。

③《马克思恩格斯文集》第5卷，人民出版社2009年版，第97页。

一定的社会物质基础或一系列物质生存条件，而这些条件本身又是长期的、痛苦的发展史的自然产物”[①]。

马克思在《57—58 年手稿》“资本章”中对资本主义生产方式依次递进的历史形态的阐释，在《资本论》第一卷德文第一版第六章“资本的积累过程”的“(2) 所谓原始积累”中得以赓续；在《资本论》第一卷德文第二版中，在把人的发展形式和所有制历史形态问题结合在一起后，作出了更为清晰的总体阐释。

在这一总体阐释中，马克思以劳动“主体—客体”关系中人的发展的三大形式和客体所有制关系的三大历史形态理论为综合线索，对资本从原始积累到资本积累的历史的和逻辑的转化序列作出系统探索。马克思认为，在经济的社会发展过程中，劳动主体对客体的所有和占有关系，可以分为两个层次：第一，根据对劳动客体的所有和占有的性质，可以分为“公共的、集体的所有制”和“私有制”两大类型。前者是由集合的劳动主体共同所有和占有劳动客体的形式，后者是由个别劳动主体或由非劳动主体所有和占有劳动客体的形式。第二，在私有制的“无数的色层”[②]中，又可以划分为两种不同的形式：一是劳动主体自身占有劳动客体的形式；二是非劳动主体占有劳动客体的形式。前者的典型形式是前资本主义的小私有制经济关系，后者的典型形式是资本主义私有制。马克思的这一理解，同《57—58 年手稿》“货币章”对人的发展的三大形式理论的理解，也同“资本章”对客体所有制关系的历史形态理论的理解是一致的。

---

① 《马克思恩格斯文集》第 5 卷，人民出版社 2009 年版，第 97 页。

② 《马克思恩格斯全集》第 30 卷，人民出版社 1995 年版，第 143 页。

在经济社会的发展史上，以劳动主体直接所有和占有劳动客体的小私有制经济形态，对于社会生产力的发展曾起过重要作用，特别是对劳动主体自身的发展，如对劳动者手艺水平的提高、技术发明和自由个性发展等方面，都起过重要作用。但是，这种经济社会形态是以土地及其他生产资料的分散为前提的，“它只同生产和社会的狭隘的自然产生的界限相容”[①]，因而排斥社会对自然的更有效的利用和控制，排斥社会生产过程中分工和协作的进一步发展，排斥生产社会化更大规模的发展，排斥社会生产力更大程度的增长。毫无疑问，“它发展到一定的程度，就产生出消灭它自身的物质手段”[②]。

小私有制向资本主义私有制的转化，是通过两个相互联系的过程完成的：一方面，分散的生产资料转化为社会积聚的生产资料，使劳动客体所有制关系的性质发生了变化；另一方面，生产资料客体的所有者和占有者由劳动主体转化为非劳动主体，使劳动客体的所有和占有形式发生了根本变化。在资本主义私有制形式的继续发展中，劳动客体的性质和对劳动客体的所有制形式不断发生变化。在劳动客体方面，“科学日益被自觉地应用于技术方面，土地日益被有计划地利用，劳动资料日益转化为只能共同使用的劳动资料，一切生产资料因作为结合的、社会的劳动的生产资料使用而日益节省”[③]等。同时，通过“一个资本家打倒许多资本家”，通过“少数资本家对多数资本家的剥夺”[④]，对劳动客体的所有制形式也就达到了私有制限界内可能达到的最高阶段。

①《马克思恩格斯文集》第 5 卷，人民出版社 2009 年版，第 872 页。
②《马克思恩格斯文集》第 5 卷，人民出版社 2009 年版，第 873 页。
③《马克思恩格斯文集》第 5 卷，人民出版社 2009 年版，第 874 页。
④《马克思恩格斯文集》第 5 卷，人民出版社 2009 年版，第 874 页。

由于自然历史的必然性，资本主义私有制的发展必然造成对自身的否定。马克思认为，这种否定不再是重建私有制，而是过渡到“公共的、集体的所有制”。在这一过渡中，劳动主体和劳动客体的关系发生了深刻的变革：一方面，占有劳动客体的不再是非劳动主体，而是回复到劳动主体自身，即再次实行了劳动主体对劳动客体的直接占有。就此而言，这是一个“重建个人所有制”的过程。另一方面，由于劳动客体自身已经发生了变化，现在它是在资本主义时代社会化生产资料高度发展的基础上建立起来的，因此，劳动主体不再在个体形式上而是在劳动主体的集合形式上，即在劳动主体的整体形式上对劳动客体实行共同占有的所有制形态。

马克思所论述的人的发展形式的理论，在他关于经济社会发展形态的理论体系中具有独立的意义。以人的自身发展为主线的历史过程，反映了历史主体在经济社会关系发展中的特殊地位。这就是说，主体的历史是认识经济社会发展阶段的一个重要侧面。忽视历史主体自身发展的研究，就不可能把握经济社会发展的历史脉络。在这一意义上，马克思关于人的发展形式的理论，无疑是我们认识社会经济史发展的重要理论。但是，马克思关于人的发展形式的理论，并不排斥对客体的所有制关系的历史形态的理论，它们之间既有各自的相对独立性，又有本质上的一致性。这就是说，在对马克思关于人的发展的三大形式理论肯定的同时，不能贬低对客体的所有制关系理论，更不能否定马克思关于所有和占有关系的理论，以及经济社会发展形态的理论。可以肯定，只有把人的发展形式和所有制历史形态两大理论结合在一起，才有完整、系统的经济的社会发展形态总体上的理论体系和历史意义。离开既定的总体关系，任何局部规定性都是片面的，甚至是毫无意义的。

第四章　对前资本主义生产方式的研究

马克思对前资本主义生产方式的研究，是《57—58 年手稿》中最引人注意的理论问题，特别是其中关于亚细亚生产方式的研究，在近半个世纪以来，引起了国内外无数经济学家、历史学家、社会学家和哲学家们的关注。

实际上，马克思关于前资本主义生产方式的研究（也包括对亚细亚生产方式的研究），集中于《57—58 年手稿》的第Ⅳ笔记本的第 14 页最后部分至第Ⅴ笔记本的第 15 页[①]。对马克思这一研究的理解，同对《57—58 年手稿》中马克思其他理论问题研究的理解一样，既不能脱离《57—58 年手稿》的整体结构，也不能脱离马克思思想发展的全过程。可以肯定地认为，对马克思这一研究的各种误解，源于对《57—58 年手稿》整体结构有意的或无意的误解，源于对马克思思想发展过程孤立的或片面的理解。

在本章中，首先要弄清以下三个相互关联的问题，这其实也是正确理解马克思这一研究的三个关键问题：第一，从《57—58 年手稿》的整体结构上，弄清马克思对前资本主义生产方式研究的特殊的理论视角和理论思路；第二，通过对马克思思想发展整体过程的考察，弄清马克思关于前资本主义生产方式理论发展的脉络；第

---

① 即《马克思恩格斯全集》第 31 卷（人民出版社 1995 年版）中的第 465—510 页。

三，从《57—58 年手稿》的特定视角和马克思思想的整体发展上，弄清马克思关于亚细亚的所有制形式、亚细亚生产方式的内涵及其在马克思主义社会历史发展阶段理论中的地位。

一、提出问题的特殊的理论视角和理论思路

唯物史观的创立，开启了马克思对前资本主义生产方式的研究的思路。1845 年到 1846 年，马克思在与恩格斯合著的《德意志意识形态》手稿中，依据分工发展的各个不同阶段，把前资本主义所有制关系的发展，划分为三个依次递进的阶段：部落所有制；古代公社所有制和国家所有制；封建的或等级的所有制。

值得注意的是，在《德意志意识形态》手稿中，马克思和恩格斯把分工看作是私有制的同义语，认为“分工从最初起就包含着劳动条件——劳动工具和材料——的分配，也包含着积累起来的资本在各个所有者之间的劈分，从而也包含着资本和劳动之间的分裂以及所有制本身的各种不同的形式”[①]。这是马克思和恩格斯当时对前资本主义所有制形式理解的总的前提。

在马克思和恩格斯看来，第一种部落所有制，是与生产和分工的不发达阶段相适应的。这时，人们获得物质生活资料的方式主要是靠狩猎、捕鱼、牧畜；分工仅限于家庭中现有的自然产生的分工的进一步扩大；社会结构也仅限于家庭的扩大。但是，家庭中已存在隐蔽的奴隶制：父权制的酋长管辖着部落成员及奴隶。

第二种古代公社所有制和国家所有制，是以几个部落通过契约

①《马克思恩格斯文集》第 1 卷，人民出版社 2009 年版，第 579 页。

或征服而联合为一个城市为基础的。这时，除公社所有制以外，动产和不动产私有制已经发展起来，但它们还只是作为一种反常的、从属于公社所有制的形式发展起来的。奴隶制仍然被保留着，而公民仅仅共同占有自己的那些做工的奴隶。随着分工的发达，城乡之间的对立相继出现，国家已具雏形，阶级关系也已充分地发展起来。

第三种封建的或等级的所有制，是与狭隘的生产关系，即粗陋的原始的土地耕作和手工业式的工业发展相联系的。这时，乡村出现了地产的私人占有和农奴劳动，形成了明显的王公、贵族、僧侣、农民的等级结构；城市出现了拥有少量资本并支配着帮工劳动的自身劳动，形成了师傅、帮工、学徒及后来的平民短工的等级结构的行会所有制。

马克思和恩格斯对前资本主义生产方式的这一理解有两个显著的特点。

第一，作为最早的所有制形式——部落所有制，并不等于后来人们所理解的原始公有制。实际上，马克思和恩格斯当时还不可能对史前社会的性质作出确切的论述。恩格斯后来曾提到："在 1847 年，社会的史前史、成文史以前的社会组织，几乎还没有人知道。"[①]他们这时认定的所有制发展的最早形式，实际上已是得到初步发展的私有制形式。

第二，当时，马克思和恩格斯对前资本主义所有制演进过程的分析，已包含一般性和变异性两种理解。一方面，他们认为，前资本主义所有制是依照"部落所有制—古代公社所有制和国家所有

①《马克思恩格斯文集》第 2 卷，人民出版社 2009 年版，第 31 页注释②。

制—封建的或等级的所有制”这一一般序列演进的；另一方面，他们认为，在不同的地区和民族中，所有制的“最初形式”尽管都是部落所有制，但在其演进过程中，有的直接过渡到古代公社所有制，有的则直接过渡到封建的所有制。他们提到：“所有制的最初形式，无论是在古典古代世界或中世纪，都是部落所有制”，但是，“在古典古代民族中，一个城市里聚居着几个部落，因此部落所有制就具有国家所有制的形式”；而“在起源于中世纪的民族那里，部落所有制经过了几个不同的阶段——封建地产，同业公会的动产，工场手工业资本——才发展为由大工业和普遍竞争所引起的现代资本，即变为抛弃了共同体的一切外观并消除了国家对所有制发展的任何影响的纯粹私有制”①。

19 世纪 40 年代末，马克思在重提前资本主义生产方式时，很少谈到部落所有制问题。在《共产党宣言》中，马克思和恩格斯在论及前资本主义的各个历史时代时，只提到古罗马的奴隶社会和中世纪的封建社会。在《雇佣劳动与资本》中，马克思也只提到古代社会和封建社会。马克思对原始的部落所有制在社会生产方式演进中的地位，似乎有一定的保留。即使在 19 世纪 50 年代初，马克思在对东方社会土地所有制问题进行研究时，也只是单独的，而不是从社会生产方式演进关系上，提到了相当于部落所有制发展阶段的原始生产方式。

二、前资本主义生产方式研究的视角和理论思路

按照马克思的《政治经济学批判》的结构计划，前资本主义

① 《马克思恩格斯文集》第 1 卷，人民出版社 2009 年版，第 583 页。

生产方式并不是《57—58 年手稿》的研究对象，因为《57—58 年手稿》是以现代资产阶级社会，即已经形成的资本主义经济关系为研究对象的。但是，马克思在写作《57—58 年手稿》的一开始，就已经注意到，“在现实的历史上，雇佣劳动是从奴隶制和农奴制的解体中产生的，或者像在东方和斯拉夫各民族中那样是从公有制的崩溃中产生的，而在其最恰当的、划时代的、囊括了劳动的全部社会存在的形式中，雇佣劳动是从行会制度、等级制度、劳役和实物收入、作为农村副业的工业、仍为封建的小农业等等的衰亡中产生的。在所有这些现实的历史过渡中，雇佣劳动表现为一些关系的解体、消灭”[①]。这就是说，从历史发展的角度来看，前资本主义生产方式，包括东方的和斯拉夫的公有制、奴隶制和农奴制，都是现存资本主义生产方式的前史，是其历史前提。

按照马克思在《导言》中确定的总体方法论，前资本主义生产方式作为资本主义生产方式的历时性关系，对它的专门考察理所当然地被排除在资本主义经济关系的结构之外。但是，按总体方法论，在理论逻辑进展的一定点上，这种历时性关系又将在一定限度内作为资本主义生产方式的同时性关系，进入对资本主义经济关系考察的结构之内。这就如资本积累和资本原始积累的历时性和同时性关系一样。

在《57—58 年手稿》“资本章”论述资本积累和再生产问题之后，马克思提到，资本的形成史并不属于受资本统治的生产方式的实际体系，这就像地球从流动的火海和气海的状态变为现在的形态所经历的过程处于已经形成的地球生命的彼岸一样。但是，“对我

①《马克思恩格斯全集》第 30 卷，人民出版社 1995 年版，第 15 页。

们来说更为重要的是，我们的方法表明历史考察必然开始之点，或者说，表明仅仅作为生产过程的历史形式的资产阶级经济，超越自身而追溯到早先的历史生产方式之点”①。在马克思看来，对历史上存在过的生产方式的考察，主要是为了说明前资本主义生产方式及其演进的历史过渡性，说明这些生产方式的发展已包含资本主义生产方式被扬弃的前提。

由此进一步证明，资本主义生产方式的发展也正在扬弃自身，正在为新的生产方式的产生创造历史前提。这是《57—58 年手稿》中马克思对前资本主义生产方式考察的独特视角之一。

在对前资本主义生产方式的考察中，马克思离析出两个层次：第一，产生资本主义生产方式的直接的历史前提，即对资本原始积累的考察。第二，处在解体中的公社的、家长制的、封建的生产方式的演化，是用更长远的历史眼光来观察资本主义生产方式产生的前提。

据此，在《57—58 年手稿》中，马克思在对资本再生产和积累进行论述之后，首先对资本主义生产方式产生的直接的历史前提——资本原始积累问题作了考察。

马克思认为，资本并不是从来就有的，资本作为一种生产关系，它的产生必须以一定的历史条件为前提。这些历史条件的形成过程，也就是资本作为占统治地位的生产方式的形成过程。马克思把这些历史条件概括为以下四种关系。

第一，活劳动能力作为单纯主体而存在，同客体的现实要素相分离，也就是说，“既同活劳动的条件相分离，也同活劳动能力的

①《马克思恩格斯全集》第 30 卷，人民出版社 1995 年版，第 453 页。

生存资料，生活资料，自我保存资料相分离”①。

第二，价值在物质财富形式上的足够积累，即这种积累不仅要为再生产或保存活劳动能力所必需的产品或价值的生产提供物的条件，而且要为吸收剩余劳动提供物的条件，为剩余劳动提供客观材料。

第三，以货币为媒介的自由的商品流通关系的形成，即形成了两极之间以交换价值为基础，而不是以统治和奴役等超经济强制为基础的关系。

第四，在社会经济运行中，在价值上有了足够积累的那一方，不以直接的享用和使用价值的创造作为最终目的，而以价值的创造、价值的增殖为最终目的。

对这四种关系的综合考察，就是“资本章”中资本原始积累部分的主题。通过考察，马克思认识到，在这四种关系中，第一种关系起着主导性作用，它不仅反映了劳动主体自身的质变，也反映了劳动主体对客体的所有和占有关系上的质变——从劳动主体与劳动客体间的“统一”到“分离”的质变。因此，有必要对这一关系作出更深远的历史考察。追踪溯源，不难看出，劳动主体以及劳动主体和客体关系上的这些转变，最先表现为“劳动者同他的天然的实验场即土地相脱离，从而自由的小土地所有制解体，以及以东方公社为基础的公共土地所有制解体”②。因此，揭示劳动主体的质变，以及劳动主体对客体的所有和占有关系上的质变，就成了马克思对前资本主义生产方式考察的另一特殊视角。

从《57—58 年手稿》的整体结构来看，马克思并不打算对前

①《马克思恩格斯全集》第 30 卷，人民出版社 1995 年版，第 456 页。

②《马克思恩格斯全集》第 30 卷，人民出版社 1995 年版，第 465 页。

资本主义生产方式作出系统论述，这一论述实际上也超出了《57—58 年手稿》的研究范围。在《57—58 年手稿》中，马克思只是从以上两个特殊视角，对前资本主义生产方式的局部规定性，而不是其序列的演进过程作出考察。

根据以上的理解，可以知道，马克思对前资本主义生产方式的考察，是以说明“自由劳动同实现自由劳动的客观条件相分离”①，即劳动主体和劳动客体相分离的历史过程为中心线索的。

首先，马克思考察了最初的劳动主体和劳动客体的结合方式。这种结合方式的主要特点就是，劳动主体把劳动客体看作是自己的财产，劳动同劳动者的物质前提实现了天然的统一，每个人都把自己当作所有者和进行劳动的共同体成员。这种劳动主体和客体相统一的结合方式，已深深地蕴含着它们之间“分离”的萌芽。

其次，马克思进一步考察了这种统一的结合方式在不同地区和不同民族历史上的特殊表现形式。这就是马克思作了区分的三种所有制形式：亚细亚的所有制形式；古代的所有制形式；日耳曼的所有制形式。马克思对这三种所有制形式的考察，既不是把它们看作是时间上先后继起的三种所有制形式，也不是把它们看作是空间上并存的三种所有制形式。而是从总体结构的角度，一方面从同时性上，把它们看作是劳动主体和客体在结合方式上处于同一层次的所有制形式；另一方面又从历时性上，把它们看作是这种统一的结合方式在不同地区和民族在其历史发展的不同时期的特殊表现形式。

再次，马克思对以上三种所有制形式作了较为展开的比较研究之后，对它们的共同特点作了归纳。然后，又对这种统一的结合方

① 《马克思恩格斯全集》第 30 卷，人民出版社 1995 年版，第 465 页。

式的内在矛盾，以及在社会生产力发展中解体的原因和过程作了分析。这一解体过程尽管是在漫长的奴隶制关系和封建制关系下完成的，但是马克思并不以所有制形式的演进序列为主线，而是以这一解体过程中三种历史状态的演进序列为主线。这三种历史状态的演进，清晰地反映了劳动主体和客体从其“统一”的结合方式，走向“分离”的演进轨迹。值得注意的是，在这三种历史状态中，亚细亚的、古代的和日耳曼的所有制形式，都被归为第一种历史状态。

最后，马克思对资本原始积累时期，劳动主体与客体完全分离形成的过程及其性质作了论述，从而完成了对“自由劳动同实现自由劳动的客观条件相分离”的历史形成过程的序列考察。

三、亚细亚的、古代的、日耳曼的所有制形式的比较研究

无论是亚细亚的，还是古代的、日耳曼的所有制形式，都有两个共同点：其一，劳动者把自己劳动的客观条件看作是自己的财产；其二，劳动同劳动的物质前提的天然统一。这两个共同点构成马克思称作“第一种历史状态”的基本特征。

马克思一开始先对“第一种历史状态”形成的前提作了说明。首先，马克思认为，人类最初的所有制形式，都是以自然形式的共同体为其第一个前提的。这是因为，自然形成的共同体是“人类占有他们生活的客观条件，占有那种再生产自身和使自身对象化的活动的客观条件的第一个前提”[①]。但是，这种原始共同体本身会依

①《马克思恩格斯全集》第 30 卷，人民出版社 1995 年版，第 466 页。

据外界的种种条件和特殊的自然习性等，发生种种变化。其次，马克思认为，原始共同体又是以土地为其基础的。因为土地是一个大实验场，它既提供劳动资料，又提供劳动材料，还提供人的居住地，从而成为共同体借以存在的“基础”。而且，在原始共同体中，“人类素朴天真地把土地当作共同体的财产，而且是在活劳动中生产并再生产自身的共同体的财产。每一个单个的人，只有作为这个共同体的一个肢体，作为这个共同体的成员，才能把自己看成所有者或占有者”[①]。显然，在原始共同体中，劳动主体同劳动客体是“天然统一”的，劳动过程就是以主体对客体的这一占有形式为前提进行的。

同样，原始共同体中劳动主体对土地的这一所有和占有形式，反映的也只是“第一种历史状态”的一般性质。马克思强调，这种土地所有制形式，在不同的地理和物理等条件下，也可能以十分不同的实现方式表现出来，从而表现为“第一种历史状态”中的不同所有制形式。据此，马克思引出了对亚细亚的所有制形式的分析。马克思把亚细亚的所有制形式看作“第一种历史状态”中典型的、保存得最长久的实现方式。

首先，马克思对亚细亚的所有制形式中的土地所有和占有方式作了考察。土地所有制的特殊性，不仅是理解亚细亚的所有制形式，也是理解整个东方社会的一把真正的钥匙。

马克思认为，在亚细亚的所有制形式中，对土地的所有和占有方式是在三个不同的层次中得到具体实现的。

一是专制君主作为凌驾于一切共同体之上的统一总体的体现

①《马克思恩格斯全集》第 30 卷，人民出版社 1995 年版，第 466 页。

者，是土地的唯一的、“神授”的所有者。土地财产的这种公有性质是亚细亚土地所有制形式的“真正前提”。在此基础上，剩余产品不言而喻地属于这个最高的统一体。

二是单个部落或公社表现为土地的世袭的占有者，是真正的实际的所有者。马克思认为，在东方专制制度下，“这种部落的或公社的财产事实上是作为基础而存在的，这种财产大部分是在小公社范围内通过手工业和农业相结合而创造出来的”[①]。

三是对共同体内的个人来说，他的劳动和再生产的自然条件——土地，只是一种“间接的财产”，“因为这种财产，是由作为这许多共同体之父的专制君主所体现的总的统一体，以这些特殊的公社为中介而赐予他的”[②]。因此，在专制君主这一“统一总体”下，单个共同体是“实体”，而个人只是作为实体的附属物而存在。马克思强调指出：“在亚细亚的（至少是占优势的）形式中，不存在个人所有，只有个人占有；公社是真正的实际所有者；所以，财产只是作为公共的土地财产而存在。”[③]

其次，马克思在对亚细亚的所有制形式中土地所有和占有方式特殊性的分析中，进一步揭示了这种所有制形式中以单个公社为实体的经济形式的性质。

一是在以公社为实体、为土地实际所有者的基础上，单个公社能够独立存在，并且存在着再生产和扩大生产的一切条件。

二是各个小公社间彼此隔绝，各自独立地勉强度日；而在公社内部、单个人则同自己的家庭一起，独立地在分配给他的份地上从

①《马克思恩格斯全集》第 30 卷，人民出版社 1995 年版，第 467 页。
②《马克思恩格斯全集》第 30 卷，人民出版社 1995 年版，第 467 页。
③《马克思恩格斯全集》第 30 卷，人民出版社 1995 年版，第 475 页。

事劳动。这时，“单个人对公社来说不是独立的，生产的范围限于自给自足，农业和手工业结合在一起，等等”[①]。马克思认为，这是亚细亚的所有制形式之所以能够最顽强、最长久地保存下来的根本原因。

三是在这一经济形式中，单个人从来不会成为所有者，也不会丧失同公社的联系。单个人同公社始终牢牢地长在一起。在这一形式中，个人实质上是“作为公社统一体的体现者的那个人的财产，即奴隶。而奴隶制在这里既不破坏劳动的条件，也不改变本质的关系”[②]。在亚细亚的所有制形式中，公社这一实体内存在着隐蔽的奴隶制。

最后，在对土地所有和占有的特殊性质，以及公社经济活动特殊性质的考察的基础上，马克思对这一所有制形式中国家职能的特殊性质作了进一步探讨。他认为，“在这种情况下，那些通过劳动而实际占有的共同的条件，如在亚细亚各民族中起过非常重要作用的灌溉渠道，还有交通工具等等，就表现为更高的统一体，即凌驾于各小公社之上的专制政府的事业”[③]。亚细亚的所有制形式中的国家，在公共工程和交通条件的建设上，承担了特殊的经济职能。

亚细亚的所有制形式的这三方面特殊性质，不仅概述了东方社会生产方式的一般性质，而且反映了“第一种历史状态”的典型特征。

在《57—58 年手稿》中，马克思把亚细亚的所有制形式称作第一种形式，把古代的和日耳曼的所有制形式分别称作第二种形式和第三种形式。这种说法并不表明，它们是三种在时间上具有继起

①《马克思恩格斯全集》第 30 卷，人民出版社 1995 年版，第 478 页。
②《马克思恩格斯全集》第 30 卷，人民出版社 1995 年版，第 486 页。
③《马克思恩格斯全集》第 30 卷，人民出版社 1995 年版，第 468 页。

性的所有制形式。实际上，它们是三种存在于不同地域、出现在不同民族各自历史上的所有制形式。被称作“第一”的亚细亚的所有制形式，仅在其存在时间的长久性上，在其存留的特征的典型性上才是有意义的。

古代的所有制形式，又称作古典古代的所有制形式，它是存在于希腊的和罗马的所有制形式。这种所有制形式的特点主要体现在以下三个方面。

首先，这种所有制形式尽管也以共同体为其存在的第一个前提，但是，它“不是以土地作为自己的基础，而是以城市作为农民（土地所有者）的已经建立的居住地”[①]。

其次，在这种所有制形式中，除了具有公社财产是国有财产的一般性质，还存在单个人拥有私有财产的特殊性质。公有财产和单个人的财产是分开的。因此，在这种所有制形式中，“公社组织的基础，既在于它的成员是由劳动的土地所有者即拥有小块土地的农民所组成的，也在于拥有小块土地的农民的独立性是由他们作为公社成员的相互关系来维持的，是由确保公有地以满足共同的需要和共同的荣誉等等来维持的”[②]。

最后，这种所有制形式的经济活动特点在于：个人把自己看作是劳动的自然条件（土地）的所有者，个人在共同体内从事自给自足的生产，由此“把自己作为公社成员再生产出来，把自己作为小块土地的所有者并以此资格作为公社成员再生产出来”。个人只有作为共同体的成员，并保持共同体的利益时，才成为土地私有者。

①《马克思恩格斯全集》第 30 卷，人民出版社 1995 年版，第 469 页。

②《马克思恩格斯全集》第 30 卷，人民出版社 1995 年版，第 470 页。

比较形象的说法就是："财产是魁里特的财产，是罗马人的财产；土地私有者只有作为罗马人才是土地私有者，而作为罗马人，他就是土地私有者。"①

日耳曼的所有制形式是存在于"第一种历史状态"中的第三种所有制形式。这种所有制形式的特点主要体现在以下几个方面。

首先，在这种所有制形式中，劳动的个人作为自给自足的公社的成员，对他们劳动的自然条件（土地）拥有私有权。与个人财产不同的公有地，如猎场、牧场、采樵地等，只是作为特定形式的生产资料而存在，它们本身是不能加以分割的。作为这种所有制形式的最显著的特征就是，公有地只是个人财产的"补充"。这时，"不是单个人的财产表现为以公社为中介，恰好相反，是公社的存在和公社财产的存在表现为以他物为中介，也就是说，表现为独立主体互相之间的关系"②。

其次，对土地所有和占有的特殊性决定，公社只表现为一种"联合"，而不是一种"联合体"；只表现为以土地所有者为独立主体的一种"统一"，而不表现为"统一体"。公社本身主要起着两方面的作用：一是作为语言、血统等的共同体，成为个人所有者存在的前提；二是作为一种特殊的经济存在，被每一个个人所有者以个人所有者而不是以国家代表的身份来使用。

最后，在这一所有制形式中，每一个单独的家庭都是一个独立的经济整体，它本身单独地构成一个"独立的生产中心"，工业只是作为妇女的家庭副业而存在。

---

①《马克思恩格斯全集》第 30 卷，人民出版社 1995 年版，第 471 页。引文中的"魁里特"，是指古罗马的全权公民。

②《马克思恩格斯全集》第 30 卷，人民出版社 1995 年版，第 475 页。

对以上这三种所有制形式的比较研究表明：它们作为“第一种历史状态”的不同实现方式，都是以土地财产和农业构成经济制度的基础的；经济活动的目的都是生产使用价值；个人都是在与公社的一定关系中再生产出自己的。这就是说，这三种所有制形式，作为“自由劳动同实现自由劳动的客观条件相分离”的历史形成过程的始初形式，都具有以下特点。

第一，劳动主体对劳动的主要客体条件——土地的占有，不是通过劳动进行的，而是劳动的前提。这就是说，“劳动的主要客观条件本身并不是劳动的产物，而是已经存在的自然”[①]。

第二，劳动主体对客体的所有和占有关系，都是以个人作为部落或公社成员的存在为媒介的，劳动主体和客体都表现为“统一”的结合方式。但是，在不同的所有制形式中，这种“统一”的结合方式会有不同的表现。如在亚细亚的所有制形式中，这种“统一”的结合方式就表现为“公有制”，即公社单个成员只是土地的占有者，决不存在土地私有制；在古代的所有制形式中，这种“统一”的结合方式则表现为国家所有同私人所有并列的形式；在日耳曼的所有制形式中，这种“统一”的结合方式表现为公社所有制仅仅是个人所有制的补充，个人所有制成为公社所有制的基础。马克思认为，这种“统一”的结合方式之所以会产生种种不同的表现，其原因“部分地取决于部落的自然性质，部分地取决于部落现在实际上在怎样的经济条件下以所有者的身分对待土地，就是说，通过劳动来获取土地的果实；而这一点本身又取决于气候，土壤的自然特性，由自然条件决定的土壤利用方式，同敌对部落或四邻部落的关

①《马克思恩格斯全集》第 30 卷，人民出版社 1995 年版，第 476 页。

系，以及由迁移、历史事件等等引起的变动”[①]。这就是说，属于第一种历史状态的不同所有制形式，在劳动主体和客体结合的方式上，既有其一般性，也有其特殊性。

第三，在这些所有制形式中，财富都以物的形式出现，财富的创造和对财富的占有都是以私人享受为目的的。

第四，公社的存在和发展在于再生产过程在原有的主体—客体关系下的重复进行。但是，随着生产的发展和人口的增长，原有的主体—客体关系不是被再生产出来，而是被逐渐地破坏、扬弃。以共同体为基础的所有制关系，随着其内在局限性的发展，它依据存在的基础也随之崩溃和灭亡，最终导致向“第二种历史状态”的转化。

亚细亚的、古代的和日耳曼的所有制形式作为“第一种历史状态”的三种具体表现形式，实际上只构成劳动主体对客体的所有和占有关系从“统一”走向“分离”过程的第一个历史阶段，尽管这一阶段已蕴含了达到最后“分离”的一切萌芽因素。在此基础上，马克思还要继续考察劳动主体对客体的所有和占有关系走向“分离”的进一步的发展阶段。

马克思认为，劳动主体和客体之间以共同体为前提的这种“统一”，只和有限的生产力的发展阶段相适应。随着生产力的发展，这种“统一”必然逐渐解体，而解体本身反过来又能促进人类生产力的进一步发展。因此，“人们先是在一定的基础上——起先是自然形成的基础，然后是历史的前提——从事劳动的。可是到后来，这个基础或前提本身就被扬弃，或者说成为对于不断前进的人群的

① 《马克思恩格斯全集》第 30 卷，人民出版社 1995 年版，第 478 页。

发展来说过于狭隘的、正在消灭的前提”[①]。马克思深信，以共同体为基础的和以共同体内的劳动为基础的所有制形式，作为一种“原始的形式”，必然在社会经济的进一步发展中被消灭，取而代之的就是一系列的“派生”的形式——“第二种历史状态”和“第三种历史状态”的产生与发展。

值得注意的是，与《57—58 年手稿》理论考察的特殊视角相适应，马克思并没有按《德意志意识形态》手稿中的思路，即按部落所有制、古代公社所有制和国家所有制、封建的或等级的所有制发展序列展开论述，而是独辟蹊径，根据劳动主体对客体的所有和占有形式的变化，按前资本主义三种历史状态的发展展开论述。

马克思提出的“第一种历史状态”是指：“在这种状态中，劳动的个人把土地看作是自己的东西，也就是说，他是作为土地所有者而劳动、而生产的。在最好的情况下，他不仅是作为劳动者同土地发生关系，而且是作为土地所有者同作为劳动主体的自身发生关系。”[②]这种“最原始的形式”，指的显然是前面提到的亚细亚的所有制形式、古代的所有制形式和日耳曼的所有制形式。这三种所有制形式在具体表现上尽管存在差异，但在本质上，它们都以劳动主体与劳动客体在共同体基础上的“统一”关系为特征。

在“第一种历史状态”中，财产还只表现为土地本身和土地上自然生长出来的果实。马克思把它们称作“第一类财产”。这时存在的对客体的所有和占有关系，也只是就“第一类财产”而言。马克思认为，随着社会生产力的发展，在“第一类财产”的基础上，

①《马克思恩格斯全集》第 30 卷，人民出版社 1995 年版，第 490 页。
②《马克思恩格斯全集》第 30 卷，人民出版社 1995 年版，第 492 页。

又产生了“第二类财产”，即作为劳动产物的生产资料，其中主要是工具和其他劳动资料。当对“第二类财产”的所有和占有关系，成为所有制的实际内容时，“第一种历史状态”就不可避免地转向“第二种历史状态”。马克思认为，对生产条件特别是工具和其他劳动资料要素的关系来讲，“把劳动的主体确立为所有者，使他成为从事劳动的所有者，这是第二种历史状态，它按其本性只有作为第一种状态的对立物，或者可以说，同时作为已经改变的第一种状态的补充物，才能存在”①。“第二种历史状态”无论是作为“第一种历史状态”的“对立物”还是“补充物”，都预示着“第一种历史状态”的嬗变，都预示着以原始共同体为基础的劳动主体和客体关系的解体。

在马克思看来，“第一种历史状态”向“第二种历史状态”的过渡，既不是以公有制向私有制的演进为界限，也不是以后来人们所认为的原始公社制向奴隶制的演进为界限。马克思强调，“第二种历史状态”的形成，并不表明奴隶制或农奴制的产生。因为作为“第二种历史状态”特征的“特殊种类的劳动，其中的师傅制，以及与之相适应的对工具的所有=对生产条件的所有”，并不包含奴隶制和农奴制，它只是“在种姓制度的形式中得到类似的否定的发展”②。可见，马克思在这里提出的“历史状态”的演进，同一般意义上的社会生产方式的演进，既不是同步的，也不具有同等的意义，尽管它们之间存在着很多可类比的成分。

应该给予特别注意的是，在《57—58 年手稿》中，马克思并

① 《马克思恩格斯全集》第 30 卷，人民出版社 1995 年版，第 493—494 页。
② 《马克思恩格斯全集》第 30 卷，人民出版社 1995 年版，第 494 页。

不打算像在《德意志意识形态》手稿中那样，对所有制本身的历史演进作序列论述。马克思以序数标明的亚细亚的、古代的和日耳曼的所有制形式的论述，并不是为了说明所有制或生产方式的历史演进过程，而是为了说明劳动主体和客体由“统一”到“分离”的历史演进过程。在这一特殊视角下，这三种所有制形式都只属于“第一种历史状态”；相对于这三种所有制形式的，并不是奴隶制或农奴制，而是“第二种历史状态”。

马克思所谓的“第三种历史状态”，指的是“劳动者只是生活资料的所有者，生活资料表现为劳动主体的自然条件，而无论是土地，还是工具，甚至劳动本身，都不归自己所有”[①]。这就是说，在“第一种历史状态”中，劳动主体与客体（土地）还具有直接的统一性；但在“第二种历史状态”中，随着对工具及其他劳动资料所有和占有形式的出现，劳动主体与劳动客体（土地、工具及其他劳动资料）已开始有一定程度的分离，劳动主体在劳动过程中占有的可能是非劳动主体所有的财产；在“第三种历史状态”中，不仅劳动主体与土地、工具及其他劳动资料相分离，而且劳动主体与劳动本身，也在一定程度上相分离。现在，劳动主体只是生活资料的所有者。

马克思认为，“第三种历史状态”实质上是奴隶制和农奴制的“公式”。在进一步发展的历史状态（可称作“第四种历史状态”）中，它同样会被否定，同样会表现为历史上已经解体的状态。在马克思看来，在进一步发展的“第四种历史状态”中，劳动主体不仅丧失了一切生产资料，劳动本身为非劳动主体所有，而且丧失了一

①《马克思恩格斯全集》第30卷，人民出版社1995年版，第494页。

切生活资料，从而达到了劳动主体与劳动客体的完全分离。在“第四种历史状态”中，劳动主体剩下的唯一的“财产”就是劳动能力本身。劳动能力成为商品，劳动主体通过出卖自己的劳动能力商品，而与属于非劳动主体的生产条件（客体）相结合，就成了社会经济活动的必然形式。

综合地理解前资本主义三种历史状态的解体和演进过程，可以看到，这一过程实质上再现了历史上劳动主体与客体从“统一”走向完全“分离”的发展轨迹。马克思对这一历史过程的概述是“这种历史上的解体过程，既是把劳动者束缚于土地和地主而实际又以劳动者对生活资料的所有权为前提的农奴制关系的解体，因而这实质上是劳动者与土地相分离的过程；也是使劳动者成为自耕农、成为自由劳动的小土地所有者或佃农（隶农）、成为自由的农民的土地所有制关系的解体〔公共所有制和现实共同体的更古老形式的解体，就不用说了〕；也是以劳动者对劳动工具的所有权为前提的、并且把作为一定手工业技能的劳动本身当作财产（而不仅仅是当作财产的来源）的那种行会关系的解体；同样也是各种不同形式的保护关系的解体”[①]。

马克思的这一综合性的概述表明，劳动主体与客体分离的历史过程，并不能简单地归结为社会生产方式的发展过程，因为这一历史过程反映的是社会经济关系中劳动主体对劳动客体的所有和占有关系的演进，它并不单纯是生产力和生产关系合力作用造成的社会生产方式的演进过程。

---

①《马克思恩格斯全集》第 30 卷，人民出版社 1995 年版，第 496 页。

四、对亚细亚生产方式理论的思考

以上的论述已经表明，《57—58 年手稿》对“自由劳动同实现自由劳动的客观条件相分离”的历史考察，是以亚细亚的所有制形式，即东方社会的所有制形式为起点的。实际上，马克思在 19 世纪 50 年代初，就已对亚细亚的所有制形式作过初步探讨。可以认为，《57—58 年手稿》对亚细亚的所有制形式的考察，是马克思 50 年代初对东方社会所有制关系考察的赓续。当然，在考察问题的视角和理论论述的广度与深度上，还是有重要区别的。

1853 年上半年，马克思在写作《伦敦笔记》期间，曾对有关印度、波斯（今伊朗）、中国等东方国家的土地所有制和社会经济政治状况的历史资料作过一些专门的研究。这一研究与当时欧洲国家（主要是英国）对东方社会的“征服”和残酷剥削有着直接的联系。马克思把这一研究的部分结论写成评论文章，发表在这一时期的《纽约每日论坛报》上，其中主要有《不列颠在印度的统治》（写于 1853 年 6 月 10 日）和《不列颠在印度统治的未来结果》（写于 1853 年 7 月 22 日）；还有部分结论则写入这一时期给恩格斯的信中，主要是 1853 年 6 月 2 日和 6 月 14 日写给恩格斯的两封信。

综合这些研究成果，可以看到，当时马克思对东方社会研究的重要结论，大体可归结为以下三个方面。

第一，东方社会不存在土地私有制。马克思根据法国医生、旅行家弗朗斯瓦·贝尔尼埃的《大莫卧儿、印度斯坦、克什米尔王国等国游记》（1830）一书中提供的材料，认为“贝尔尼埃正确地看到，东方（他指的是土耳其、波斯、印度斯坦）一切现象的基础是不存在土地私有制。这甚至是了解东方天国的一把真正的钥匙”[①]。恩格斯十分赞成马克思的这一判断，他在给马克思的回信中指出：“不存在土地私有制，的确是了解整个东方的一把钥匙。这是东方全部政治史和宗教史的基础。”恩格斯还指出，东方民族没有达到土地私有制，“主要是由于气候和土壤的性质”造成的。[②]马克思对东方社会土地所有制性质的这一论析，构成他当时对东方社会性质的理解的核心内容。

第二，东方社会国家职能的独特性。受恩格斯的启发，马克思也认为，东方国家的政府一般有三个部门，即对内进行掠夺的财政部门、对外进行掠夺的军事部门和管理再生产的公共工程部门。马克思认为，东方社会独特的气候和土地条件，使节省用水和共同用水成为农业发展的基本要求，从而使利用渠道和水利工程的人工灌溉设施，成为东方农业的基础。“但是在东方，由于文明程度太低，幅员太大，不能产生自愿的联合，因而需要中央集权的政府进行干预。所以亚洲的一切政府都不能不执行一种经济职能，即举办公共工程的职能。”[③]政府承担起修建渠道和水利工程等人工灌溉设施的任务，以提高土壤的肥沃程度。在这一意义上，东方社会农业收成的好坏，就取决于政府这一经济职能运用的好坏。马克思把东方社会国家职能的这种独特性，既看作是推动社会经济发展的重要因素，也看作是造成东方社会呈现停滞趋势的两种相互促进的情况之一。

第三，东方社会村社制度的稳固性。马克思把村社制度的存在

①《马克思恩格斯文集》第10卷，人民出版社2009年版，第112页。
②《马克思恩格斯文集》第10卷，人民出版社2009年版，第113页。
③《马克思恩格斯文集》第2卷，人民出版社2009年版，第679页。

看作是造成东方社会呈现停滞趋势的另一种情况。马克思根据英国驻印度的殖民官员乔治·坎伯尔的《现代印度：民政管理制度概述》(1852)一书中提供的材料，认为印度存在着“一种特殊的社会制度，即所谓村社制度”。马克思把村社解释成“散处于全国各地，通过农业和制造业的家庭结合而聚居在各个很小的中心地点”的“小结合体”；“这种制度使每一个这样的小结合体都成为独立的组织，过着自己独特的生活”[①]。

在马克思看来，村社实际上是“东方专制制度的牢固基础”。一方面，村社实行的是依靠手织业、手纺业和手耕农业的特殊结合而成的自给自足经济。这时，社会被分解为许多模样相同而又互不联系的“原子”，从而“使人的头脑局限在极小的范围内，成为迷信的驯服工具，成为传统规则的奴隶，表现不出任何伟大的作为和历史首创精神”。最后，希望社会进步的意向和推动社会进步的行动都被窒息。另一方面，它们内部存在着种姓制和奴隶制，即“带着种姓划分和奴隶制度的污痕”。[②]

显然，马克思在 19 世纪 50 年代初对东方社会的探讨，主要是说明资产阶级在“为新世界创造物质基础”的过程中，对东方社会进行殖民侵略和野蛮掠夺的实质。这时，马克思并不打算系统地阐述前资本主义生产方式的历史演进序列，他集中于对东方社会和资本主义社会这两种同时并存的生产方式的比较研究。马克思也不打算对东方社会的特征作出全面的分析，只对东方社会制度的稳固性以及造成其长期停滞的根源作了简要的论析。在这一理论视角下，

①《马克思恩格斯文集》第 2 卷，人民出版社 2009 年版，第 681 页。
②《马克思恩格斯文集》第 2 卷，人民出版社 2009 年版，第 682—683 页。

马克思对东方社会生产方式的三个显著特征——土地所有制、国家职能的独特性和村社制度——作了概述。尽管如此，我们还是可以看到，马克思在 19 世纪 50 年代初的这一论述，对他 50 年代末重新探讨这一问题产生了极其重要的影响。

与 19 世纪 50 年代初的论述相似，在《57—58 年手稿》中，马克思也不是从前资本主义生产方式演进的角度来探讨亚细亚的所有制形式的。只是到 1859 年 1 月，马克思在为《政治经济学批判》巨著所写的《序言》中，才第一次从社会生产方式演进序列的角度，提出亚细亚生产方式的范畴。他指出："大体说来，亚细亚的、古希腊罗马的、封建的和现代资产阶级的生产方式可以看做是经济的社会形态演进的几个时代。"[①]这是马克思继 19 世纪 40 年代中期《德意志意识形态》之后，对社会经济形态演进序列的又一系统表述。与 19 世纪 40 年代马克思对社会经济形态演进序列的表述比较一下（表 4-1），就可以看出马克思在这一问题研究上的新发展。

表 4-1　马克思对社会经济形态演进序列的表述

《德意志意识形态》中的表述（1845—1846）	《共产党宣言》和《雇佣劳动与资本》中的表述（19 世纪 40 年代末）	《序言》中的表述（1859）
部落所有制		亚细亚的生产方式
古代公社所有制和国家所有制	古代社会	古代的生产方式
封建的或等级的所有制	封建社会	封建的生产方式
资本主义所有制	资产阶级社会	现代资产阶级的生产方式

①《马克思恩格斯文集》第 2 卷，人民出版社 2009 年版，第 592 页。

从 19 世纪 40 年代中期到 50 年代末，马克思对社会经济形态演进问题研究的主要变化在于，原先作为社会经济形态演进的最初形式，由部落所有制改为亚细亚生产方式。这一改动反映了马克思对这一问题研究的重要发展。

首先，《德意志意识形态》中提到的部落所有制，实际上是隐藏着私有制萌芽的所有制形式；在《序言》中提出的亚细亚生产方式，则是以土地公有制为基本特征的原始所有制形式。以原始土地公有制形式为考察社会经济形态演进的历史的和逻辑的起点，蕴含了马克思在唯物史观基础上对社会经济形态演进整体过程的深层次的理解。

其次，亚细亚生产方式的提出，也是对《57—58 年手稿》中亚细亚的所有制形式理解的深化。19 世纪 50 年代初，马克思就已意识到：东方社会不存在土地私有制这一特征，是了解这一社会的一把"真正的钥匙"。在《57—58 年手稿》中，马克思就是用这把"真正的钥匙"，解开了亚细亚的所有制的奥秘。马克思在把亚细亚的所有制形式与古代的所有制形式、日耳曼的所有制形式都归为"第一种历史状态"时，已清楚地意识到，以共同体为基础的土地所有制形式，完全可能由于共同体的种种外界条件、特殊的自然习惯的不同，而以十分不同的方式表现出来，可能出现种种"变形"。亚细亚的所有制形式同"第一种历史状态"中其他所有制形式的显著差异就在于，亚细亚生产方式决不存在土地私有制。按照马克思当时的理解，亚细亚的所有制不仅表现为比较完整意义上的土地公有制，而且在社会经济发展中也是保持得最长久、表现得最典型的原始公有制形式。

1858 年下半年，马克思在写作《政治经济学批判》第一分册正文时，十分清楚地指出："仔细研究一下亚细亚的、尤其是印度的公有制形式，就会证明，从原始的公有制的不同形式中，怎样产生出它的解体的各种形式。例如，罗马和日耳曼的私有制的各种原型，就可以从印度的公有制的各种形式中推出来。"[①]这样，《57—58 年手稿》中论及的古代的所有制形式和日耳曼的所有制形式，就都成了亚细亚的所有制形式的"变型"；作为这些所有制形式的"原型"，亚细亚的所有制形式自然就成了原始公有制的典型形式。根据这一理解，马克思在《序言》中用亚细亚生产方式指称原始公有制就是顺理成章的了。

自此以后，一直到 19 世纪 70 年代中期，马克思在多次提及亚细亚的所有制和生产方式时，都认为亚细亚生产方式是人类社会经济形态演进的始初生产方式。特别值得注意的是马克思的以下两处论述。

一是在《61—63 年手稿》中的论述。在这部手稿中，马克思对资本原始积累问题的论述，几乎全部转抄自《57—58 年手稿》中的相关论述。但是，有一点不同的是在《57—58 年手稿》中，马克思在谈到资产阶级经济学家关于资本是永恒的和自然的生产形式的论点时，并没有作出更多的批判[②]；而在《61—63 年手稿》中，马克思对这种"自然的生产规律"的论点作了较为展开的批判。马克思在转抄《57—58 年手稿》的有关论述时，引人注目地插入了以下一段新的论述："正象这种生产方式本身是历史的一样，它的性质和这种性质的规律也是历史的。亚细亚的，或古代

① 《马克思恩格斯全集》第 31 卷，人民出版社 1998 年版，第 426 页注释①。

② 《马克思恩格斯全集》第 30 卷，人民出版社 1995 年版，第 452—453 页。

的，或封建的生产方式的自然规律是实质上不同的规律。”[①]在这里，马克思以亚细亚生产方式为始初生产方式，来证明社会经济形态演进的历史性。这一新的论述，与马克思在写作《序言》时的见解，有着十分重要的联系。

二是在《资本论》第一卷德文第一版和第二版，以及法文版中的论述。在 1867 年的《资本论》第一卷德文第一版中，马克思曾从商品经济产生的历史过程的角度，再次提到亚细亚生产方式问题。他指出：“在古亚细亚的、古代的等等生产方式下，产品转化为商品、从而人作为商品生产者而存在的现象，处于从属地位，但是共同体越是走向没落阶段，这种现象就越重要。”[②]这时，马克思已把亚细亚的生产方式和古希腊、罗马的生产方式看作是两种不同的生产方式；而亚细亚生产方式则是人类社会经济形态演进的始初生产方式。

1868 年，马克思在阅读了德国历史学家格·路·毛勒的《马尔克制度、农户制度、乡村制度、城市制度和公共政权的历史概论》(1854)、《德国马尔克制度史》(1856)等著作后，对马尔克公社作为条顿族历史发展的始初所有制形式问题有了较深入的理解。但是，这并没有改变马克思原先认定的亚细亚生产方式是人类社会经济形态始初形态的看法。马克思在给恩格斯的一封信中谈道：毛勒后来在他的著作中对土地私有制进行了详尽论证，使“欧洲各地的亚细亚的或印度的所有制形式都是原始形式”的观点“再次得到了证实”[③]。

①《马克思恩格斯全集》第 48 卷，人民出版社 1985 年版，第 163—164 页。
②《马克思恩格斯全集》第 42 卷，人民出版社 2016 年版，第 60 页。
③《马克思恩格斯文集》第 10 卷，人民出版社 2009 年版，第 281—282 页。

因此，在 1871 年到 1873 年分册出版的《资本论》第一卷德文第二版中，马克思对他第一版中提出的亚细亚生产方式是人类社会经济形态演进的始初形态的观点作了强调。他在第二版中补充道："要考察共同的劳动即直接社会化的劳动，我们没有必要回溯到一切文明民族的历史初期都有过的这种劳动的原始的形式。"[①]什么是这里提到的一切文明民族的历史初期的原始的形式呢？马克思没作直接的说明，他只是用注解的形式，把 1858 年下半年在《政治经济学批判》第一分册中的论述重复了一遍。至 19 世纪 70 年代初，马克思仍然坚持他在 50 年代末提出的亚细亚生产方式在人类社会经济形态演进中的地位的观点。

在修订出版《资本论》第一卷德文第二版的同时，马克思还亲自修订、校改了《资本论》第一卷法文版。马克思认为，法文版具有独立的科学价值，在法文版中"增加了一些新东西，而且有许多问题的阐述要好得多"[②]。在这许多的"阐述要好得多"的问题中，也包括亚细亚生产方式问题。

值得注意的是，在《资本论》第一卷法文版中，马克思对先前在德文第一版中从商品经济产生的历史角度对亚细亚生产方式问题的论述，作了一些耐人寻味的改动。马克思把德文第一版中的相应论述改为："在古亚细亚的，一般说来古代世界的生产方式下，产品转化为商品，只起从属的作用，但是随着共同体接近于解体，这种作用越来越重要。"[③]这一改动，使得亚细亚生产方式成为一般意义上的"古代世界的生产方式"，进一步突出了亚细亚生产方式作

①《马克思恩格斯文集》第 5 卷，人民出版社 2009 年版，第 95 页。
②《马克思恩格斯全集》第 34 卷，人民出版社 1972 年版，第 273 页。
③《马克思恩格斯全集》第 43 卷，人民出版社 2016 年版，第 73 页。

为原始共同体的“原型”的特殊地位。

《资本论》法文版分册出版于 1872 年到 1875 年。据此，可以认为，至少到 19 世纪 70 年代中期，马克思仍然把亚细亚生产方式看作是人类社会经济形态演进的始初阶段，看作是原始共同体的各种所有制形式的“原型”。

五、马克思晚年对社会经济形态演进序列的重新表述

19 世纪 70 年代，欧美和俄国学术界，对人类史前社会和前资本主义其他社会形态的研究取得了突破性进展，出版了大量的学术专著。马克思对这些学术研究的新成果抱有极大的兴趣，他认真阅读了当时出版的有关人类史前社会研究的几乎所有的有价值的著作。

1873 年，马克思认真研读了关于俄国农村公社和土地所有制历史的著作。这些著作包括伊·德·别利亚耶夫的《俄罗斯的农民》、尼·卡拉乔夫的《古代和当代俄国的劳动组合》、赫列勃尼科夫的《蒙古入侵前俄国历史上的社会和国家》等。1875 年，马克思又阅读了哈克斯特豪森的《俄国的土地制度》等著作。这些著作中提供的历史资料和理论观点，大大开阔了马克思对史前社会研究的视野。

1876 年以后，马克思一直没有中断对俄国农村公社和土地所有制史的研究。同时，马克思进一步拓展了研究领域，阅读或重新阅读了论述欧洲各民族，特别是斯拉夫民族史前社会状况的著作，其中包括毛勒的《领主庄园史》和《乡村制度史》、汉森的《特利尔专区的农户公社》、卡尔德纳斯的《试论西班牙土地所有制的历

史》。1876 年，恩格斯的《劳动在从猿到人转变过程中的作用》一文已经完稿。不难设想，恩格斯在这一文稿中阐述的精辟思想，对马克思的研究一定产生过重要的影响。

1877 年到 1880 年，马克思进一步阅读了乌蒂塞诺维奇的《南斯拉夫人的家庭公社》、巴・索柯洛夫斯基的《俄国北部农村社史概要》、亚・伊・瓦西里契柯的《俄国和欧洲其他国家的土地占有制和农业》、马・柯瓦列夫斯基的《公社土地占有制，其解体的原因、进程和结果》等著作。特别值得一提的是，大约在 1880 年下半年到 1881 年初，马克思仔细研究了美国人类学家摩尔根的《古代社会》一书，并写下了长达 98 页的笔记，这就是《摩尔根〈古代社会〉一书摘要》。同时，马克思也对梅因的《早期制度史讲义》、菲尔的《印度和锡兰的亚利安人村落》、佐姆的《法兰克法和罗马法》及道金斯的《不列颠的原始人》等著作，作了详尽不一的摘录。

马克思的学说绝不是离开世界文明大道而产生的故步自封、僵化不变的学说。相反，马克思在其思想发展中，十分注重吸收他那个时代思想文化发展中的一切有价值的东西。马克思在 19 世纪 70 年代到 80 年代初的这些孜孜不倦的研究，使他对史前社会，包括亚细亚生产方式有了一些新的理解。1881 年 3 月，马克思在给维拉・伊・查苏利奇的复信草稿中，提到了他的这些新的理解。与我们现在论述的问题有关，可以看到，在马克思留下的给查苏利奇复信的三篇草稿中，他对亚细亚的所有制的特征提出了一些新见解。他认为，“并不是所有的原始公社都是按照同一形式建立起来的。相反，从整体上看，它们是一系列社会组织，这些组织的类型、生存的年代彼此都不相同，标志着依次进化的各个阶段。俄国的公社就是通常称做农业公社的一种类型”。同样，“在亚洲，在阿富汗人及其他人中间也有‘农村公社’。但是，这些地方的公社都是最近类型的公社，也可以说，是古代社会形态的最近形式”[①]。在这里，马克思已经意识到，存在于亚细亚的各种“农村公社”，只是古代社会形态的一种“最新”发展，是古代社会形态漫长的历史演进过程中的一个较晚期的发展形式。

据此，马克思认为有必要对现存的各种农村公社，同较早期的原始社会的典型形式之间的区别作出严格界定。这里包括了马克思对他原先提出的亚细亚生产方式理论的反思。马克思认为，现存的各种农村公社同典型的原始公社之间，存在着以下三个方面的重要区别。

第一，原始公社都是建立在各个公社社员的血缘亲属关系上的，公社完全由有血缘的亲属或收养来的亲属组成，表现为一种“系谱树的结构”。而现存的农村公社，则割断了公社社员间血缘上的联系，成为一种没有血缘关系的自由人的社会联合。

第二，对原始公社来说，公共房屋和集体住所是其经济基础之一；而在现存的农村公社中，房屋及其附属物——园地，已是农民的私有财产。

第三，在原始公社中，生产是共同进行的，产品也共同所有，这些产品除了储存起来用以再生产的部分，都根据消费需要陆续分配；而在现存的农村公社中，耕地虽然仍然是公共财产，并定期在社员之间进行重分，但是，每一社员在分给他的土地上获取的产品，已归每个社员私人所有。

从以上三方面的区别中可以看到，马克思早先所说的亚细亚生

①《马克思恩格斯文集》第 3 卷，人民出版社 2009 年版，第 584—585 页。

产方式，实际上只是介于原始公社的较古的形式和现存的农村公社之间的一种过渡形式。因此，它存在着二重性质：一方面，它摆脱了牢固而狭窄的血缘亲属关系的束缚，并以土地公有制及由此而产生的各种社会关系作为自己的坚实基础；另一方面，各个家庭单独占有房屋和园地，小土地经济和私人占有产品，促进了个人的发展，这和较古的公社机体——典型意义上的原始公社已不相同。因此，原先的亚细亚生产方式并不能概括原始公社生产方式发展的全部特征，它实际上只是典型的原始公社生产方式发展的一种变形，即表现为原生的社会形态的一个发展阶段。

据此，马克思已完全没有必要再用原始社会生产方式发展的一个阶段——亚细亚生产方式，来指称整个的原始公社生产方式。马克思明确指出，“把所有的原始公社混为一谈是错误的；正像在地质的层系构造中一样，在历史的形态中，也有原生类型、次生类型、再次生类型等一系列的类型”①。马克思对他 19 世纪 50 年代末提出的社会经济形态演进序列的表述，也必然要作一定的修改。

现在，在马克思的新的表述中，原始公社的整个发展阶段都被看作是原生的社会形态。在这一原生的社会形态的发展中，会出现多种社会所有制结构，其中就包括马克思早先提到的亚细亚的所有制、古代的所有制、日耳曼的所有制以及斯拉夫所有制等。而俄国现在存在的“农村公社”则是“原生的社会形态的最后阶段，所以它同时也是向次生形态过渡的阶段”；而次生的社会形态则“包括建立在奴隶制上和农奴制上的一系列社会”②。

①《马克思恩格斯文集》第 3 卷，人民出版社 2009 年版，第 581 页。
②《马克思恩格斯文集》第 3 卷，人民出版社 2009 年版，第 586 页。

这样，马克思对他在 1859 年《序言》中提出的社会经济形态演进序列作了更为严谨的表述。与他之前对社会经济形态演进序列的理解相比较，或许更能看出马克思这一更为严谨的表述的实质（表 4-2）。

表 4-2　不同时期马克思对社会经济形态演进序列的理解

19 世纪 40 年代中期	19 世纪 50 年代末—70 年代中期	19 世纪 80 年代初	
部落所有制	亚细亚生产方式	原生的社会形态	原始公社制社会形态
古代公有制和国家所有制	古代的生产方式	次生的社会形态	奴隶制社会形态
封建的或等级的所有制	封建的生产方式		封建制社会形态
资本主义所有制	现代资产阶级生产方式	再次生的社会形态	资本主义社会形态

19 世纪 80 年代初，马克思在对社会经济形态演进的表述中，作为始初社会形态的不再是亚细亚生产方式，而是更为概括的、更具有一般性的原始公社制社会形态或原生的社会形态，其内涵也有别于包含了隐蔽奴隶制因素的部落所有制。显然，这不仅仅是对社会经济形态演进的始初阶段的一种指称上的修改；这一修改包含了马克思关于史前社会研究的新的理解，包含了马克思对社会经济形态演进理论的科学发展。应该说，马克思 19 世纪 80 年代初对社会经济形态演进序列的表述，反映了他对这一问题理解的最高成就。马克思的这一新的理解，为马克思主义关于社会经济形态演进理论的发展提供了一把真正的钥匙。

第五章　马克思经济思想的“历史路标”

——《61—63 年手稿》

在《61—63 年手稿》中，马克思提到，他对经济思想所作的“历史的评论”，主要为了说明：“一方面，政治经济学家们以怎样的形式自行批判，另一方面，政治经济学规律最先以怎样的历史路标的形式被揭示出来并得到进一步发展。”[①]“历史路标”，指的是经济思想发展中呈现的具有标识性的理论成果和成就。在这一意义上，《61—63 年手稿》在马克思经济学的体系结构演进、思想历史研究和理论原理创新上取得的显著成果和成就，无疑证明其就是高耸于马克思经济思想发展中的“历史路标”，也是我们现在对马克思经济学作出“历史的评论”的经典文本。

一、《61—63 年手稿》在马克思经济思想发展中的重要地位

马克思 1859 年出版的《政治经济学批判》第一分册，是按照“六册结构计划”写作的第一册《资本》的开头部分，具体论述了第一册《资本》第一篇“资本一般”的第一章“商品”和第二章

① 《马克思恩格斯全集》第 26 卷第 1 册，人民出版社 1972 年版，第 367 页。

“货币”的内容。1861 年 8 月，马克思接续第一分册，以“《政治经济学批判》续”为标题，写作第二分册，计划撰写的内容为第一篇“资本一般”的第三章“资本”。在写作过程中，马克思不断接触和发现新的理论问题，以至于认为“要是隔一个月重看自己所写的一些东西，就会感到不满意，于是又得全部改写”①。这样，到 1863 年 7 月，马克思实际完成的是一部包括 23 个笔记本的近 1400 页的卷帙浩繁的手稿，其内容大大超出原先计划写作的第二分册的内容。这部手稿即《61—63 年手稿》。后来按马克思的写作时间，该手稿也被称为《1861—1863 年经济学手稿》。

按照马克思给《61—63 年手稿》各笔记本标明的编号，该手稿的内容大致可分为三大部分。

第一大部分包含第Ⅰ到第Ⅴ这 5 个笔记本。这部分手稿，在《马克思恩格斯全集》中文第一版中被编作第 47 卷，在中文第二版中被编作第 32 卷。

在这部分手稿中，马克思论述了“资本的生产过程”中的第一章“货币转化为资本”、第二章“绝对剩余价值”和第三章“相对剩余价值”的开头部分。大约在 1862 年 1 月，马克思在写作第Ⅵ笔记本时，中断了对“相对剩余价值”的论述，开始写作“剩余价值理论”这一章。

第二大部分包括第Ⅵ到第ⅩⅤ共 10 个笔记本。这部分手稿主要是对之前阐述的剩余价值理论原理所作的理论历史的考察，后来被编辑为《剩余价值理论》（也称作“《资本论》第四卷”），在《马克思恩格斯全集》中文第一版中被编作第 26 卷，在中文第二版中被

①《马克思恩格斯文集》第 10 卷，人民出版社 2009 年版，第 180 页。

编入第 33 卷至第 35 卷。

第三大部分包括第ⅩⅥ到第ⅩⅩⅢ共 8 个笔记本。在第ⅩⅥ和第ⅩⅦ笔记本上，马克思论述了原先计划中的“资本和利润”的内容。从第ⅩⅧ笔记本开始，马克思除了对商业资本和货币资本的某些问题作了补充论述外，还续写了因写作《剩余价值理论》而中断的“相对剩余价值”章及以下各章。最后的几个笔记本，记载了马克思打算继续深入研究的有关理论问题的引文摘要。这部分手稿，在《马克思恩格斯全集》中文第一版中被编作第 48 卷，在中文第二版中被编作第 36 卷和第 37 卷。

把《61—63 年手稿》称作马克思经济思想的“历史路标”，是由其重要的理论地位和学术价值所决定的。

第一，《61—63 年手稿》是马克思对经济思想史进行探索的“历史路标”。在《61—63 年手稿》中，马克思以剩余价值理论为主线的经济思想史的研究，成为马克思经济学遗产中最辉煌的部分。在《61—63 年手稿》中，《剩余价值理论》最初仅仅是作为剩余价值的理论史部分来写的。但是，在对剩余价值理论史的深入研究中，马克思越来越多地，而且必然越来越多地对剩余价值理论以外的理论史内容作出详尽的考察。因为马克思已经十分清楚地认识到：“所有经济学家都犯了一个错误：他们不是纯粹地就剩余价值本身，而是在利润和地租这些特殊形式上来考察剩余价值。”[①]《61—63 年手稿》涉及从 17 世纪 60 年代威廉·配第到 19 世纪中叶大卫·李嘉图学派及各种经济学流派主要的经济思想的“历史的评论”，对这 200 年左右政治经济学发展的主要理论，特别是关于剩

①《马克思恩格斯全集》第 33 卷，人民出版社 2004 年版，第 7 页。

余价值和利润理论史、生产价格理论史、地租理论史等作了深入的研究。

第二，《61—63 年手稿》是马克思经济学体系演进的"历史路标"。在《61—63 年手稿》中，马克思经济学体系实现了从《政治经济学批判》"六册结构计划"向《资本论》"四册三卷结构"的过渡，成为马克思经济学体系演进的重要转折点。马克思在《序言》一开始就提到他的"六册结构计划"设想。他指出："我考察资产阶级经济制度是按照以下的顺序：资本、土地所有制、雇佣劳动；国家、对外贸易、世界市场。在前三项下，我研究现代资产阶级社会分成的三大阶级的经济生活条件；其他三项的相互联系是一目了然的。第一册论述资本，其第一篇由下列各章组成：（1）商品；（2）货币或简单流通；（3）资本一般。前两章构成本分册的内容。"①

在《61—63 年手稿》中，马克思对《政治经济学批判》的"六册结构计划"作了重要的变动：一是决定将自己的经济学著作"以《资本论》为标题单独出版，而《政治经济学批判》只作为副标题"②。二是提出《资本论》的基本结构。起先，马克思认为《资本论》只构成"六册结构计划"中《资本》册第一篇"资本一般"第三章"资本"的内容。这部分内容，"就是英国人称为'政治经济学原理'的东西。这是精髓（同第一部分合起来）"③。但是，马克思很快就改变了这一想法。1863 年 1 月初，马克思提出了《资本论》理论部分的三篇结构，并重新拟定了第一篇"资本的

①《马克思恩格斯文集》第 2 卷，人民出版社 2009 年版，第 588 页。
②《马克思恩格斯文集》第 10 卷，人民出版社 2009 年版，第 196 页。
③《马克思恩格斯文集》第 10 卷，人民出版社 2009 年版，第 196 页。

生产过程”和第三篇“资本和利润”的结构计划。这时，马克思把第一篇“资本的生产过程”细分为九章，把第三篇“资本和利润”细分为十二章。[①]原来在《政治经济学批判》第一分册中单独阐述的“商品，货币”，现在作为第一篇“资本的生产过程”第一章的“导言”，成为《资本论》开篇的内容。1863 年 1 月的这一计划，是马克思对他经济学体系结构的新的构思，成为《资本论》理论叙述部分最初的相对完整的结构。

第三，《61—63 年手稿》是马克思在经济学中的重大发现和科学革命的“历史路标”。在《61—63 年手稿》中，马克思在资本和剩余价值本质、剩余价值生产形式、劳动对资本的从属关系、生产劳动和非生产劳动、剩余价值转化为平均利润和价值转化为生产价格、社会资本再生产等一系列理论上都取得了重要进展，深化了马克思经济学理论及其体系。

二、对资本和剩余价值本质及其关系的探索

资本和剩余价值理论是《61—63 年手稿》的主要内容。在《61—63 年手稿》中，马克思以“资本最初的表现形式”，也是“资本的最一般形式”G—W—G 为基础，分析了产业资本、商业资本、借贷资本的产生和作用过程及相互转化关系。马克思认为，商业资本和生息资本尽管是历史上最古老的资本形式，但是，在资本主义生产方式的基础上，它们都表现为产业资本的“派生的、第二级的形式”。这是因为，“产业资本是在资产阶级社会占统治地位的

① 《马克思恩格斯全集》第 36 卷，人民出版社 2015 年版，第 312—313 页。

资本关系的基本形式，其他一切形式都不过是从这个基本形式派生的或次要的，——派生的，如生息资本；次要的，也就是执行某种特殊职能（属于资本的流通过程）的资本，如商业资本。所以，产业资本在它的产生过程中还必须首先使这些形式从属于自己，并把它们转化为它自己的派生的或特殊的职能”①。对资本的“基本形式”和“派生形式”关系的离析，是理解资本一般与资本特殊关系的关键，也是揭示剩余价值一般向剩余价值特殊（产业利润、商业利润、利息）转化的基础。

在资本形式的转化过程中，产业资本转化为商业资本，是资本的主要形式（生产过程）向资本的次要形式（流通过程）的转化；产业资本转化为借贷资本，则是职能资本（产业资本、商业资本）向非职能资本的转化。在借贷资本 G—G′ 的运动形式上，资本的一般形式 G—W—G′ 取得了最外在化的表现，成了一种“毫无内容的形式，不可理解的、神秘的形式”②。在这一过程中，资本的形式越来越和它的内在本质相异化，越来越与资本的本质失去联系。在借贷资本运动中，“资本取得了它的纯粹的物神形式”③。《61—63 年手稿》对资本形式转化及其过程的理解，深刻揭示了资本的本质及其转化的、衍生的各种资本形式的关系与本质。

马克思在揭示资本外在化形式的同时，对资本的内在结构也作了探讨。《61—63 年手稿》对固定资本和流动资本、不变资本和可变资本结构的分析，在经济思想史上首次揭示了资本两种不同的有机构成理论。马克思认为，不变资本和可变资本的构成，是从资本

①《马克思恩格斯全集》第 35 卷，人民出版社 2013 年版，第 319 页。
②《马克思恩格斯全集》第 35 卷，人民出版社 2013 年版，第 317 页。
③《马克思恩格斯全集》第 35 卷，人民出版社 2013 年版，第 316 页。

的直接生产过程中产生的，是“生产过程内部的资本有机构成”；固定资本和流动资本的构成，虽然也是对生产资本的结构划分，但是，它们借以划分的依据却是资本流通中价值的不同的转移方式，因而是流通过程产生的资本有机构成。因此，从资本主义再生产的过程来看，当我们说到不变资本和可变资本时，指的是“资本原来划分为活劳动和对象化劳动的情况，而不是由于流通过程或流通过程对再生产的影响而发生的这种比例的变化”①。严格区分两种不同的资本构成，是马克思对资本理论探索的重大贡献。在马克思以前，古典经济学家在许多理论上失误的原因之一，就在于把由不变资本和可变资本构成的资本造成的价值创造和价值增殖的经济后果，同由固定资本和流动资本构成的资本造成的价值转移和价值补偿的经济后果混为一谈。

在《61—63 年手稿》中，马克思还深入区分了不变资本和可变资本有机构成的内部的两重形式：由活劳动量同所使用的生产资料量的对比关系决定的“资本技术构成”；由资本各要素之间的价值比例关系决定的“资本价值构成”。这是深入理解资本有机构成的两个“着眼点”。在这两重构成形式中，资本技术构成的变动起着决定性作用。因此，马克思常常把仅仅是资本价值构成变化而资本技术构成没有变化的情况，称作资本有机构成没有发生变动。在这两重构成形式中，资本技术构成是资本有机构成的内在规定，资本价值构成则是资本有机构成的外在表现形式。资本有机构成的这一严格界定，对理解马克思资本有机构成理论及其现实意义有着重要的意义。

①《马克思恩格斯全集》第 36 卷，人民出版社 2015 年版，第 268 页。

在《61—63 年手稿》中，马克思对资本结构的探讨同对剩余价值生产形式的研究是紧密地结合在一起的。在《57—58 年手稿》中，马克思提出了剩余价值范畴，揭示了剩余价值的本质和剩余价值的两种生产形式。在《61—63 年手稿》中，马克思引入超额剩余价值范畴，第一次阐明了绝对剩余价值生产和相对剩余价值生产两种形式之间的逻辑的和历史的转化“中介”。马克思认为，超额剩余价值的实质就在于：“用超过该生产阶段平均水平的更有生产效率的劳动方法作为例外生产出来的那个商品的个别价值，低于这个商品的一般的或社会的价值。”[①]同剩余价值、绝对剩余价值和相对剩余价值的范畴一样，超额剩余价值的范畴也是由马克思首先提出来的。超额剩余价值的范畴不仅揭示了绝对剩余价值到相对剩余价值的逻辑的和历史的转化关系，还凸显了资本推动生产力发展的直接目的和最终结果之间、追求个别价值增殖的内在动机和社会价值普遍降低的外在结果之间、个别资本积累增长的冲动和全部资本价值贬损之间的内在矛盾和冲突。

三、对劳动对资本的形式从属与实际从属关系的研究

劳动从属于资本的理论是《61—63 年手稿》中提出的重要理论。马克思一直关注劳动对资本从属性质和形式的研究。在《1844 年经济学哲学手稿》中，马克思从劳动异化的角度，考察过“分工使工人越来越片面化和越来越有依赖性”[②]的事实。在《雇佣劳动

①《马克思恩格斯全集》第 37 卷，人民出版社 2019 年版，第 302—303 页。
②《马克思恩格斯文集》第 1 卷，人民出版社 2009 年版，第 121 页。

与资本》中，马克思已经把“雇佣劳动对资本的关系，工人遭受奴役的地位，资本家的统治”作为最重要的问题提出来了。在《57—58 年手稿》中，马克思通过对资本主义生产方式发展阶段的研究，得出了资本是工人的对立面，所以文明的进步只会增大支配劳动的客观权力的结论。在《61—63 年手稿》中，马克思系统地提出了劳动对资本的形式从属和实际从属的理论。

作为资本主义生产方式存在和发展的一般形式，劳动对资本的形式从属和绝对剩余价值生产有着同等的意义。这时，那种旧有的宗法的或以其他人身依附为基础的强制形式已经消除，劳动者和资本所有者在形式上都是“自由人”。在这一从属形式中，资本接受的只是从封建社会沿袭下来的现存的“生产方式”。这里的“生产方式”，是指劳动过程中的劳动方式、工艺过程、劳动者的结合形式、生产资料运用的程度等方面的内容，也就是生产力的活动方式。但是，在这种从属形式中，劳动过程是在资本的监督和管理下进行的，劳动的更大的连续性发展起来了，劳动过程的性质也已经发生根本变化。

劳动对资本形式从属的典型形式，发生在与资本主义经济关系相适应的社会化大生产还没有建立起来的阶段，即资本主义发展的初期阶段。随着资本主义生产方式的实际发展，劳动对资本的形式从属也以相同的程度逐渐转化为劳动对资本的实际从属。劳动对资本的实际从属是直接生产过程中更大规模应用自然力、科学和机器的结果，是科学技术的力量转化为资本力量的结果，是在相对剩余价值生产得到充分发展的基础上形成的。这时，雇佣劳动者的劳动，不仅在生产过程中完全从属于资本，成为发展起来的机器和机器的附属品，而且在消费过程中也从属于资本，成为资本再生产的必要要素。马克思认为，在劳动对资本的实际从属阶段，资本家必须是某一社会规模的生产资料的所有者或占有者，这种生产资料的所有制形式，对劳动来说就是“劳动的异己的所有制”。劳动对资本的实际从属，潜藏着资本主义经济关系自我扬弃的因素。因此，劳动对资本从属的理论，不仅揭示了雇佣劳动从属于资本的经济实质，还揭示了资本私有制转化为“联合起来的社会个人所有制”的思想，揭示了资本私有制最终将被扬弃的历史必然性。

四、对生产劳动和非生产劳动理论的探索

在《61—63 年手稿》中，马克思对资本的生产性和非生产性的探讨，是同批判亚当·斯密的生产劳动和非生产劳动理论联系在一起的。斯密对生产劳动的理解具有二重性：一方面，斯密把生产劳动看作是“把自己的生活费的价值和他的主人的利润，加到他所加工的材料的价值上”的劳动。斯密对生产劳动的这一理解是正确的，因为“他下了生产劳动是直接同资本交换的劳动这样一个定义”，“触及了问题的本质，抓住了要领”。①另一方面，斯密又把生产劳动同那种“固定和实现在一个特定的对象或可以出卖的商品中，而这个对象或商品在劳动结束后，至少还存在若干时候”的劳动联系在一起，只是从劳动的物质规定性、具体劳动形式及其结果上来定义生产劳动，“这里就越出了形式规定的范围，越出了用劳动者对资本主义生产的关系来给生产劳动者和非生产劳动者下定义

① 《马克思恩格斯全集》第 33 卷，人民出版社 2004 年版，第 139—141 页。

的范围”[①]，从而在根本上混淆了从资本主义特殊生产方式来看的生产劳动同一般的生产劳动的区别。

在对斯密理论的批判中，马克思提出了自己的生产劳动和非生产劳动理论。

首先，马克思强调：劳动作为生产劳动的特性只表现一定的社会生产关系。劳动的这种规定性，不是从劳动的内容或劳动的结果中产生的，而是从劳动的一定的社会形式中产生的。如马克思后来在《资本论》第一卷中所概括的：“生产工人的概念决不只包含活动和效果之间的关系，工人和劳动产品之间的关系，而且还包含一种特殊社会的、历史地产生的生产关系。”[②]《61—63 年手稿》在资本主义社会生产关系的限界内，从两个主要方面论述了资本主义生产劳动的性质：其一，从资本主义生产实质来看，生产劳动是给使用劳动的人生产剩余价值的劳动，或者说，是把客观劳动条件转化为资本，把客观劳动条件的所有者转化为资本家的劳动。其二，从资本主义生产过程的特征来看，生产劳动可以说是直接同作为资本的货币交换的劳动，或者说，是直接同资本交换的劳动。马克思对资本主义生产劳动性质的说明，揭示了资本主义生产劳动和非生产劳动理论的核心问题。

其次，《61—63 年手稿》在论述资本主义生产劳动性质时多次强调，生产劳动和非生产劳动的区分，既同劳动独有的特殊性毫无关系，也同劳动的这种特殊性借以体现的特殊使用价值毫无关系。这就是说，在资本主义经济关系中，一定使用价值的物质产品，可

①《马克思恩格斯全集》第 33 卷，人民出版社 2004 年版，第 146—147 页。
②《马克思恩格斯文集》第 5 卷，人民出版社 2009 年版，第 582 页。

以是生产劳动的结果，只要这一劳动是同资本相交换的；也可以是非生产劳动的结果，如果这一劳动只是同收入相交换。资本主义生产劳动的结果，可以表现为一定的物质产品形式，如雇佣工人为资本家生产的机床产品；也可以表现为一定的非物质产品形式，如开设剧院的资本家雇佣的歌剧演员，他的演唱使资本家获得利润，但这种生产劳动的结果并不表现为有形的物质产品。这是马克思阐述资本主义生产劳动理论时一直坚持的思想。但是，在马克思时代，资本主义生产中表现为非物质产品的生产劳动的比重还是微不足道的，因此，可以完全置之不理。

最后，《61—63 年手稿》对资本主义总体工人的生产劳动性质作了探讨。马克思指出，在资本主义生产方式中，由于商品是由许多工人共同生产的，商品往往表现为劳动者总体进行生产的结果。这时，只要总体工人的劳动都是同资本交换的，他们就都是雇佣劳动者，就都是在这一特定意义上的生产工人。在《资本论》第一卷手稿中，马克思进一步认为，随着特殊资本主义生产方式的发展，总劳动过程的实际执行者不再是单个工人，而是日益以社会规模结合起来的劳动能力，这里既包括体力劳动也包括脑力劳动。“于是劳动能力的越来越多的职能被列在生产劳动的直接概念下，这些职能的承担者也被列在生产工人的概念下，即直接被资本剥削的和从属于资本价值增殖过程与生产过程本身的工人的概念下。”在这里，“单个工人作为这个总体工人的单纯成员的职能距直接体力劳动是远还是近，那都完全没有关系”[①]。马克思的这些论述表明，资本主义总体工人的劳动是否属于生产劳动，完全是由这一总体

①《马克思恩格斯全集》第 38 卷，人民出版社 2019 年版，第 125 页。

劳动本身是否为资本生产剩余价值，是否与资本相交换确定的；总体工人中单个工人劳动是否属于生产劳动，完全取决于总体工人劳动的性质。

五、对社会资本再生产理论的研究

在《61—63 年手稿》中，马克思社会资本再生产理论的创立，同对"斯密教条"和魁奈的《经济表》的批判密切相关。

通过对"斯密教条"的批判，马克思提出了社会资本再生产理论的两个基本前提。所谓"斯密教条"，就是斯密所提出的商品价值由工资、利润和地租三种收入构成的理论，对斯密以后的经济学家所产生的思想禁锢。与社会资本再生产理论发展相联系，《61—63 年手稿》对"斯密教条"的批判集中在两个方面。

第一，"斯密教条"混淆了产品的价值和产品生产中劳动者新创造的价值的区别。在《61—63 年手稿》中，马克思对产品价值和产品价值中新创造的价值部分作了严格区分，提出了社会总产品中价值构成的基本原理：年产品中所有作为可变资本构成工人收入的部分和作为剩余产品构成资本家消费基金的部分都归结为新加劳动，而产品中其余所有代表不变资本的部分则归结为被保存的过去劳动，仅仅补偿了不变资本。马克思依据劳动二重性原理，把商品价值区分为不变资本（c）、可变资本（v）、剩余价值（m）三部分，并说明了 c 和（v+m）的关系，从而科学地解决了社会资本再生产理论的一个基本前提。

第二，斯密不理解社会资本再生产中生产消费和生活消费的区别与联系，不理解与此相适应的生产资料实现和消费资料实现各自所具有的特殊规定性。马克思在《61—63 年手稿》中认为，社会总产品实际上可以分作两部分：一部分是用于个人消费的生活消费品，另一部分是用于生产消费的生产资料。因此，按其最终用途，社会总产品可以分为用于生活消费的消费资料和用于生产消费的生产资料两大部分。与此相适应，社会生产部门也应该区分为两大部类：生产消费资料的“A 部类”和生产生产资料的“B 部类”。“A 部类”的产品按其使用价值来说，代表全部年产品中每年加入个人消费的整个部分。按其交换价值来说，它代表生产者在一年内新加的劳动总量。“B 部类”提供的是只加入生产消费、作为生产资料加入生产过程的产品。《61—63 年手稿》指出，“除了这两个部类之外，再也没有别的部类了”[①]。这样，马克思科学地解决了社会资本再生产理论的另一个基本前提。

在《61—63 年手稿》中，马克思对社会资本再生产的实现过程作了初步考察。《61—63 年手稿》对“全部收入都作为收入花掉”即社会资本简单再生产的三个主要交换过程作了考察：第一，“收入同收入的交换”，这一交换使“A 部类”内部归于工人和资本家的“收入”（v+m）得到实现；第二，“收入同资本的交换”，即由“B 部类”归于工人和资本家的“收入”（v+m）同“A 部类”作为不变资本的 c 相交换；第三，“资本同资本的交换”，这是“B 部类”内部各资本家之间实现各自不变资本 c 的过程。这表明，马克思已经搞清了社会资本简单再生产实现的基本过程和条件。[②]

①《马克思恩格斯全集》第 33 卷，人民出版社 2004 年版，第 294 页。
②《马克思恩格斯全集》第 33 卷，人民出版社 2004 年版，第 303—309 页。

在《61—63 年手稿》中，马克思对社会资本再生产实现过程的总体理解，是在批判魁奈的《经济表》的基础上完成的。魁奈在 18 世纪 50 年代末制定的《经济表》中，就已尝试着对社会资本再生产过程作出概要的描述。马克思认为，尽管魁奈的《经济表》还存在着一些错误前提，但《经济表》所作的“尝试”，是“一个极有天才的思想，毫无疑问是政治经济学至今所提出的一切思想中最有天才的思想”[①]。在马克思看来，《经济表》有意义的“尝试”就在于，它把资本的整个生产过程表现为再生产过程；把流通表现为仅仅是这个再生产过程的形式；把货币流通表现为仅仅是资本流通的一个要素；把收入的起源、资本和收入之间的交换、再生产消费与最终消费的关系等，都包括到这个再生产过程中；把生产者和消费者之间（实际上是资本和收入之间）的流通表现为这个再生产过程的要素。这一切都被概括在一张表上，这张表实际上只有五条线，连接着六个出发点或归宿点。马克思对《经济表》的高度评价超过了那一时代所有的经济学家。同时，马克思由此在社会资本再生产理论上的创新也超过了那一时代所有的经济学家。

在对魁奈的《经济表》进行深入研究的基础上，马克思在 1863 年 7 月 6 日写给恩格斯的信中提到，他设计了一个“包括全部再生产过程”的“经济表”，用以“代替”魁奈的《经济表》。[②] 马克思在这封信中和在《61—63 年手稿》中对“经济表”的解释，表明除了一些细节，他实际上对社会资本简单再生产理论已经有了总体性的理解。首先，马克思已确定了理解社会资本再生产理

①《马克思恩格斯全集》第 33 卷，人民出版社 2004 年版，第 415 页。
②《马克思恩格斯文集》第 10 卷，人民出版社 2009 年版，第 206 页。

论的两个基本前提，即社会总产品在价值上划分为不变资本、可变资本和剩余价值三部分，在实物形式上划分为第Ⅰ部类（生活资料）和第Ⅱ部类（生产资料）两大部类。其次，马克思已准确地概述了社会资本简单再生产的三个主要的交换过程，即第Ⅰ部类内部的交换、第Ⅱ部类内部的交换和两大部类之间的交换。马克思还在“社会总产品”形式上，表述了第Ⅰ部类总产品等于两大部类中可变资本和剩余价值之和，第Ⅱ部类总产品等于两大部类中不变资本之和的重要思路。最后，马克思还简要阐明了社会资本再生产过程中货币回流运动的实质，进一步证明了他在对魁奈的《经济表》的分析中得到的那个重要结论：“货币流通表现为完全是由商品流通和商品再生产决定的，实际上是由资本的流通过程决定的。”①马克思对自己的“经济表”的解释，是马克思经济思想发展的“历史路标”。

六、对平均利润和生产价格理论的研究

平均利润和生产价格理论的形成，是《61—63 年手稿》最显著的理论创新成果之一。在马克思经济学中，价值转化为生产价格的理论是劳动价值论和剩余价值论发展的综合成果。一方面，生产价格作为价值的转化形式，对其形成机制和形成过程的理解，是以劳动价值论为基础的，不理解价值实体、价值实现及其转化机制，就不可能搞清抽象层次上的价值向具体层次上的生产价格转化的逻辑过程；另一方面，生产价格中的平均利润是剩余价值的转化形

①《马克思恩格斯全集》第 33 卷，人民出版社 2004 年版，第 374 页。

式，离开了剩余价值理论就不可能搞清剩余价值到利润、利润到平均利润的内在转化关系。《61—63 年手稿》在从资本一般转化为资本特殊的论述中，探讨了剩余价值一般向剩余价值的分支——利润、利息等的转化过程；在对价值转化为生产价格的论述中，探讨了剩余价值转化为利润、利润转化为平均利润的序列过程。

在《61—63 年手稿》中，马克思主要分析了剩余价值转化为利润和利润转化为平均利润的“两种转化”关系。第一种是剩余价值到利润、剩余价值率到利润率的转化，表现为剩余价值与产生剩余价值的所有单个资本的关系，而不管这些单个资本的各组成部分与剩余价值生产保持怎样的有机关系。第二种是利润到平均利润的转化，“这第二种转化所涉及的不再只是形式，而是除形式外还涉及实体本身，也就是说，改变利润的绝对量，从而改变在利润形式上表现出来的剩余价值的绝对量。第一种转化并没有触及这个绝对量”①。经过这两种转化，剩余价值的内在规定性逐步转化为利润、平均利润的外在规定性。这两种转化的结果就是，剩余价值和平均利润的内在联系在其外在化的形式上完成了消逝。

1862 年 6 月，在写作《61—63 年手稿》第 X 笔记本时，马克思第一次通过例证系统地阐述了价值转化为生产价格的整体过程，揭示了“平均价格规律”（即生产价格规律）的本质。马克思假定，在资本 I 到资本 V 这五个部门内，预付的资本相等，剩余价值率相同，但各自资本的有机构成不同。这时，如果“这些商品按它们的价值交换”，那么虽然剩余价值率同各部门内的个别利润率不相等，但是剩余价值量和利润量之间还是一致的。如果从这五个部

①《马克思恩格斯全集》第 32 卷，人民出版社 1998 年版，第 442 页。

门全部预付资本来考察，那么就会形成平均利润率，平均利润率是以个别利润率为基础的。平均利润率的实质在于，“全部剩余价值必须不是按各个特殊生产领域生产多少剩余价值的比例，而是按各个预付资本的大小的比例在它们之间进行分配”[①]。这时，利润和剩余价值的内在联系完全消失。其间，“竞争的作用是把利润平均化，也就是使商品的价值转化为平均价格”[②]。在1862年8月2日写给恩格斯的信中，马克思对“详细叙述起来非常浩繁的问题用几句话”[③]再次作了概述。这些都表明，在《61—63年手稿》中，马克思的生产价格理论已经形成。

马克思生产价格理论的形成，顺利地解决了李嘉图理论体系的根本矛盾。《61—63年手稿》提到，由于“李嘉图把不以各特殊生产部门使用的劳动量为转移的费用价格的平均化看做是价值本身的变形，从而把整个原理推翻了”[④]。对于等量资本获得等量利润这一经济现象，“如果想不经过任何中介过程就根据价值规律去理解这一现象”，“就是一个比用代数求解化圆为方更加无能为力的问题”[⑤]。通过对一系列中介环节的分析，通过对价值本身的质的转化关系的分析，马克思已经科学地证明：等量资本获得等量利润是在生产价格规律作用形式的基础上形成的。在生产价格规律中，各部门资本家都依据统一的平均利润率，获得与各自预付资本量大小成比例的平均利润。各部门中商品的价值和生产价格的差额，主要

①《马克思恩格斯全集》第34卷，人民出版社2008年版，第71—72页。
②《马克思恩格斯全集》第34卷，人民出版社2008年版，第72页。
③《马克思恩格斯文集》第10卷，人民出版社2009年版，第185页。
④《马克思恩格斯全集》第35卷，人民出版社2013年版，第26页。
⑤《马克思恩格斯全集》第35卷，人民出版社2013年版，第91页。

是由各部门创造的剩余价值和获得的平均利润的差额引起的，归根到底是由剩余价值在各生产部门之间重新分配引起的。因此，等量资本获得等量利润的现实，并不是对劳动价值论的否定，相反是劳动价值论在资本主义经济关系一定发展阶段上的具体表现。同样，生产价格理论的创立也决不是劳动价值论的“终结”，相反是劳动价值论内在生命力的体现。

在《61—63 年手稿》中，马克思最初也不打算论述地租问题。1862 年 6 月，马克思在对生产价格理论的研究中涉及洛贝尔图斯的地租理论时，才顺便对地租理论作了一些探讨，但仍然不打算作展开论述。但是，在 1862 年 7 月到 8 月写作《61—63 年手稿》第Ⅺ和第Ⅻ笔记本时，马克思在进一步弄清了生产价格理论之后，才一改初衷，打算把地租问题放在生产价格理论之后，作为价值和生产价格的区别的“例解”加以研究。

在《61—63 年手稿》中，马克思批判了李嘉图等人的地租理论，科学地说明了绝对地租产生的原因、条件及其实现形式。首先，马克思认为，李嘉图之所以否认存在绝对地租，同他对资本主义土地所有权性质的理解有关。事实上，因为存在着土地所有权，资本才不得不把价值超过生产价格的余额让给土地所有者，绝对地租的存在是土地所有权造成的结果。其次，马克思指出，李嘉图否认存在绝对地租，还和他不理解生产价格理论有关。他认为，如果存在绝对地租（即与各类土地的肥沃程度无关的地租），那么农产品等的出售价格就会由于高于生产价格而经常高于价值，这就会推翻价值规律。最后，马克思还依据资本有机构成理论，揭示了绝对地租形成的条件。马克思认为，由于农业资本有机构成低于社会平均资本构成，也由于土地私有权的垄断，农业部门中高于平均利润的超额利润滞留在该部门内，不能在全社会平均化。因此，农产品和别的产品不同，它不是按照自己的生产价格出售，而是按照自己的价值出售。这是资本主义生产下的正常现象，是土地所有权造成的后果。显然，构成农产品价值和农产品生产价格之间差额的超额利润，只是农业雇佣工人“无酬劳动量”的转化形式。

马克思认为，作为价值和生产价格之间区别的“例解”，“我必须从理论上证明的唯一的一点，是绝对地租在不违反价值规律的情况下的可能性”[①]。但是，在《61—63 年手稿》中，马克思还是对级差地租作了一定程度的论述，如区分了级差地租形成的原因和条件，分析了级差地租的实体及其实现形式。

七、对资本积累和经济危机理论的探索

在《61—63 年手稿》中，马克思从资本主义经济运动趋势的高度，对资本积累理论作了新的论述。马克思认为，李嘉图把资本积累仅仅看作是资本收入转化为工资的观点，从一开始就是错误的。资本积累过程中，剩余价值既有可能转化为可变资本，也有可能转化为不变资本。马克思证明，资本积累是资本主义生产方式的条件，资本积累中资本和雇佣工人之间的对立关系存在着三种主要的趋势：一是劳动条件“作为与工人相异化的财产、作为资本而永恒化”，从而使“工人作为雇佣工人的地位永恒化”，也使工人的剩余劳动时间“白白为第三者劳动的命运永恒化”；二是资本的积累因使资本及其同伙的相对财富增大而“使工人的状况相对恶化”；

① 《马克思恩格斯文集》第 10 卷，人民出版社 2009 年版，第 193 页。

三是劳动条件以越来越庞大的形式、越来越作为社会力量出现在单个工人面前，“对工人来说，像过去在小生产中那样由自己占有劳动条件的可能性已经不存在了”。[①]这三种趋势就是资本积累比其物质结果更为重要的生产关系的结果。

《61—63 年手稿》强调，资本积累也是“大资本通过消灭小资本而进行的积累”。因此，“把劳动条件转化为资本，然后把这种资本和某些资本以更大的规模再生产出来，最后把社会上许多地方形成的资本同它们的所有者分离开来，并把它们集中在大资本家手里”[②]，就是资本积累这一过程的必然趋势。这种趋势将以“对立和矛盾的极端形式”“通过异化的形式”表现出来，并将导致资本“转化为纯粹过时的和不适当的特权，从而迅速趋于消灭”[③]。

在《61—63 年手稿》中，马克思提出：“要追踪考察潜在的危机的进一步发展（现实危机只能从资本主义生产的现实运动、竞争和信用中来说明），要就危机来自资本作为资本所特有的，而不是包含在资本作为商品和货币的单纯存在中的那些资本形式规定，来进行这种考察。”[④]《61—63 年手稿》对经济危机问题虽然没有能作出“这种考察”，但还是概述了“这种考察”的基本方法和思路。

在《57—58 年手稿》中，马克思已指出，在简单商品生产条件下，在货币作为交换手段和支付手段的职能中，已经在两种形式上存在着危机的可能性。在《61—63 年手稿》中，马克思进一步强调，经济危机的根源在于资本主义生产方式的矛盾，但危机的可

①《马克思恩格斯全集》第 36 卷，人民出版社 2015 年版，第 228 页。
②《马克思恩格斯全集》第 35 卷，人民出版社 2013 年版，第 301 页。
③《马克思恩格斯全集》第 35 卷，人民出版社 2013 年版，第 301 页。
④《马克思恩格斯全集》第 34 卷，人民出版社 2008 年版，第 581 页。

能性已潜在地存在于简单商品经济的两种形式中。第一种形式是“商品形态变化本身，即买和卖的分离”[①]。在简单商品流通 W—G—W 中，W—G 和 G—W 发生着卖和买的形态变化，在时间上和空间上彼此可能分开。一些人可能卖而不买，他们在实现 W—G 转换后，并不立即实现 G—W 的转换；而另一些人就可能无法实现 W—G 的转换，他们的商品成了无人购买的过剩商品。其中，“包含着本质上相互补充的因素彼此割裂和分离的可能性”。危机的可能性只存在于卖和买的分离，“相互联系和不可分离的因素彼此脱离，因此它们的统一要以暴力的方式实现，它们的相互联系要通过对它们彼此的独立性发生作用的暴力来实现。此外，危机无非是生产过程中已经彼此独立的阶段以暴力方式实现统一”。第二种形式是“货币作为支付手段的职能，这里货币在两个不同的、时间上彼此分开的时刻执行两种不同的职能”[②]。这里的“两种不同的职能”是指货币作为支付手段在两个不同时刻分别起着价值尺度和价值实现的职能。货币在执行支付手段时包含着一个直接的矛盾：在各种支付互相抵消时，货币只是观念地作为价值尺度发生作用；而在必须进行实际支付时，货币又充当交换价值的独立存在，需要用实在的货币进行支付。货币在执行支付手段的职能过程中，又使债务人和债权人形成连锁关系，一旦这种连锁关系中的一环断裂，即其中一部分债务人到期不能向债权人支付实在的货币，那么整个锁链就会断裂，以支付手段严重短缺为主要特征的货币危机具有发生的可能性。《61—63 年手稿》认为，在危机可能性的这两种形式

①《马克思恩格斯全集》第 34 卷，人民出版社 2008 年版，第 578 页。
②《马克思恩格斯全集》第 34 卷，人民出版社 2008 年版，第 577—578 页。

中，在没有第二种可能性的情况下，第一种可能性能够出现；但在没有第一种可能性的情况下，第二种可能性不可能出现。因此，第二种可能性比第一种可能性更具体些，具有更复杂的规定性；第二种可能性所发生的货币危机的性质，不只表现为商品卖不出去，还表现为以这一定的商品在一定期限内卖出为基础的一系列支付都不能实现。

《61—63 年手稿》认为，以上两种形式变化只是“危机的最抽象的形式，它没有内容，没有危机的内容丰富的动因”[①]。危机的可能性并不是危机必然发生的起因，危机的起因是由商品生产和商品交换在其中运动的社会生产方式的性质所决定的。危机的可能形式也不等同于引起危机的内容，即引起危机的基础。马克思认为，重要的是要研究“为什么危机的抽象形式，危机的可能性的形式会从可能性变为现实性”[②]。

危机的可能性转化为现实性的基础在于资本主义生产方式的一定发展，在于资本主义基本矛盾的充分发展。首先，如果撇开资本主义商品生产的内容，单从商品经济运行的形式上来看，全部商品资本和它所包含的单个商品资本都要经历 W—G—W 的过程。“因此，只要资本也是商品并且只是商品，那么包含在这个形式中的危机的一般可能性，即买和卖的分离，也就包含在资本的运动中。”不同的是，现在这种运动形式的内容不再是单纯的商品和货币，而是具有资本规定性的商品资本和货币资本。而且“不同资本的再生产过程或流通过程的这种相互连结和彼此交叉，一方面，由于分工而成为必然的，另一方面，又是偶然的，因此，危机的内容规定已

①《马克思恩格斯全集》第 34 卷，人民出版社 2008 年版，第 577—578 页。
②《马克思恩格斯全集》第 34 卷，人民出版社 2008 年版，第 584 页。

经扩大了”[①]。其次，在资本主义生产方式中，货币作为支付手段所产生的危机的形式上的可能性，获得了转化为规定性的实际基础。在资本主义经济发展的一定阶段上，一个接一个的支付锁链和抵销支付信用制度已得到充分发展。这时，一个锁链的断裂就可能导致整个支付机构的混乱，从而可能出现信用收缩或完全停止的紧迫时期，货币则突然作为唯一的支付手段和真正的价值存在，绝对地同商品相对立。再次，简单商品流通中潜在存在的两种矛盾——买和卖的矛盾和货币作为支付手段的矛盾，在资本主义商品再生产过程中已实际地表现出来了。经济危机的内在必然性，通过资本主义生产的现实运动和竞争、信用等经济机制的作用表现出来了。最后，从资本主义社会再生产过程来看，存在于危机可能性中的卖和买的分离，转换成资本主义生产阶段和流通阶段的分离。因此，某些资产阶级经济学家否认危机时，必须强调生产阶段和流通阶段的统一性，极力否认这两个阶段在运动中的彼此分离。事实上，生产阶段和流通阶段是资本主义社会再生产中互相补充、互相对立的两个方面。“危机就是以暴力方式恢复已经独立化的因素之间的统一，并且是以暴力方式使实质上统一的因素独立化。”[②]因此，在理论体系的逻辑结构上，“还有许多因素即危机的条件、危机的可能性，只有在分析更加具体的关系，特别是分析资本的竞争和信用时，才能加以考察”[③]。也就是说，必须在对资本的直接生产过程、资本的流通过程及资本总过程作了充分阐述的基础上，才能深入地阐明资本主义经济危机的内在必然性。

①《马克思恩格斯全集》第 34 卷，人民出版社 2008 年版，第 579 页。
②《马克思恩格斯全集》第 34 卷，人民出版社 2008 年版，第 582 页。
③《马克思恩格斯全集》第 34 卷，人民出版社 2008 年版，第 604 页。

第六章　对经济思想学派的评论和分析及其意义

对经济思想学派或流派的分析，是马克思经济思想史观的重要内容。1845 年对李斯特经济学的评论，是马克思对经济思想学派进行独立研究的开端。1847 年的《哲学的贫困》对经济思想流派研究的基本问题和根本原则，以及当时的“宿命论学派”、“人道学派”和“无产阶级的理论家”等“各种学派”作了分析。《57—58 年手稿》在对巴师夏和凯里的经济思想的比较分析中，对李嘉图和西斯蒙第之后经济思想分野的四种倾向和作为“例外”的庸俗经济学流派的基本特征作了阐述，对经济思想流派分野的“起源性”因素作了分析。《61—63 年手稿》按照剩余价值思想的历史发展，对经济思想的各种流派的基本脉络和嬗变作了系统分析。在《资本论》第一卷中，马克思对经济思想“起源性”中的历史观定性和社会规定性作了阐述，对古典经济学（即古典政治经济学）向庸俗经济学（即庸俗政治经济学）转化的必然性、过程及特征作了分析。把握和理解马克思对经济思想流派的分析，有利于经济思想史研究的发展和创新。

对经济思想学派或流派的评论和分析，是马克思经济思想史研究的重要方面。马克思在对经济思想学派的探索中提出的一些基本观点，不仅对基于马克思主义经济学的经济思想史研究有着重要意义，而且对厘清马克思经济思想史观的一些基本观点及理解其当代意义有着重要启示。

一、马克思对经济思想学派的最初认识与评论

重视对经济思想学派的探讨，是马克思经济学研究肇始的重要特征。在很大意义上，这一特征的形成，与恩格斯的《国民经济学批判大纲》的影响分不开。

完成于 1844 年初的《国民经济学批判大纲》是恩格斯的第一部经济学著作，是推进和影响马克思经济学研究的“天才的《大纲》”。在《国民经济学批判大纲》中，恩格斯开篇就对经济思想学派问题作出了探讨。他在对经济思想史上“重商主义体系”据以建立的“基础”的分析中，区分了重商主义发展中货币差额论和贸易差额论的不同阶段，指出“贸易差额论是整个重商主义体系的要点”[①]。恩格斯正确把握了 18 世纪经济思想史的重大变化，认为“18 世纪这个革命的世纪使经济学也发生了革命”。由此产生的“新的经济学”就是“以亚当·斯密的《国富论》为基础的自由贸易体系”，恩格斯也将其称作“自由主义经济学”。恩格斯还认为，在斯密那里还只是“一些片断”的思想，在“新的经济学”的“新近”发展中“已经有了一个完整的体系”。归于这一“新的经济学”的有李嘉图、麦克库洛赫、詹姆斯·穆勒和萨伊等。[②]在对

①《马克思恩格斯文集》第 1 卷，人民出版社 2009 年版，第 57 页。
②《马克思恩格斯文集》第 1 卷，人民出版社 2009 年版，第 58—59 页。

“自由主义经济学”学派性质的分析中，恩格斯认为，一方面这一学派“不能对重商主义体系作出正确的评判，因为它本身就带有片面性，而且还受到重商主义体系的各个前提的拖累”；另一方面“自由主义经济学达到的唯一肯定的进步，就是阐述了私有制的各种规律。这种经济学确实包含这些规律，虽然这些规律还没有被阐述为最后的结论”[①]。在对经济思想历史及其学派分析的基础上，恩格斯才转入国民经济学“基本范畴”的批判。

马克思对经济思想学派的独立研究，最先反映在他大约写于1845年3月的对弗里德里希·李斯特的《政治经济学的国民体系》一书的评论中。李斯特的《政治经济学的国民体系》出版于1841年。马克思对李斯特这一新作的评论，首先是从经济思想史的视角，通过对德国和英国、法国的经济学发展的比较，提出了“李斯特先生如何解释历史和如何对待斯密及其学派”[②]的问题。马克思认为，当李斯特把英国、法国所有的经济学家“统统归到‘学派’名下”时，他的结论就是，“自斯密以来的经济学的全部发展当然也就没有意义了，因为这种经济学的所有最杰出的代表都把竞争和自由贸易的现代资产阶级社会作为前提条件”[③]。马克思认为，李斯特“不去研究现实的历史”，因而“他认为整个经济学不外是研究室中编造出来的体系”[④]。李斯特的经济学理论体系是建立在对经济学“流派”理解偏误的基础之上的。

在对李斯特经济学无视“现实的历史”的批判中，也是在对德

①《马克思恩格斯文集》第1卷，人民出版社2009年版，第59—60页。
②《马克思恩格斯全集》第42卷，人民出版社1979年版，第241页。
③《马克思恩格斯全集》第42卷，人民出版社1979年版，第241页。
④《马克思恩格斯全集》第42卷，人民出版社1979年版，第242页。

国和英国、法国经济学的比较研究中，马克思得出了两个重要的结论：一是“象经济学这样一门科学的发展，是同社会的现实运动联系在一起的，或者仅仅是这种运动在理论上的表现”[①]。这就说明，在与恩格斯合作撰写《德意志意识形态》之前，马克思已经透彻理解了经济学理论产生的物质社会基础，搞清了经济思想历史据以产生和发展的根本前提。二是“如果说亚当·斯密是国民经济学的理论出发点，那么它的实际出发点，它的实际学派就是‘市民社会’，而对这个社会的各个不同发展阶段可以在经济学中准确地加以探讨”[②]。马克思也已经完全清楚，经济思想的历史发展，无非是“市民社会”即资产阶级社会不同发展阶段的各种经济学流派接续演进的结果。

出版于 1847 年的《哲学的贫困》，是马克思创立唯物史观之后的第一部重要的经济学著述，在马克思经济思想史观的形成中有着显著的地位。在《哲学的贫困》中，马克思对理解经济学“范畴、原理、规律、观念、思想”的本质及其历史发展的方法作了深刻阐释，认为“每个原理都有其出现的世纪”，但是为了“顾全原理和历史”，我们就必然“自问”：“为什么该原理出现在 11 世纪或者 18 世纪，而不出现在其他某一世纪，我们就必然要仔细研究一下：11 世纪的人们是怎样的，18 世纪的人们是怎样的，他们各自的需要、他们的生产力、生产方式以及生产中使用的原料是怎样的；最后，由这一切生存条件所产生的人与人之间的关系是怎样的。”[③]在这里，马克思已经清楚，经济思想流派是不同时代经济现

①《马克思恩格斯全集》第 42 卷，人民出版社 1979 年版，第 242 页。
②《马克思恩格斯全集》第 42 卷，人民出版社 1979 年版，第 249 页。
③《马克思恩格斯文集》第 1 卷，人民出版社 2009 年版，第 607—608 页。

实、社会生产力和生产方式、人与人之间经济关系发展的结果，已经清楚经济思想流派研究应该把握的基本问题和根本原则。

在此基础上，马克思在《哲学的贫困》中对经济学的“各种学派”产生的根源作出了分析。马克思认为，资产阶级生产关系的性质是“两重的”，其中突出地表现在三个方面：一是“在产生财富的那些关系中也产生贫困”，即资产者的财富增长和无产者的贫困产生的“两重的”分化；二是“在发展生产力的那些关系中也发展一种产生压迫的力量”，即资产阶级生产关系在作为生产力发展动力的同时也成为生产力发展的阻碍力量的“两重的”结果；三是“这些关系只有不断消灭资产阶级单个成员的财富和产生出不断壮大的无产阶级，才能产生资产者的财富，即资产阶级的财富”，资产阶级整个财富的增长既是无产阶级不断壮大，也是单个资产者不断被消灭、财富不断被集中的“两重的”过程。在这三个方面的“两重的”冲突中，资产阶级生产关系的发展“一天比一天明显了”[①]。

这三个方面的“对抗性质”，在经济学理论上就体现为：怎样看待资产阶级社会资本的财富增长和劳动的贫困增长的两极分化；怎样看待生产力和生产关系的冲突；怎样看待资产阶级和无产阶级的阶级矛盾及其性质等问题。马克思认为，这三个方面的“对抗性质”表现得日益尖锐，使得“经济学家们，这些资产阶级生产的学术代表就越和他们自己的理论发生分歧，于是在他们中间形成了各种学派”[②]。当时经济学“学派”或“流派”的区分，就是以对这三个“对抗性质”问题的回答为根据的。马克思把当时经济学形成

①《马克思恩格斯文集》第 1 卷，人民出版社 2009 年版，第 614 页。
②《马克思恩格斯文集》第 1 卷，人民出版社 2009 年版，第 614 页。

的“各种学派”，分作“宿命论学派”、“人道学派”和“无产阶级的理论家”等。

“宿命论学派”总的表现是，“在理论上对他们所谓的资产阶级生产的有害方面采取漠不关心的态度，正如资产者本身在实践中对他们赖以取得财富的无产者的疾苦漠不关心一样”。这一学派可以分为“古典派”和“浪漫派”两种，“古典派”是指斯密和李嘉图这样的经济学家，他们是“这一时代的历史学家，他们的使命只是表明在资产阶级生产关系下如何获得财富，只是将这些关系表述为范畴、规律并证明这些规律、范畴比封建社会的规律和范畴更有利于财富的生产。在他们看来，贫困只不过是每一次分娩时的阵痛”。[①]在“浪漫派”所在的“这个时代”，“资产阶级同无产阶级处于直接对立状态，贫困像财富那样大量产生。这时，经济学家便以饱食的宿命论者的姿态出现，他们自命高尚，蔑视那些用劳动创造财富的活人机器。他们的一言一语都仿照他们的前辈，可是，前辈们的漠不关心只是出于天真，而他们的漠不关心却已成为卖弄风情了”[②]。时过境迁，即使是同样的“贫困”问题，在不同的“时代”产生着不同的学派。

“人道学派”极力主张，“对无产者的苦难以及资产者之间的剧烈竞争表示真诚的痛心；他们劝工人安分守己，好好工作，少生孩子；他们建议资产者节制一下生产热情”[③]。“人道学派”中还可以分出一种“博爱学派”，这一学派“否认对抗的必然性”，它“愿意保存那些表现资产阶级关系的范畴，而不要那种构成这些范畴并且

①《马克思恩格斯文集》第1卷，人民出版社2009年版，第614—615页。
②《马克思恩格斯文集》第1卷，人民出版社2009年版，第615页。
③《马克思恩格斯文集》第1卷，人民出版社2009年版，第615页。

同这些范畴分不开的对抗”[①]。

归于“无产阶级的理论家”的学派，其发展阶段可以分作“革新的科学”和“革命的科学”两个阶段。前一阶段的社会背景与特征在于，“在生产力在资产阶级本身的怀抱里尚未发展到足以使人看到解放无产阶级和建立新社会必备的物质条件以前，这些理论家不过是一些空想主义者，他们为了满足被压迫阶级的需要，想出各种各样的体系并且力求探寻一种革新的科学”。后一阶段的进程和特征在于，“当他们还在探寻科学和只是创立体系的时候，当他们的斗争才开始的时候，他们认为贫困不过是贫困，他们看不出它能够推翻旧社会的革命的破坏的一面。但是一旦看到这一面，这个由历史运动产生并且充分自觉地参与历史运动的科学就不再是空论，而是革命的科学了”。[②]从“革新的科学”到“革命的科学”的发展，就是马克思、恩格斯后来认为的“无产阶级的理论家”从空想社会主义向科学社会主义的转变。

二、《57—58 年手稿》对经济思想学派的分析

从马克思经济思想史来看，在撰写《57—58 年手稿》之前，马克思经济学的发展主要是研究过程，是马克思充分地占有经济学的各种材料、分析所有这些材料的各种发展形式，以及寻求这些形式的内在联系的过程。以《57—58 年手稿》为起点，马克思经济学进入以叙述为主的经济学发展的新阶段，如从批判巴师夏和凯里

①《马克思恩格斯文集》第 1 卷，人民出版社 2009 年版，第 615—616 页。
②《马克思恩格斯文集》第 1 卷，人民出版社 2009 年版，第 616 页。

开始、从《导言》开始或从批判达里蒙的货币理论开始的连续尝试，一直到确立以商品范畴为逻辑起点的过程，都反映了马克思经济学发展的这一重要变化。这一重要变化最直接的成果就是出版于1859年的《政治经济学批判》第一分册，最重大的成果就是出版于1867年的《资本论》第一卷德文第一版。《巴师夏和凯里》手稿写于1857年7月，是《57—58年手稿》的开头部分。在《57—58年手稿》中，马克思承继他之前对经济思想史研究的基本观点，丰富和完善了自己的经济思想史观，特别是在对巴师夏和凯里的经济思想的比较中，对经济思想学派问题作了新的分析。

首先，马克思从经济思想史整体理解的基础上，对李嘉图和西斯蒙第之后经济思想学派的分野作了阐述。

马克思指出："现代政治经济学的历史是以李嘉图和西斯蒙第（两个相对立的人，一个讲英语，一个讲法语）结束的，同样，它在17世纪末是以配第和布阿吉尔贝尔开始的。"[①]在对经济思想史演进的整体性概括的基础上，马克思着重从理论上和方法上对李嘉图和西斯蒙第之后经济思想学派的分野作了阐述。

马克思区分了这一分野过程中形成的四种主要倾向。一是以约翰·穆勒的《政治经济学原理》为代表的"折衷主义的、混合主义的纲要"；二是以图克的《价格史》及英国一般的论述流通的著作为代表，有着"对个别领域的较为深入的分析"；三是以一些论述自由贸易和保护关税政策的著作为代表，"为了更加广泛的公众和为了实际解决当前的问题而重复过去经济学上的争论"；四是"有倾向性地把古典学派发挥到极端"的著述，"如查默斯发挥马尔萨

① 《马克思恩格斯全集》第30卷，人民出版社1995年版，第3页。

斯，居利希发挥西斯蒙第，在一定意义上，麦克库洛赫和西尼耳（就他们的早期著作来看）发挥李嘉图”。马克思对最后这种倾向的评价是："这完全是模仿者的著作，老调重弹，形式较完善，占有的材料较广泛，叙述醒目，通俗易懂，内容概括，注重细节的研究，缺乏鲜明而有力的阐述，一方面是陈旧东西的罗列，另一方面是个别细节的扩充。"[①]对这四种主要倾向的阐述，是马克思对在《哲学的贫困》中提出的三种学派的区分的深化。无论是在对四种理论倾向的分析上，还是在对三种学派的评论上，马克思都没有给这些学派或流派简单地贴上标签，而是力求从历史的、社会的和方法的多维视角上，厘清纷繁复杂的经济学理论和各学派或流派之间的关系。

其次，马克思在对经济学流派"一种例外"的论述中，提出了经济思想的庸俗化倾向的问题，揭示了庸俗经济学流派的基本特征。

在《巴师夏和凯里》手稿中，马克思没有把《哲学的贫困》中提到的"无产阶级的理论家"流派包括在四种主要倾向之中。但是，"无产阶级的理论家"却与李嘉图和西斯蒙第之后经济思想分野的"一个例外"学派的产生有着直接关系。李嘉图和西斯蒙第之后经济学发展的"一个例外"，就是以巴师夏和凯里为代表的学派的出现。马克思指出，这一学派信守的是，"资产阶级社会在现代经济学中历史地取得的理论表现，必须当作谬误来加以抨击，并且必须在古典经济学家朴素地描绘生产关系的对抗的地方，证明生产

① 《马克思恩格斯全集》第 30 卷，人民出版社 1995 年版，第 3—4 页。

关系是和谐的”[①]。这种“例外”是以“社会主义和共产主义”为“对立面”的，他们一方面看到李嘉图是“古典政治经济学的最完备的和最后的表现”，另一方面看到“社会主义和共产主义”是“在李嘉图的著作中找到自己的理论前提的”。因此，在理论倾向上，凯里的“主要对立面”是以李嘉图为代表的英国古典经济学家；巴师夏的“主要对立面”则是法国的社会主义者。[②]

马克思在《巴师夏和凯里》手稿中把“庸俗”经济学看作是“一种例外”，是有其特定含义的。当时的社会主义者和共产主义者是“在李嘉图的著作中找到自己的理论前提的”，“庸俗”经济学对李嘉图经济学的贬斥，是为了反对社会主义和共产主义的经济学理论，所要达到的目标就是在古典经济学家朴素地描绘资本主义生产关系对抗的地方，要证明是“和谐的”，因而在本质上已经沦为一种“堕落的最新经济学”[③]。显然，庸俗经济学作为“例外”，就在于同时对李嘉图古典经济学和社会主义者经济学的攻讦和诋毁。在马克思看来，古典经济学在李嘉图之后“结束”，并不是全面地转化为庸俗经济学。与作为“例外”的庸俗经济学同时存在的，还有其他一些经济学说或“学派”，如《巴师夏和凯里》手稿中提到的经济学的四种不同倾向，其中依然包含着“对个别领域的较为深入的研究”（如像流通这样的“有些新发现”的领域）、为普及经济学和为了解决当前的问题而对过去经济学问题争论的“重复”等。[④]这些倾向在理论和方法上瑕瑜互见，难免辞义芜鄙，反映了那一时

①《马克思恩格斯全集》第 30 卷，人民出版社 1995 年版，第 4 页。
②《马克思恩格斯全集》第 30 卷，人民出版社 1995 年版，第 4、11 页。
③《马克思恩格斯全集》第 30 卷，人民出版社 1995 年版，第 204 页。
④《马克思恩格斯全集》第 30 卷，人民出版社 1995 年版，第 3 页。

代经济学跌宕不定的理论态势。

最后，马克思从多维因素的角度分析了经济思想嬗变中经济流派的“意向”和社会关系、民族环境等“起源性”因素的关系问题。

在《巴师夏和凯里》手稿中，马克思第一次对经济思想流派的“意向”和“民族环境”关系的问题进行了探讨。马克思认为，巴师夏和凯里的理论虽然形成于完全不同的甚至是相反的“民族环境”中，但却驱使他们产生了“同样的意向”；而在“同样的意向”下，也形成了具体观点上的差异。这是马克思经济思想史观的重要内容。

马克思在分析了美国和法国的不同“民族环境”后，对凯里和巴师夏具体观点上的差异作了五个方面的区分：一是不同国家在具体的经济职能上的差异，使得凯里是“保护关税派”，而巴师夏是“自由贸易论者”；二是不同国家经济“和谐”程度上的差异，使得凯里在确认美国“资产阶级社会内部的和谐”的同时，“确认同样一些关系在其世界市场的形式上的不和谐”，而在巴师夏那里，“这一切都不存在。这些关系的和谐是一种彼岸性，这种彼岸性正好从法国疆界的尽头开始，存在于英国和美国”；三是不同国家在经济扩张能力上的差异，如面对“空前的规模和空前的活动自由发展着”的美国的经济关系，凯里“在经济科学方面，如关于信贷、地租等等方面，是富于可以说是真诚的研究的”，而巴师夏面对“法国这样一个如此古老国家的关系”，他“所从事的，只是对那种以对照而结束的研究做出令人满足的解释——一种虚假的满足”；四是在“非历史”和“反历史”这一共同性上也存在差异，凯里和巴师夏“都是非历史的和反历史的。但是，在凯里那里，非历史的因素是现在北美的历史原则，而在巴师夏那里，非历史的要素只不过是对 18 世纪的法国概括方式的留恋”；五是在方法上，凯里表现为“不拘形式，杂乱冗长”，而巴师夏则“矫揉造作，注重形式逻辑”。[①]马克思对经济思想的“意向”和“民族环境”这五个方面的关系的比较研究，不仅对区分以巴师夏为代表的法国庸俗经济学和以凯里为代表的美国庸俗经济学的理论取向和国别、民族特色有着重要的意义，而且对我们理解经济思想史上各种学派或流派及思潮的理论取向和国别、民族特色也有着重要的意义。

在《政治经济学批判》第一分册中，马克思对这一关系作了进一步阐述。马克思认为：“对配第和布阿吉尔贝尔两人的著作和性格的比较研究，——暂且不谈这一比较将异常清楚地说明 17 世纪末和 18 世纪初英法两国的社会对立——将会成为对英法两国政治经济学之间的民族对比的起源性叙述。这种对比最后在李嘉图和西斯蒙第之间又重新表现出来。”[②]英国和法国古典经济学在具有“同样的意向”的同时，也会由于“民族对比的起源性”不同而出现理论观点的差异和经济思想流派的分野。对不同经济学家的“著作和性格的比较研究”、所在国家的“社会对立”状况、民族差异“对比”等因素的“起源性”分析，是马克思经济思想史观的显著特征，也是马克思对经济思想流派评论和分析的重要的方法论规定。马克思的这些基本观点，对当代马克思经济思想史研究也有着重要的现实意义。在对当代经济学流派的研究中，对不同经济流派往往缺乏其所处的社会状况和民族差异、经济思想家的著作和性格等属

①《马克思恩格斯全集》第 30 卷，人民出版社 1995 年版，第 4—11 页。

②《马克思恩格斯全集》第 31 卷，人民出版社 1998 年版，第 445 页注释①。

于“起源性”问题的研究，因而对经济学流派“意向”的探索往往过于简单化、教条化和碎片化。

紧接着《巴师夏和凯里》手稿，马克思在《57—58 年手稿》的“货币章”和“资本章”以及 1859 年出版的《政治经济学批判》第一分册中，对经济思想流派问题作了新的探索。较《哲学的贫困》时期，马克思更为清晰地阐释了古典经济学的内涵，特别是对李嘉图在其中的特殊贡献作了中肯的评价。在《政治经济学批判》第一分册中的经典表述就是：“古典政治经济学在英国从威廉·配第开始，到李嘉图结束，在法国从布阿吉尔贝尔开始，到西斯蒙第结束。”[①]同时，马克思也没有忘记对他在《巴师夏和凯里》手稿中提到的李嘉图和西斯蒙第是“两个相对立的人”作出进一步的说明。在《政治经济学批判》第一分册的初稿中，马克思又谈到巴师夏和凯里。马克思认为，巴师夏“拼凑出”的“经济和谐”，“这类有气无力的、夸夸其谈的胡说竟被说成是一种进步，被用来同敢于无情地从纯粹形式上描述生产关系的斯图亚特、斯密和李嘉图的古典政治经济学相对抗。但是，巴师夏并不是这种和谐论的发明者，相反，他是从美国人凯里那里抄袭来的”。在这里，马克思对凯里的庸俗经济学的特征作了描述。在凯里那里，他曾证明经济“和谐”的存在，而且“和谐”还被归结为“简单交换过程的抽象规定”；但同时，凯里又认为，在美国以外的那些国家，和谐被国家歪曲了，而在美国则被这种关系所表现的最发达的形式——英国型的世界市场的现实歪曲了。[②]

① 《马克思恩格斯全集》第 31 卷，人民出版社 1998 年版，第 445 页。
② 《马克思恩格斯全集》第 31 卷，人民出版社 1998 年版，第 364 页。

与此同时，马克思对巴师夏和凯里的理论方法和学术取向再次作了比较研究。马克思认为，第一，“凯里对特殊的经济问题，是富于独立的，可以说是真诚的研究的。每当巴师夏偶尔离开矫揉造作的陈词滥调去考察实际范畴（例如地租）时，他就干脆抄袭凯里”。第二，“凯里主要是克服同他的和谐论相对立的那些矛盾，即英国古典经济学家本身所阐述的那种形式上的矛盾，而巴师夏则同社会主义者进行争辩”。第三，“凯里的较深刻的观点在政治经济学本身中遇到了对立面，他作为和谐论者不得不与之战斗，而好虚荣和好争辩的饶舌家[巴师夏]则只是在政治经济学之外看到了这种对立面”①。这三个方面，进一步凸显了马克思当时认为的“庸俗经济学”的特定含义。

三、《61—63 年手稿》对经济思想学派的探讨

在《61—63 年手稿》中，一半以上的篇幅涉及经济思想史的论述。在《61—63 年手稿》编号为第Ⅰ到第XXⅢ的 23 个笔记本的第Ⅵ到第XV共 10 个笔记本中，马克思对剩余价值思想历史阐述的核心观点就是：“所有经济学家都犯了一个错误：他们不是纯粹地就剩余价值本身，而是在利润和地租这些特殊形式上来考察剩余价值。”②马克思在第Ⅵ到第XV笔记本封页上编写的目录表明，他是按照剩余价值思想的历史发展来展示相应的经济学各流派的。

在“剩余价值理论”的总标题下，马克思展示了九个方面的探

①《马克思恩格斯全集》第 31 卷，人民出版社 1998 年版，第 365 页注释①。
②《马克思恩格斯全集》第 33 卷，人民出版社 2004 年版，第 7 页。

讨：一是关于重农学派之前的詹姆斯·斯图亚特。从经济思想“流派”来看，斯图亚特属于“货币主义和重商主义的合理的表达者”[①]。二是对重农学派“把关于剩余价值起源的研究从流通领域转到直接生产本身的领域，这样就为分析资本主义生产奠定了基础”[②]的做法进行了探讨。三是对斯密在剩余价值理论探索上得失的评价，强调斯密对政治经济学体系建立的贡献。四是对斯密之后、李嘉图之前的经济学家奈克尔、兰盖对剩余价值理论探讨意义的评价。五是洛贝尔图斯是在“租”这一无酬劳动产品现象上理解剩余价值一般的，“在他那里，问题一开始就只是要说明一定的现象（地租），而不是要揭示一般规律”[③]。六是李嘉图在剩余价值理论上的探讨，这是《61—63 年手稿》中论述得最为详尽的部分。七是马尔萨斯在剩余价值理论的研究上是以反对李嘉图的理论为出发点的，在马克思看来，马尔萨斯之所以“能够反对李嘉图”，“只是因为李嘉图有种种自相矛盾之处”[④]。八是对李嘉图学派解体的阐释，马克思此处涉及的经济学家主要包括托伦斯、詹姆斯·穆勒、普雷沃、麦克库洛赫、威克菲尔德、斯特林、约翰·穆勒等，以及几部论战著作。九是对“以李嘉图理论为依据反对经济学家的反对派”关于剩余价值的思想历史的探索。马克思认为，“在政治经济学上的李嘉图时期，同时也出现了反对派——共产主义（欧文）和社会主义（傅立叶、圣西门）（社会主义还只是处在它的发展的最初阶段）”。归为“反对派”的这些人，“实际上都是从李嘉

①《马克思恩格斯全集》第 33 卷，人民出版社 2004 年版，第 13 页。
②《马克思恩格斯全集》第 33 卷，人民出版社 2004 年版，第 16 页。
③《马克思恩格斯全集》第 34 卷，人民出版社 2008 年版，第 64 页。
④《马克思恩格斯全集》第 35 卷，人民出版社 2013 年版，第 8 页。

图的形式出发的”。[①]归为“政治经济学家的反对派”的主要有《国民困难的原因及其解决办法》小册子的匿名作者，以及布雷、莱文斯顿、霍吉斯金等。

在《61—63 年手稿》中，马克思计划对庸俗经济学作出专门的论述。在手稿第ⅩⅤ笔记本中，马克思在对收入及其源泉问题的分析中提到：“蒲鲁东同巴师夏关于利息的论战是很有特色的，它既能说明庸俗经济学家是用什么样的方式来维护政治经济学的各种范畴的，也能说明肤浅的社会主义（蒲鲁东的论战未必配得上这个称号）是用什么样的方式来攻击这些范畴的。我们在论庸俗经济学家一节中将回过头来谈这个问题。”[②]在第ⅩⅧ笔记本中谈到社会主义者霍吉斯金对资本利息理论的反驳时，还明确提出“要在论庸俗经济学家的一章中来谈”[③]。在这里，马克思还是沿用他在《巴师夏和凯里》手稿中的观点，把巴师夏庸俗经济学的理论取向，定位为对当时的社会主义者经济学理论的诘难和曲解。

在《61—63 年手稿》中，马克思虽然没有如原来计划的那样写出专门论述庸俗经济学思想历史的“章”或“节”，但在对经济思想历史的分析和评论中，马克思还是多次涉及庸俗经济学的特征和意向问题。

首先，马克思认为，庸俗经济学家的论述“不是朴素的和客观的，而是辩护论的”，他们做的是一些“必然在这种生产方式的承担者那里产生的庸俗观念的偏狭的和学理主义的表述”，他们“同诸如重农学派、亚·斯密、李嘉图这样的政治经济学家渴求理解内

①《马克思恩格斯全集》第 35 卷，人民出版社 2013 年版，第 209 页。
②《马克思恩格斯全集》第 35 卷，人民出版社 2013 年版，第 390 页。
③《马克思恩格斯全集》第 36 卷，人民出版社 2015 年版，第 200 页。

在联系的愿望，是极不相同的”[①]。因此，在对资本主义经济关系的认识和理解上，庸俗经济学同古典经济学是有着根本性区别的。

其次，在理论境遇上，庸俗经济学的“嚣张”，是建立在两个“齐头并进”的“现实发展”的基础之上的：一是古典经济学“由于它的分析而使它自己的前提瓦解、动摇的时候”；二是作为当时主流经济学“对立面”的社会主义者的经济学“也已经因此而多少以经济的、空想的、批判的和革命的形式存在的时候”。而这两个方面的发展，“是同资本主义生产中所包含的社会对立以及阶级斗争的现实发展齐头并进的”。[②]因此，庸俗经济学一方面极力毁灭古典经济学曾经有过的研究的成就，另一方面直接挫伤当时的社会主义者对资本主义批判的理论锋芒和革命锐气。

再次，庸俗经济学在整体上作为古典经济学的攻击者的同时，也把古典经济学中潜藏的“庸俗因素”分离出来，极力使其滋蔓，最后生长成为一种“独立的体系”。马克思认为：“只是在政治经济学达到一定的发展程度（即在亚·斯密以后）和形成稳固的形式时，政治经济学中的一个把单纯的现象复制当做现象的观念的因素，即它的庸俗因素，才作为经济学的特殊表现形式从中分离出来。”这是第一步，接着，“随着李嘉图的出现和由他奠定基础的经济学的进一步发展，庸俗经济学家也得到了新的营养（因为他自己什么也不生产），经济学越是接近它的完成，也就是说它越是走向深入和发展成为对立的体系，它自身的庸俗因素，由于用它按照自己的方法准备的材料把自己充实起来，就越是独立地和它相对立，

①《马克思恩格斯全集》第 35 卷，人民出版社 2013 年版，第 302 页。
②《马克思恩格斯全集》第 35 卷，人民出版社 2013 年版，第 360 页。

直到最后在学术上的混合主义和无原则的折中主义的编纂中找到了自己至上的表现”①。

马克思对萨伊和巴师夏作了比较。马克思先前就认为萨伊是“亚当·斯密学说的庸俗化者”②。萨伊在把斯密著作中的“庸俗观念分离出来”时，“还算是一个批评家，还算无所偏袒，因为他在斯密的著作里发现的对立相对说来还是未发展的”；而巴师夏就不一样了，“他不仅在李嘉图的经济学中发现了经济学本身内部已经形成的对立，而且发现了在社会主义和当时日常的斗争中正在形成的对立”③。

最后，庸俗经济学进一步从“学识贫乏”的巴师夏发展到“教授形式”的罗雪尔，这时政治经济学才最终“走完了它的道路”、走进“这门科学的坟墓”。马克思认为，巴师夏的一个特点就是，“学识贫乏，对于他为了统治阶级的利益而加以粉饰的那门科学的认识十分肤浅”，因此，巴师夏还不代表庸俗经济学的“最后的阶段”；作为最后的“教授形式”的罗雪尔，其特点就是：“辩护论的热忱被渊博的学问所缓和，这种渊博的学问宽厚地俯视着经济思想家的夸张的议论，而只是让这些议论作为稀罕的奇物在它的普通的稀粥里漂荡。”在罗雪尔所谓的“从历史的角度”进行工作中，“甚至斯密、李嘉图和其他人的真正的思想（不仅是他们本身的庸俗因素）在这里也好像是毫无内容，变成了庸俗的东西”。④

马克思对庸俗经济学的这些分析，也是他对庸俗经济学最为集

①《马克思恩格斯全集》第 35 卷，人民出版社 2013 年版，第 360—361 页。
②《马克思恩格斯全集》第 31 卷，人民出版社 1998 年版，第 563 页。
③《马克思恩格斯全集》第 35 卷，人民出版社 2013 年版，第 360—361 页。
④《马克思恩格斯全集》第 35 卷，人民出版社 2013 年版，第 361—362 页。

中的论述，是最为系统的论述。这也可能是马克思在 1863 年 1 月最初拟定的“《资本论》第三部分或第三篇的计划”中关于“(11)庸俗经济学”专门的思想史分析部分的基本内容。

四、《资本论》第一卷德文“第二版跋”对经济思想学派的分析

在《资本论》第一卷德文“第二版跋”中，马克思对政治经济学史的基本脉络和学派嬗变作了系统分析。

一是对英国古典经济学的产生作了分析。马克思认为，“英国古典政治经济学是属于阶级斗争不发展的时期的。它的最后的伟大的代表李嘉图，终于有意识地把阶级利益的对立、工资和利润的对立、利润和地租的对立当做他的研究的出发点，因为他天真地把这种对立看做社会的自然规律。这样，资产阶级的经济科学也就达到了它的不可逾越的界限”[①]。马克思肯定了以李嘉图为代表的资产阶级古典经济学及其流派在经济思想史上的杰出贡献。显然，这一贡献在理论意向上，就是“研究了资产阶级生产关系的内部联系”[②]。

作为对李嘉图经济思想的补充，西斯蒙第开始“批判资产阶级的经济科学”[③]。关于西斯蒙第在古典经济学发展阶段的地位，马克思在《政治经济学批判》第一分册中指出，“如果说在李嘉图那里，政治经济学无情地作出了自己的最后结论并以此结束，那么，西斯蒙第

①《马克思恩格斯文集》第 5 卷，人民出版社 2009 年版，第 16 页。
②《马克思恩格斯文集》第 5 卷，人民出版社 2009 年版，第 99 页。
③《马克思恩格斯文集》第 5 卷，人民出版社 2009 年版，第 16 页。

则表现了政治经济学对自身的怀疑，从而对这个结束作了补充”[①]。

在这里，马克思把社会阶级斗争发展状况看作是资产阶级政治经济学发展性质变化和状况改变的重要基础；而这一重要基础又是由经济思想“起源性”意义的历史规定性和社会规定性决定的。马克思认为，“只要政治经济学是资产阶级的政治经济学，就是说，只要它把资本主义制度不是看做历史上过渡的发展阶段，而是看做社会生产的绝对的最后的形式，那就只有在阶级斗争处于潜伏状态或只是在个别的现象上表现出来的时候，它还能够是科学”[②]。

二是对古典经济学向庸俗经济学转化的必然性作了分析。1820年到 1830 年，是英国“政治经济学方面的科学活动极为活跃”的时期。这一时期的“活跃”，既体现于“李嘉图的理论庸俗化和传播”，也体现于“他的理论同旧的学派进行斗争”。除了这两个主要的发展意向，马克思认为，“李嘉图的理论也例外地被用做攻击资产阶级经济的武器”[③]。马克思描述了 1823 年李嘉图去世后，特别是 1825 年资本主义世界性经济危机爆发后李嘉图学派分野的基本取向。这就是马克思认为的 1820 年到 1830 年政治经济学“极为活跃”的征象。

古典经济学的这一命运，是由“当时的情况”决定的。马克思认为，“当时的情况”主要在于：“一方面，大工业本身刚刚脱离幼年时期；大工业只是从 1825 年的危机才开始它的现代生活的周期循环，就证明了这一点。另一方面，资本和劳动之间的阶级斗争被推到后面：在政治方面是由于纠合在神圣同盟周围的政府和封建主

①《马克思恩格斯全集》第 31 卷，人民出版社 1998 年版，第 455 页。

②《马克思恩格斯文集》第 5 卷，人民出版社 2009 年版，第 16 页。

③《马克思恩格斯文集》第 5 卷，人民出版社 2009 年版，第 16 页。

同资产阶级所领导的人民大众之间发生了纠纷；在经济方面是由于工业资本和贵族土地所有权之间发生了纷争。”[①]但是，自 1830 年以后，“最终决定一切的危机发生了”。这时，“资产阶级在法国和英国夺得了政权。从那时起，阶级斗争在实践方面和理论方面采取了日益鲜明的和带有威胁性的形式。它敲响了科学的资产阶级经济学的丧钟”[②]。从根本上看，庸俗经济学无非是当时“资本主义生产方式的对抗性质”在政治经济学形态和理论意向上的反映。

三是对庸俗经济学的特征作了分析。在对庸俗经济学特征的概括中，马克思指出：“现在问题不再是这个或那个原理是否正确，而是它对资本有利还是有害，方便还是不方便，违背警章还是不违背警章。无私的研究让位于豢养的文丐的争斗，不偏不倚的科学探讨让位于辩护士的坏心恶意。”[③]以此为特征的庸俗经济学不断滋蔓，逐渐成为当时经济学发展的主导形式。资产阶级经济学的这一嬗变已经成为一种趋势，甚至成为一种“时尚”。马克思提到，“那些还要求有科学地位、不愿单纯充当统治阶级的诡辩家和献媚者的人，力图使资本的政治经济学同这时已不容忽视的无产阶级的要求调和起来。于是，以约翰·斯图亚特·穆勒为最著名代表的平淡无味的混合主义产生了”。正是在这一意义上，马克思强调，“这宣告了‘资产阶级’经济学的破产”。[④]

在主流经济学演化为庸俗经济学的过程中，马克思认为，“在这种情况下，资产阶级政治经济学的代表人物分成了两派。一派是

①《马克思恩格斯文集》第 5 卷，人民出版社 2009 年版，第 16—17 页。
②《马克思恩格斯文集》第 5 卷，人民出版社 2009 年版，第 17 页。
③《马克思恩格斯文集》第 5 卷，人民出版社 2009 年版，第 17 页。
④《马克思恩格斯文集》第 5 卷，人民出版社 2009 年版，第 17 页。

精明的、贪利的实践家，他们聚集在庸俗经济学辩护论的最浅薄的因而也是最成功的代表巴师夏的旗帜下；另一派是以经济学教授资望自负的人，他们追随约·斯·穆勒，企图调和不能调和的东西”[①]。在这两个流派中，马克思强调的是巴师夏的“庸俗经济学的辩护论”的显著特征，即如马克思在对“商品的拜物教性质及其秘密”的分析中，在对经济思想史上有关价值、交换价值论述的引证后所指出的，“我所说的古典政治经济学，是指从威·配第以来的一切这样的经济学，这种经济学与庸俗经济学相反，研究了资产阶级生产关系的内部联系。而庸俗经济学却只是在表面的联系内兜圈子，它为了对可以说是最粗浅的现象作出似是而非的解释，为了适应资产阶级的日常需要，一再反复咀嚼科学的经济学早就提供的材料。在其他方面，庸俗经济学则只限于把资产阶级生产当事人关于他们自己的最美好世界的陈腐而自负的看法加以系统化，赋以学究气味，并且宣布为永恒的真理”。[②]

对于追随约翰·穆勒的经济学流派，马克思没有将其与巴师夏这一流派完全等同起来。在对剩余价值转化为资本的论述中，马克思在引证约翰·穆勒的《政治经济学原理》中的有关论述后指出：“为了避免误解，我说明一下，像约·斯·穆勒这类人由于他们的陈旧的经济学教条和他们的现代倾向发生矛盾，固然应当受到谴责，但是，如果把他们和庸俗经济学的一帮辩护士混为一谈，也是很不公平的。”[③]这是马克思对约翰·穆勒这一学派中的混合主义经济学倾向的判断，强调约翰·穆勒与巴师夏这样一些庸俗经济学

①《马克思恩格斯文集》第 5 卷，人民出版社 2009 年版，第 18 页。
②《马克思恩格斯文集》第 5 卷，人民出版社 2009 年版，第 99 页注释（32）。
③《马克思恩格斯文集》第 5 卷，人民出版社 2009 年版，第 705 页注释（65）。

“辩护士”的差异，因而把约翰·穆勒简单地当作庸俗经济学家是“很不公平的”。

《资本论》第一卷德文“第二版跋”对古典经济学和庸俗经济学的区分，以及对庸俗经济学的界定，不能认为是马克思“诉诸动机”甚至是对李嘉图之后经济学的“偏见”产生的结果。实际上，马克思在区分古典经济学和庸俗经济学时，并没有将辩护性动机作为唯一的划分标准。马克思是从社会的和历史的分析视角将两者加以区别的。如 J.E.金（J.E.King）所认为的，“马克思对古典经济学的庸俗化过程做出了两种解释：其一，庸俗化始于资产阶级及其辩护士有意调和阶级斗争的动机。这一解释见诸马克思 1873 年的《资本论》第一卷‘第二版跋’；其二，庸俗经济学是对古典经济学自身理论缺陷和逻辑矛盾的一种反应。特别是因为李嘉图不能正确区分劳动和劳动力，从而无力形成一个逻辑一贯的剩余价值理论。马克思并不认为辩护性动机是庸俗经济学产生和传播的充分条件”[①]。金还认为，在马克思的分析和评论中，“庸俗政治经济学是与科学政治经济学同时产生的；但庸俗政治经济学的发展并非仅限于后李嘉图主义时期，它在某些时期比另外一些时期得到了更高的发展和更广泛的接受”[②]。显然，金的这些看法基本上符合马克思对古典经济学和庸俗经济学分野理解的本意，但是，金在对马克思区分古典经济学和庸俗经济学的历史的和社会的分析方法予以肯定时，却忽视了社会经济关系变化引起的经济思想变迁和经济学流

① J. E. King. Marx as an Historian of Economic Thought, *History of Political Economy*, 1979, 11(3), pp.382-394.

② J. E. King. Marx as an Historian of Economic Thought, *History of Political Economy*, 1979, 11(3), pp.382-394.

派嬗变的那些“起源性”因素和根据。

对马克思关于经济思想流派的评论和分析表明，马克思充分肯定了古典经济学作为当时最有影响的经济思想流派的地位，并对这一流派的“完成者”李嘉图等学者作出了高度评价。对古典经济学及其流派的评论和分析，使马克思成为那一时代对经济思想史理解最为深刻的经济学家。熊彼特在《经济分析史》中也坦陈：“马克思著作的大部分由于其所具有的逻辑性而是分析性的，因为它是对于社会事实的相互关系的说明。”因而“马克思是个天生的分析家，是个感到被驱使去做分析工作的人”。[①]同时，马克思对经济学流派或流派嬗变的多维的“起源性”因素影响的评论和分析，深刻揭示了经济思想学派或流派分野的国情背景、民族特色和理论意向的特征，深刻揭示了经济思想史上各经济学学派或流派继起中的传承、异变和并存中的纷争、冲突的根由。这些评论和分析成为把握经济思想史上经济学流派嬗变和演化的基本观点和方法。

马克思对古典经济学中的庸俗因素和继古典经济学之后的庸俗经济学的理解、对庸俗经济学的历史分析，有利于我们澄清在经济思想史研究中的一些模糊认识甚至一些讹误，如：如何认识李嘉图和西斯蒙第之后古典经济学的分野及多种理论倾向和流派的分化问题；如何认识在对庸俗经济学的界定中李嘉图因素和社会主义者因素的作用问题；如何理解李嘉图和西斯蒙第之后古典经济学继续存在主流经济学中“对个别领域的较为深入的研究”、“有些新发现的领域”和“材料更丰富”的事实、庸俗经济学的“例外”和尚存的其他经济学流派的关系等问题。

① 熊彼特：《经济分析史》第 2 卷，商务印书馆 1992 年版，第 11、14 页。

第七章　经济思想史研究的两种形式及其意义

从 1857 年《导言》对经济学方法“两条道路”的阐释，到《政治经济学批判》第一分册“双重结构”的呈现，再到《61—63 年手稿》中“历史的评论”的提出，马克思关于经济思想史的研究形成了“自行批判”和“历史路标”两种形式。《剩余价值理论》和“《批判史》论述”是马克思对经济思想史这两种形式探索的重要成果。

在经济思想史研究领域，马克思无疑是最重要的经济思想史学家。马克思关于经济思想史的主题、方法和形式等系列观点的总和，构成马克思经济思想史观。马克思关于经济思想史研究的两种形式及其探索，不仅在马克思经济思想史观中占有重要地位，而且对马克思经济学体系的理解，对基于马克思主义经济学的经济思想史学科的发展都有着重要的意义。

一、政治经济学方法的“两条道路”与经济思想史的两种形式

马克思在 1857 年 8 月下旬撰写《导言》这一未完成的手稿，1857 年 10 月到次年 5 月撰写以“货币章”和“资本章”为主要内容的《57—58 年手稿》。1858 年初，马克思决定以分册的形式出版

他的《政治经济学批判》著作，1859 年 6 月《政治经济学批判》第一分册正式出版。在马克思长达 40 年的经济科学的探索历程中，这三年是马克思经济思想发展最为关键的时期，也是马克思对经济思想史进行探索和马克思经济思想史观发展最为重要的时期。

在《导言》论述“政治经济学的方法”的一开始，马克思就提出，在对一个国家的经济关系进行考察时，人们可能会从该国的“人口”“人口……的分布”“输出和输入”“全年的生产和消费”“商品价格”等这样一些“实在和具体”的问题开始。这样做，表面上来看，“似乎是正确的”，但是，“更仔细地考察起来，这是错误的”。这一被马克思称作“第一条道路”的错误主要在于，从人口着手，只是关于“整体的一个混沌的表象”，在分析中会达到越来越简单的概念，即“从表象中的具体达到越来越稀薄的抽象”，结果只是实现了“完整的表象蒸发为抽象的规定”，这样的“道路”并不能理解和把握一国经济关系的总体。马克思认为，正确的方法在于，从最抽象、最简单的规定出发，直到“最后又回到人口，但是这回人口已不是关于整体的一个混沌的表象，而是一个具有许多规定和关系的丰富的总体了”，这就是思维中再现一国经济关系总体的“第二条道路”。[①]显然，《导言》所讲的“政治经济学的方法”，专指建立政治经济学理论体系的方法，而不是泛指一般意义上的政治经济学的方法。正是在这一意义上，马克思才毫不含糊地认为：“抽象的规定在思维行程中导致具体的再现”的“第二条道路”，是“科学上正确的方法”；而“完整的表象蒸发为抽象的规定”

①《马克思恩格斯全集》第 30 卷，人民出版社 1995 年版，第 41—42 页。

的“第一条道路”，则是“错误的”。[①]

值得注意的是，马克思在认为“第一条道路”作为建立政治经济学理论体系的方法是“错误”的同时，对其作为“经济学在它产生时期在历史上走过的道路”还是肯定的。“第一条道路”刻画了17 世纪以来经济思想史的发展过程：“17 世纪的经济学家总是从生动的整体，从人口、民族、国家、若干国家等等开始；但是他们最后总是从分析中找出一些有决定意义的抽象的一般的关系，如分工、货币、价值等等。这些个别要素一旦多少确定下来和抽象出来，从劳动、分工、需要、交换价值等等这些简单的东西上升到国家、国际交换和世界市场的各种经济学体系就开始出现了。”[②]

马克思在这里提到的“经济学在它产生时期在历史上走过的道路”，就是经济思想史本身的发展过程。这一意义上的经济思想史，呈现的是经济思想历史本身的演进过程，突出体现的是这一过程中经济范畴、基本理论、规律形成和发展的历史，以及这一过程中各经济学派、流派等的演化。因此，“第一条道路”可以看作是对经济思想史特定形式的一种概述，呈现的是经济思想史自身的演化过程。在《导言》中，马克思对这一意义的经济思想史没有作更多的说明，因为他这时关注的是建立政治经济学理论体系的方法，以及以这一方法为导引的经济学体系和结构的问题；相应地，在经济思想史形式上，关注的也是与此相联系的经济思想史的呈现形式问题。

从经济学的理论原理阐述上升到思想历史阐述的序列，就是马

①《马克思恩格斯全集》第 30 卷，人民出版社 1995 年版，第 42 页。
②《马克思恩格斯全集》第 30 卷，人民出版社 1995 年版，第 41—42 页。

克思基于政治经济学理论体系建立所关注的经济思想史的形式。在1859年出版的《政治经济学批判》第一分册中，与“第二条道路”方法相结合的经济思想史形式首次得到呈现。《政治经济学批判》第一分册是马克思计划写作的《政治经济学批判》著作的开头部分。第一分册包括论述《资本》册第一篇“资本一般”的第一章“商品”和第二章“货币或简单流通”。在这里，马克思以“双重结构”的方式，呈现了与“第二条道路”相联系的经济思想史形式。这一“双重结构”如下：

第一章　商品
A. 关于商品分析的历史
第二章　货币或简单流通
1. 价值尺度
B. 关于货币计量单位的学说
2. 流通手段
3. 货币
4. 贵金属
C. 关于流通手段和货币的学说

这一“双重结构”，一是以理论原理阐述为主题，如“第一章 商品”“第二章 货币或简单流通”，第二章又分作四节：“1. 价值尺度”、“2. 流通手段”、“3. 货币”和“4. 贵金属”；二是以思想历史阐述为主题，如“A. 关于商品分析的历史”、“B. 关于货币计量单位的学说”和“C. 关于流通手段和货币的学说”。马克思有时把后者简称为“历史附录”。例如，马克思在谈到金属货币相对价值同价格的思想史研究问题时就提到，“以后将作为货币同价格的关系这一章的历史附录来进行研究”[1]。

这一“双重结构”表明，马克思在《政治经济学批判》第一分册中坚持并实现了他先前提出的从理论原理阐述到思想历史阐述的序列。例如，在第一章关于商品的理论原理阐述之后，就是“A. 关于商品分析的历史”的思想历史阐述；第二章“1. 价值尺度”在关于货币的价值尺度的理论原理阐述之后，就是“B. 关于货币计量单位的学说”对价值尺度作为货币基本职能时货币计量单位的思想历史阐述；等等。这一“双重结构”以章和节为基本论述单元，体现了从理论原理阐述到思想历史阐述的序列和逻辑关系。

在写作《61—63 年手稿》的第 X 笔记本时，马克思对他在“历史的评论”即经济思想史方面的探讨作出了概括，区分了“历史的评论”即经济思想史的两种形式：一是以“政治经济学家们以怎样的形式自行批判”为主题的经济思想史形式，之前马克思对经济从理论原理阐述到思想历史阐述序列的理解就体现了这种经济思想史的基本逻辑，这是以马克思经济学理论为主题的经济思想史的逻辑；二是以“政治经济学规律最先以怎样的历史路标的形式被揭示出来并得到进一步发展”为主题的经济思想史形式，这是以经济思想自身发展为主线的经济思想史演进过程的逻辑，也就是经济思想史自身的逻辑。显然，“历史的评论”即经济思想史的两种形式，与《导言》中的“两条道路”方法论基础上的经济思想史的两种形式，在本质上是一致的。一是以“第二条道路”方法为基础的，接续理论原理阐述的经济思想史形式，即以“自行批判”为特征的经济思想史形式；二是以“第一条道路”方法为基础的，对经

①《马克思恩格斯全集》第 30 卷，人民出版社 1995 年版，第 130 页。

济思想史自身演进阐述的独立形式，即以“历史路标”为特征的经济思想史形式。

二、《剩余价值理论》与“自行批判”的经济思想史形式的呈现

马克思在《61—63 年手稿》的“剩余价值理论”部分提出并呈现的就是经济思想史的“自行批判”形式。

《61—63 年手稿》最初是作为《政治经济学批判》第二分册来写的，内容是接续第一分册第一章“商品”和第二章“货币或简单流通”之后的第三章“资本”。《61—63 年手稿》开始论述的是资本生产过程的“(1)货币转化为资本”和“(2)绝对剩余价值”。在写作“(3)相对剩余价值”手稿时，马克思提到，“在相对剩余价值之后，应该把绝对剩余价值和相对剩余价值结合起来考察”。① 这样，“(3)相对剩余价值”之后的(4)就调整为“绝对剩余价值和相对剩余价值的结合”。大约在 1862 年 1 月，马克思在第Ⅵ笔记本的写作时，中断了对“(3)相对剩余价值”的论述，也没有接着撰写“(4)绝对剩余价值和相对剩余价值的结合”，而是直接撰写“(5)剩余价值理论”。显然，新提出的“(5)剩余价值理论”，是对之前阐述的剩余价值理论原理所作的剩余价值经济思想史的考察，或如《61—63 年手稿》提出的对经济思想史“自行批判”的经济思想史形式的考察，这也是《政治经济学批判》第一分册“双重结构”形式的体现。

①《马克思恩格斯全集》第 32 卷，人民出版社 1998 年版，第 355 页。

在《61—63 年手稿》中，“(5) 剩余价值理论”部分被记载在从第Ⅵ笔记本到第XV笔记本共 10 个笔记本上，计 730 页。这 10 个笔记本的内容，后来被统称为“剩余价值理论”。恩格斯认为，“这一部分包括政治经济学核心问题即剩余价值理论的详细的批判史”[①]。对剩余价值理论的经济思想史的探索，成为马克思经济思想史观中最辉煌的部分。

在第Ⅵ笔记本的第 220 页上，马克思写下了对剩余价值思想历史阐述的主线和核心思想，这就是：“所有经济学家都犯了一个错误：他们不是纯粹地就剩余价值本身，而是在利润和地租这些特殊形式上来考察剩余价值。”[②]以剩余价值理论的“自行批判”为特征的经济思想史形式，是“(5) 剩余价值理论”的主题。从马克思在第Ⅵ笔记本到第XV笔记本这 10 个笔记本封页上编写的目录来看，马克思是以“自行批判”的形式，展开剩余价值理论的历史演进探索的。

对剩余价值理论的经济思想史的“自行批判”，按照马克思这 10 个笔记本中探索的思想逻辑，大体可分为以下九个方面。

一是对詹姆斯·斯图亚特区分“绝对利润”和“相对利润”意义的分析。马克思以斯图亚特的剩余价值理论为出发点，是因为在经济思想史上，斯图亚特实际上是“货币主义和重商主义的合理的表达者”[③]。首先对斯图亚特作出剩余价值理论史的批判，更多的包含了马克思对重农主义之前的重商主义体系的复制的批判。

二是对重农学派“关于剩余价值起源的研究从流通领域转到直

①《马克思恩格斯文集》第 6 卷，人民出版社 2009 年版，第 4 页。
②《马克思恩格斯全集》第 33 卷，人民出版社 2004 年版，第 7 页。
③《马克思恩格斯全集》第 33 卷，人民出版社 2004 年版，第 13 页。

接生产本身的领域，这样就为分析资本主义生产奠定了基础”[①]的分析。马克思认为，“在资产阶级视野以内对资本进行分析，从本质上来说是重农学派的功绩。这个功绩使他们成为现代经济学的真正鼻祖”[②]。

三是对斯密在剩余价值理论探索上得失的评价。马克思认为，“亚·斯密把剩余价值，即剩余劳动”，“理解为一般范畴，而本来意义上的利润和地租只是这一般范畴的分支。然而，他并没有把剩余价值本身作为一个专门范畴同它在利润和地租上所具有的特殊形式区别开来”[③]。这样，“在对剩余价值的分析上，因而在对资本的分析上，亚·斯密比重农学派前进了一大步”[④]。这一分析上“前进了一大步”，体现的正是经济学家以怎样的形式“自行批判”的过程，以及作为“历史附录”的经济思想史形式的意蕴。

四是对斯密之后、李嘉图之前的经济学家奈克尔、兰盖等对剩余价值理论探讨意义的评价。奈克尔、兰盖这两位被马克思同时代的经济思想史研究几乎遗忘的经济学家，在剩余价值理论史的“自行批判”中有着独特的地位。如奈克尔“在考察剩余价值时，他注意到相对剩余价值，即不是从延长整个工作日而是从缩短必要劳动时间得出的剩余价值”[⑤]。

五是洛贝尔图斯在“租”这一无酬劳动产品现象上对剩余价值一般的理解。马克思认为，“洛贝尔图斯先生模糊地猜到的，是剩

①《马克思恩格斯全集》第 33 卷，人民出版社 2004 年版，第 16 页。
②《马克思恩格斯全集》第 33 卷，人民出版社 2004 年版，第 15 页。
③《马克思恩格斯全集》第 33 卷，人民出版社 2004 年版，第 59 页。
④《马克思恩格斯全集》第 33 卷，人民出版社 2004 年版，第 62 页。
⑤《马克思恩格斯全集》第 33 卷，人民出版社 2004 年版，第 369 页。

余价值同它的特殊形式，特别是同利润的区别。但是他与正确的观点失之交臂，因为在他那里，问题一开始就只是要说明一定的现象（地租），而不是要揭示一般规律”[①]。

六是李嘉图在剩余价值理论上的探讨，这是《剩余价值理论》中论述得最为详尽的部分。马克思认为，“李嘉图在任何地方都没有离开剩余价值的特殊形式——利润（利息）和地租——来单独考察剩余价值”[②]。但李嘉图“只是从对可变资本即投在工资上的那部分资本的关系来考察利润”[③]。李嘉图陷于这一窠臼，也在于他无法解决劳动与资本交换的问题，他只在工作长度既定的前提下，研究剩余价值量和工资量的相对的量的比率关系，“相对剩余价值——这实际上是李嘉图在利润名义下阐述的剩余价值的惟一形式”[④]。

七是马尔萨斯在剩余价值理论的研究上，是以反对李嘉图的理论为出发点的。在马克思看来，马尔萨斯之所以“能够反对李嘉图”，“只是因为李嘉图有种种自相矛盾之处”[⑤]。马克思认为，“和李嘉图不同，马尔萨斯先生想一下子把‘利润’包括在价值规定之中，以便使利润直接从这个规定得出”[⑥]。马克思也没有忽视马尔萨斯著述中的“真正贡献”之处，如马尔萨斯“强调了资本和雇佣劳动之间的不平等交换”[⑦]。

八是对李嘉图学派解体的阐释，涉及的经济学家主要包括托伦

①《马克思恩格斯全集》第34卷，人民出版社2008年版，第64页。
②《马克思恩格斯全集》第34卷，人民出版社2008年版，第419页。
③《马克思恩格斯全集》第34卷，人民出版社2008年版，第420页。
④《马克思恩格斯全集》第34卷，人民出版社2008年版，第472页。
⑤《马克思恩格斯全集》第35卷，人民出版社2013年版，第8页。
⑥《马克思恩格斯全集》第35卷，人民出版社2013年版，第13页。
⑦《马克思恩格斯全集》第35卷，人民出版社2013年版，第11页。

斯、詹姆斯·穆勒、普雷沃、麦克库洛赫、威克菲尔德、斯特林、约翰·穆勒等，以及几部论战著作。“这个学派的解体是在这样两点上：（1）资本和劳动之间的交换，与价值规律相一致。（2）一般利润率的形成。把剩余价值和利润等同起来。不理解价值和费用价格之间的关系。”[①]

九是政治经济学的反对派对剩余价值的思想历史的探索。这里讲的“反对派”，就是“以李嘉图理论为依据反对经济学家的反对派”。马克思认为，“在政治经济学上的李嘉图时期，同时也出现了反对派——共产主义（欧文）和社会主义（傅立叶、圣西门）（社会主义还只是处在它的发展的最初阶段）”。[②]

《61—63 年手稿》中“（5）剩余价值理论”的内容，主要记载在第Ⅵ笔记本至第ⅩⅤ笔记本这 10 个笔记本中。在之后的几个笔记本中，如在《61—63 年手稿》第ⅩⅫ笔记本上，马克思从“历史的评论”的角度对威廉·配第在剩余价值理论史上的地位作了评价，认为在英国配第较之斯图亚特更早地对剩余价值问题作出了探索。在第ⅩⅧ笔记本中，马克思续写了政治经济学家的反对派中其他一些人的思想观点，如对拉姆赛、舍尔比利埃、理查·琼斯等人在剩余价值理论史的“自行批判”中的意义和地位作了分析。

1862 年底，马克思改变了原来的写作计划，不再以“政治经济学批判”为标题出版自己的经济学著作，而是决定“以《资本论》为标题单独出版，而《政治经济学批判》这个名称只作为副标题”[③]。马克思从“政治经济学批判”到“资本论”的写作计划的

①《马克思恩格斯全集》第 35 卷，人民出版社 2013 年版，第 208 页。
②《马克思恩格斯全集》第 35 卷，人民出版社 2013 年版，第 209 页。
③《马克思恩格斯全集》第 30 卷，人民出版社 1975 年版，第 636 页。

变化，没有改变“双重结构”的形式。1863 年 1 月，马克思在写作《61—63 年手稿》第 XVIII 笔记本时，提出了《资本论》计划写作的三篇结构，承续了《政治经济学批判》第一分册的“双重结构”。其中，第一篇“资本的生产过程”的“双重结构”如下。①

第一篇 资本的生产过程
（1）导言。商品。货币。
（2）货币转化为资本。
（3）绝对剩余价值。
（4）相对剩余价值。
（5）绝对剩余价值和相对剩余价值的结合。
（6）剩余价值再转化为资本。
（7）生产过程的结果。
（8）剩余价值理论。
（9）关于生产劳动和非生产劳动的理论。

在第一篇“资本的生产过程”的结构计划中，从（2）到（7）阐述剩余价值的基本理论，最后两部分即“（8）剩余价值理论”和“（9）关于生产劳动和非生产劳动的理论”，是关于剩余价值理论的思想历史的阐述。马克思对《资本论》最初结构的这一构思，也为之后《资本论》四卷（册）结构中前三卷理论原理阐述到第四卷思想历史阐述序列的形成奠定了基础。

1865 年 7 月，马克思在给恩格斯的信中提到《资本论》的结构时明确提出：“至于我的工作，我愿意把全部实情告诉你。再写三章就可以结束理论部分（前三册）。然后还得写第四册，即历史

①《马克思恩格斯全集》第 36 卷，人民出版社 2015 年版，第 313 页。

文献部分；对我来说这是最容易的一部分，因为所有的问题都在前三册中解决了，最后这一册大半是以历史的形式重述一遍。”[①]关于“历史文献部分”，马克思后来将其进一步明确为“17 世纪中叶以来的政治经济学史”[②]。《资本论》四卷（册）结构发生的变化在于，体现了从理论原理阐述到思想历史阐述的序列，由原来的《政治经济学批判》第一分册以章和节为基本论述单元，转变为《资本论》以卷（册）为基本论述单元。这样，《资本论》四卷（册）结构就表现为前三卷的理论原理阐述到第四卷的思想历史阐述的序列，延续了“自行批判”的经济思想史形式。

三、“《批判史》论述”与“历史路标”的经济思想史形式的呈现

以“历史路标”为主题的经济思想史形式，是相对独立的经济思想史。这种形式的经济思想史是依据经济学历史发展的脉络展开的，是随着经济思想史的发展而接续延伸的。马克思在为《反杜林论》撰写的“《批判史》论述”中，对“历史路标”的经济思想史形式作了探索。

恩格斯在 1876 年到 1878 年完成的《反杜林论》，是为回击杜林对马克思学说的攻击和清除杜林对德国社会民主党的影响而撰写的著作。《反杜林论》第二编“政治经济学”在批判杜林的经济学观点的同时，对马克思经济学说作了系统阐释。这一编的第十章

①《马克思恩格斯文集》第 10 卷，人民出版社 2009 年版，第 230 页。
②《马克思恩格斯文集》第 10 卷，人民出版社 2009 年版，第 254 页。

“《批判史》论述”是马克思撰写的。

为了写作“《批判史》论述”这一章，1877 年 1 月马克思开始阅读杜林的《国民经济学和社会主义批判史》一书，并写了对该书的评论的草稿，1877 年 2 月底至 3 月初写了《评杜林〈国民经济学批判史〉》的手稿。恩格斯对《评杜林〈国民经济学批判史〉》手稿作了修改和删节后，将其定名为“《批判史》论述”，编作《反杜林论》“政治经济学”编的第十章。1894 年，在《反杜林论》新版（第三版）中，恩格斯提到：“《批判史》论述”这一章，“所有重要的部分都是马克思写的。在原定作为报刊文章的初稿上，我不得不把马克思的手稿大加删节，而恰恰在删掉的部分里，他对经济学史的独立的阐述比起对杜林主张的批判要重要得多。这些阐述恰恰又是手稿当中甚至直到现在还具有重大意义和长远意义的部分。我认为，自己有责任把马克思说明配第、诺思、洛克、休谟等人在古典经济学产生过程中所应占的地位的那些部分，尽可能完全地并逐字逐句地发表出来；而他对魁奈的《经济表》所作的解释就更是如此了，这个表对整个现代经济学来说，仍然是不可解的斯芬克斯之谜。相反，凡是专门涉及杜林先生著作的地方，只要不影响上下文的联系，我都把它删掉了”[①]。按照这些想法，恩格斯根据马克思的《评杜林〈国民经济学批判史〉》手稿对第十章作了增补。在恩格斯看来，经过增补的“《批判史》论述”这一章，包含了《评杜林〈国民经济学批判史〉》手稿中“甚至直到现在还具有重大意义和长远意义的部分”；而手稿本身则是马克思“对经济学史的独立的阐述”。因此，对这一时期马克思阐释的“历史路标”形式的经

①《马克思恩格斯文集》第 9 卷，人民出版社 2009 年版，第 17—18 页。

济学说史的理解，所依据的文献应该包括“《批判史》论述”章和《评杜林〈国民经济学批判史〉》手稿。

在“《批判史》论述”中，马克思以对政治经济学作为“一门独立的科学”的认识为基础，对经济思想史的形成作了说明。马克思提到，他在 1867 年出版的《资本论》第一卷德文第一版中已经提到，“政治经济学作为一门独立的科学，是在工场手工业时期才产生的”[①]。与此相联系，在之前的 1859 年出版的《政治经济学批判》第一分册中，马克思就已经得出“古典政治经济学在英国从威廉·配第开始，到李嘉图结束，在法国从布阿吉尔贝尔开始，到西斯蒙第结束”的明确结论。[②]显然，马克思一开始就表明，这里将呈现的经济思想史形式是不同于先前《剩余价值理论》中呈现的经济思想史形式的。

与《剩余价值理论》的经济思想史形式不同，“对经济学史的独立的阐述”的经济思想史形式，以古代的经济思想为“出发点”。马克思认为：“因为历史地出现的政治经济学，事实上不外是对资本主义生产时期的经济的科学理解，所以，与此有关的原则和定理，能在例如古代希腊社会的著作家那里见到，只是由于一定的现象，如商品生产、贸易、货币、生息资本等等，是两个社会共有的。就希腊人有时涉猎这一领域来说，他们也和在其他一切领域一样，表现出同样的天才和创见。所以他们的见解就历史地成为现代科学的理论的出发点。”[③]古代社会所有的对经济学“原则”“定理”现象的“见解”，实际地成为“历史路标”的经济思想史形式

①《马克思恩格斯文集》第 5 卷，人民出版社 2009 年版，第 422 页。
②《马克思恩格斯全集》第 31 卷，人民出版社 1998 年版，第 445 页。
③《马克思恩格斯文集》第 9 卷，人民出版社 2009 年版，第 240 页。

的“出发点”，这与《剩余价值理论》呈现的“自行批判”的经济思想史形式的出发点不同。

作为这一形式经济思想史的“出发点”，其包含着古代一些重要著述者的“天才和创见”，如亚里士多德“发现货币流通的两种不同形式，一种是货币执行单纯流通手段的职能，另一种是货币执行货币资本的职能”的创见。在这里，亚里士多德“实际上正确地提出了这个对于货币学说有如此决定性意义的问题”。[①]而柏拉图“把分工描述为城市的（在希腊人看来，城市等于国家）自然基础”的见解，“在当时说来是天才的描述”[②]。

在对重商主义的经济思想史研究中，马克思提到，杜林沿袭了李斯特认为的安东尼奥·塞拉于 1613 年发表的《略论以金银充分供应无贵金属矿的王国的手段》是“意大利第一本专门的政治经济学著作”的讹误。马克思认为，这一讹误在于，“早在 1609 年，即在《略论》出现前四年，已经发表了托马斯·曼的《论英国与东印度的贸易》”，这一著作“在第一版就具有特殊的意义，即它攻击了当时在英国作为国家政策还受到保护的原始的货币主义，因而代表了重商主义体系对于自身的母体系的自觉的自我脱离”。因此，“如果说重商主义具有一部划时代的著作”，“那么这就是托马斯·曼的著作”。[③]马克思的这一探索，不仅澄清了经济思想史的一些史实，而且非常清晰地表达了经济思想史应该具备的基本的科学方法。

马克思对配第在经济思想史中的地位作了高度评价，认为他是“现代政治经济学的创始人”。从“对经济学史的独立的阐述”意义

① 《马克思恩格斯文集》第 9 卷，人民出版社 2009 年版，第 242 页。
② 《马克思恩格斯文集》第 9 卷，人民出版社 2009 年版，第 241 页。
③ 《马克思恩格斯文集》第 9 卷，人民出版社 2009 年版，第 243—244 页。

上来看，配第在《赋税论》(1662 年) 中，已经“对商品的价值量作了十分清楚的和正确的分析”，除此之外，“配第的十分圆满的、浑然一体的著作，是他的《货币略论》，这本书在他的《爱尔兰解剖》一书出版之后 10 年，即在 1682 年出版”。在《货币略论》中，配第“其他著作中所包含的重商主义见解的最后痕迹，在这里完全消失了”。[①]而在《政治算术》中对统计方法的创造和运用，使得该书成为配第创作的一部“真正经济学的著作”。[②]

马克思对配第到斯密即 17 世纪下半叶到 18 世纪上半叶这一时期经济思想史的“历史路标”作了概要论述。在对作为“配第的直接后继者”洛克和诺思在经济思想史上的地位评价中，马克思认为：“洛克的《略论降低利息和提高货币价值》和诺思的《贸易论》，是在同一年即 1691 年出版的”，但洛克和诺思“差不多只是照抄配第”[③]。马克思指出，“洛克和诺思的例子向我们提供了证明：配第在政治经济学的几乎一切领域中所作的最初的勇敢尝试，是如何一一为他的英国的后继者所接受并且作了进一步的研究的”。比较这一时期重要的经济学著述，可以看到“无论赞成或者反对配第，总是从配第出发的。因此，这个充满有创见的思想家的时期，对研究政治经济学的逐渐产生来说是最重要的时期”。[④]马克思这里对配第所作的经济思想史的探索，较之前在《剩余价值理论》中的论述更为广泛和深入。对配第在经济思想史中的地位的轻视或忽视，是马克思同时代的流行的经济思想史研究的一个显著局限。

---

①《马克思恩格斯文集》第 9 卷，人民出版社 2009 年版，第 244、246 页。
②《马克思恩格斯文集》第 9 卷，人民出版社 2009 年版，第 246 页。
③《马克思恩格斯文集》第 9 卷，人民出版社 2009 年版，第 248—249 页。
④《马克思恩格斯文集》第 9 卷，人民出版社 2009 年版，第 250 页。

马克思对重农学派和魁奈的《经济表》作了高度评价。他认为:“重农学派在魁奈的《经济表》中给我们留下了一个谜，为解开这个谜，经济学的以前的批评家和历史编纂学家绞尽脑汁而毫无结果。这个表本来应该清楚地表明重农学派对一国总财富的生产和流通的观念，可是它对后世的经济学家仍然是一团模糊。”[①]马克思解开了《经济表》之谜。他指出:“魁奈的《经济表》就是要通过图解来清楚地说明：一个国家（实际上就是法国）每年的总产品，怎样在这三个阶级之间流通，怎样为每年的再生产服务。”[②]因此，“经济表这种对于以流通为中介的年度再生产过程所作的简单的、在当时说来是天才的说明，非常准确地回答了这种纯产品在国民经济的循环中究竟成了什么这一问题”[③]。马克思对魁奈的《经济表》的分析，后来成为经济思想史科学研究的范例。

马克思还对杜林认为的“到杜尔哥，法国重农学派在实际上和理论上都告终了”的观点作了反驳，明确地认为，“米拉波按其经济学观点来说实质上是重农学派，他在 1789 年的制宪议会上是第一个经济学权威，这次制宪议会在其经济改革上把很大一部分的重农学派原理从理论变成了实际”[④]。

马克思还提到，对于经济思想史，杜林在“把 1691 年到 1752 年这一时期勾销”时，“也就把休谟的一切先驱者勾销了”；杜林继而“又大笔一挥，把休谟和亚当·斯密之间的詹姆斯·斯图亚特爵士勾销了”。对斯图亚特的《政治经济学原理研究》这部“经久地

①《马克思恩格斯文集》第 9 卷，人民出版社 2009 年版，第 258 页。
②《马克思恩格斯文集》第 9 卷，人民出版社 2009 年版，第 262 页。
③《马克思恩格斯文集》第 9 卷，人民出版社 2009 年版，第 268 页。
④《马克思恩格斯文集》第 9 卷，人民出版社 2009 年版，第 269 页。

丰富了政治经济学的领域”的著作，在杜林那里甚至“没有看到片语只字”的评价；而对斯图亚特本人，杜林“把自己的词典中最恶毒的谩骂的言辞都搬出来了”。[①]

对杜林关于亚当·斯密及其之后的经济思想的评价，马克思没有再作出批判，其中的原因马克思在《评杜林〈国民经济学批判史〉》中作了如下说明：“正像杜林先生不了解重农学派一样，他也同样不了解亚当·斯密——更不用说他的后继者。因此，如果再去听他妄谈马尔萨斯、李嘉图和西斯蒙第等人，纯粹是浪费时间。”[②]尽管如此，“《批判史》论述”以批判杜林的经济思想史研究的讹误和谬论为主要线索，还是在总体上呈现了马克思的以“历史路标”为主题的经济思想史形式的探索，体现了马克思对经济思想史这一形式的深刻理解。

四、马克思关于经济思想史的两种形式的内涵及其意义

根据以上分析，可以对马克思经济思想史的“自行批判”和“历史路标”两种形式作出以下概述。

第一，经济思想史的“自行批判”和“历史路标”这两种形式，是马克思关于政治经济学方法在经济思想史探索上的运用。以“自行批判”为特征的经济思想史形式，是遵循“第二条道路”的方法，与理论原理阐述的抽象上升到具体过程相联系的经济思想史

①《马克思恩格斯文集》第 9 卷，人民出版社 2009 年版，第 269 页。

②《马克思恩格斯全集》第 26 卷，人民出版社 2014 年版，第 428 页。

形式，呈现为政治经济学理论原理阐述的“历史附论”的形式；而以“历史路标”为特征的经济思想史形式，依据的是“第一条道路”所体现的经济思想自身在“历史上走过的道路”，是以经济学范畴、重要理论和规律以及经济学派的思想史研究为主题的。

第二，马克思在建立政治经济学理论体系中关注的是以“自行批判”为主题的经济思想史形式。在马克思经济思想史观中，经济思想史这一形式的特点主要在于：其一，在马克思经济学体系中，“自行批判”的经济思想史是对经济学理论逻辑所作的思想历史逻辑的阐述。其二，“自行批判”的经济思想史形式是按照理论原理阐述的逻辑，对与此相联系的“政治经济学家们以怎样的形式自行批判”为主题的，其逻辑是以经济学理论原理的逻辑为依据的。在1859 年出版的《政治经济学批判》第一分册中，马克思对“关于商品分析的历史”“关于货币计量单位的学说”“关于流通手段和货币的学说”的思想历史的逻辑，就是以“商品”“货币或简单流通”的理论原理的逻辑为依据的；在《资本论》体系中，《剩余价值理论》就是对《资本论》前三卷以剩余价值理论为核心的理论原理阐述的经济思想史的“自行批判”形式的呈现。其三，“自行批判”的经济思想史不是独立的经济思想史形式，而是以经济学体系为主线，并以此为基础和根据，以“历史附论”的形式呈现的。

第三，以“历史路标”为主题的经济思想史形式，是相对独立的经济思想史形式。“历史路标”的经济思想史形式：一是以经济思想史中的范畴、理论和规律及各经济学派的形成与发展为主题的；二是注重对经济思想史的连续性和间断性的研究，特别是以经济学形式和流派形成与发展及其比较的研究为主题的，同时注重对经济学演进具有“历史路标”意义的经济范畴、经济理论、经济规律和经济学派的研究；三是“历史路标”的经济思想史形式是独立形态的经济思想史，旨在呈现“经济学规律最先以怎样的历史上具有决定意义的形式被揭示出来并得到进一步发展”的。

对“历史路标”形式和“自行批判”形式的经济思想史的理解，对推进马克思主义经济思想史学的当代发展有着重要的意义。但是，长期以来，马克思经济思想史观的这些见解，并没有在马克思主义经济学领域得到全面实现，出现了某些误读和误解。最严重的就是把马克思关于“自行批判”形式的经济思想史误读和误解成唯一的经济思想史形式。这一误读和误解在理论上的消极后果突出地反映在两个方面：一方面，把马克思在《政治经济学批判》第一分册中或者在《资本论》中理论原理阐述到理论历史阐述序列的体系分离开来，即把这一体系中体现的“自行批判”的经济思想史与这一理论体系分离，将其直接当作经济思想史的全部内容和形式。一直以来，基于马克思主义经济学的经济思想史的探索，是以马克思在《剩余价值理论》中的内容和结构为“蓝本”的，把经济思想史直接当作是以价值、货币、资本、剩余价值、利润等范畴为主要线索的经济思想史形式。另一方面，在马克思主义经济学领域，与“自行批判”的经济思想史相对应的“历史路标”的经济思想史，一直没有能够建立起来，或者说没有能够完全地建立起来。流行的一些经济思想史不是因袭剩余价值理论体系，就是在剩余价值理论体系的基础上延续，把马克思经济学以前的经济思想史和马克思以后的经济思想史，都当作是以价值、资本、剩余价值为主要线索的经济思想史，或者是以马克思关于价值、资本、剩余价值的理论为圭臬的经济思想批判史。

经济思想史学是马克思主义经济学的重要组成部分，也是当代马克思主义经济学发展的重要方面。如果基于马克思主义经济学的经济思想史，还是因袭以《剩余价值理论》为唯一式样的经济思想史的路子，那么就无益于马克思主义经济思想史观的当代发展，更易于堵塞“历史路标”的经济思想史形式的发展。加强和完善“历史路标”形式的经济思想史的研究，无论是对基于马克思主义经济学的经济思想史观的发展，还是对经济思想史学科本身的发展都有着重要的意义。

五、恩格斯对《剩余价值理论》与《资本论》第四卷关系的理解

1894 年 1 月，恩格斯在德国社会民主党机关报《前进报》上发表了介绍即将出版的《资本论》第三卷的短文。恩格斯提到：“盼望已久的第三卷将完成整个著作的理论部分，到那时，就只剩下最后一卷即第四卷了，第四卷将对剩余价值理论作历史的批判性的概述。”[①]这一年的 11 月 14 日，《前进报》上发表了一篇关于《资本论》第三卷出版的报道，其中写道“第四卷即讲述理论历史的那一卷的出版工作将不得不放弃，因为‘除了一些简短的札记，找不到可以作为他的著作最后一卷的任何草稿’”。恩格斯对这一报道极为不满，11 月 22 日，他在《新时代》上发表了《关于马克思的〈资本论〉第四卷》的短文，提出：“‘前进报’在这方面是犯了某种程度的错误。至少，弗·恩格斯在‘资本论’第二卷序言中给我们提供了多少有点希望的消息。根据这个消息可以知道，有一部

①《马克思恩格斯全集》第 22 卷，人民出版社 1965 年版，第 511 页。

在 1861—1863 年写的手稿‘政治经济学批判’，计有四开本 1472 页；这部手稿的第 220—972 页就是‘剩余价值理论’部分，恩格斯关于这一部分写道：‘这一部分手稿，包含政治经济学核心即剩余价值理论的详细的批判性的历史……我为自己保留了下述权利：把这部手稿的批判部分当作“资本论”第四卷来发表，而且将在这一卷里略去第二卷和第三卷已经交代清楚的许多东西。’”①

关于编辑《资本论》第四卷的基本设想问题，恩格斯作了三个方面的说明：一是马克思的《61—63 年手稿》的“剩余价值理论”部分，是编辑《资本论》第四卷的基本文本；二是“剩余价值理论”是对“政治经济学的核心”问题的“详细的批判史”，当然还不是马克思提出的“17 世纪中叶以来的政治经济学史”的全部内容；三是“剩余价值理论”在编辑为《资本论》第四卷时，需要“略去”在《资本论》第二卷和第三卷中已经交代清楚的“许多东西”。这是恩格斯生前最后一次公开提到编辑《资本论》第四卷时设想的问题。显然，这与恩格斯之前对编辑《资本论》第四卷的设想是基本一致的。

在这之前，恩格斯在对《61—63 年手稿》的研究中，就提出了以该手稿中“剩余价值理论”部分为主体，编辑出版《资本论》第四卷的设想。但起初，恩格斯对“剩余价值理论”10 个笔记本中的“理论问题的批判史”部分应归入《资本论》哪一卷的问题并不清楚。1884 年 2 月 16 日，他在给考茨基的信中提到：“篇幅浩繁的《剩余价值理论》”，“我可能把它印在第二卷末尾，或者是作

①《马克思恩格斯全集》第 22 卷，人民出版社 1965 年版，第 588 页。

为第三卷”[①]。同日，在给劳拉·拉法格的信中则提到：“在手稿中，有《资本论》的第一种稿本（1861—1863 年），在那里头我发现了几百页《剩余价值理论》，其中一部分经过加工已收在《资本论》的稍后几种稿本里，但是，这里留下来的足够把第二卷扩大为第二卷和第三卷。”[②]这两封信中提到的“第二卷”，是指《资本论》的第二册“资本的流通过程”和第三册“总过程的各种形式”。提到的“第三卷”却是有歧义的，在给考茨基的信中，可以理解为《资本论》第四册“探讨理论史”的部分，马克思视其为《资本论》的第三卷[③]；在给劳拉的信中，是指“第二卷”的扩展，而不是马克思认为的“探讨理论史”的部分。这就是说，恩格斯这时还没有把“剩余价值理论”当作专门阐述理论史的部分。至于这一部分应该归入理论阐述的结束部分，还是应该归入单独的历史阐述部分，并没有作出明确说明。这是因为，恩格斯当时还不清楚“剩余价值理论”手稿同马克思提到的第四册“探讨理论史”部分的确切关系。只是后来，在对《61—63 年手稿》的进一步研究中，特别是对其中的“剩余价值理论”部分的深入研究中，恩格斯才清楚地认识到，“剩余价值理论”是马克思计划在《资本论》第四册中论述“理论史”部分的“草稿”，是马克思留下的可用于编辑《资本论》第四册的唯一手稿。

在确定以“剩余价值理论”部分为编辑《资本论》第四卷的稿本后，恩格斯对具体编辑提出过两个方面的设想。

第一，在编辑《资本论》第四卷时，应该删去“剩余价值理

① 《马克思恩格斯全集》第 36 卷，人民出版社 1975 年版，第 111 页。
② 《马克思恩格斯全集》第 36 卷，人民出版社 1975 年版，第 114 页。
③ 《马克思恩格斯文集》第 5 卷，人民出版社 2009 年版，第 13 页。

论”手稿中的、后来在《资本论》第二卷和第三卷中已经有的理论阐述的部分。恩格斯清楚地意识到，《资本论》第四卷是对《资本论》前三卷已经作了详尽阐述的政治经济学理论的“核心”问题，即剩余价值理论的“详细的批判史”。但是，“剩余价值理论”不仅是“草稿”，还是马克思在《资本论》第二卷和第三卷理论阐述之前就写就的。许多在这两卷的理论阐述中已经作了详尽说明的问题，特别是那些不属于“理论史批判”的内容，就应该删去。关于这一点，马克思也提到过，在最后的“理论史批判”中，有必要缩减这部分手稿的篇幅，因为对“历史部分”的这些论述，“仍然处于一切研究工作最初阶段所具有的那种初稿形式”[1]之中。

第二，在编辑《资本论》第四卷时，还应该删去在“剩余价值理论”手稿中存留的各种“题外的附论”[2]。在写作“剩余价值理论”手稿时，马克思多次提到，这部分手稿中的有些论述，并不属于剩余价值理论史的范围，而属于政治经济学中更为广泛的理论论题的内容。例如，在《61—63 年手稿》第Ⅷ笔记本论述资本主义生产相对过剩的实质问题时，马克思就提到：“生产过剩的起因恰好在于：人民群众所消费的东西，永远也不可能大于必需品的平均量，因此人民群众的消费不是随着劳动生产率的提高而相应地增长。不过，整个这一节都属于资本竞争的问题。”[3]在马克思政治经济学的著作结构中，“资本竞争”属于“许多资本”的问题，已超出了《资本论》对“资本一般”的研究范围。在“剩余价值理论”手稿中，马克思至少有 20 处类似的提法，对于这些超出《资本

①《马克思恩格斯文集》第 10 卷，人民出版社 2009 年版，第 422 页。
②《马克思恩格斯全集》第 37 卷，人民出版社 1971 年版，第 516 页。
③《马克思恩格斯全集》第 34 卷，人民出版社 2008 年版，第 532 页。

论》范围的“题外的附论”，是应该删去的。

编辑《资本论》第四卷的这两个方面的设想，是恩格斯对《资本论》体系结构和“剩余价值理论”深入研究的结果。这两个方面的设想，恩格斯晚年没有能够付诸《资本论》第四卷的实际编辑过程，但对于理解《61—63 年手稿》的“剩余价值理论”和《资本论》第四卷的关系还是有重要意义的。

由此可见，把“剩余价值理论”部分直接编辑为《资本论》第四卷，并不是恩格斯的想法，也不是马克思的本意。马克思和恩格斯肯定都意识到，无论是就“理论史批判”还是就“17 世纪中叶以来的政治经济学史”来说，“剩余价值理论”尽管是其“核心”部分，但决不是其全部内容。至少在《政治经济学批判》第一分册中作了阐释的商品和货币的“理论史批判”，在从理论阐述到历史阐述的序列结构中，就应该是在“资本”和“剩余价值”之前的“理论史批判”的内容。

即使从《资本论》资本和剩余价值的“逻辑的方式”来看，《资本论》第四卷也必然包括剩余价值“理论史批判”之外的更为广泛的内容。1863 年 1 月，马克思在最初提出的《资本论》第一卷（“篇”）中，除了提到“剩余价值理论”，关于“理论史批判”的内容还有“关于生产劳动和非生产劳动的理论”①；在《资本论》第三卷（“篇”）中，关于“理论史批判”的内容，更有“亚·斯密和李嘉图关于利润和生产价格的理论”“所谓李嘉图地租规律的历史”“利润率下降的规律。亚·斯密、李嘉图、凯里”“庸

① 《马克思恩格斯全集》第 36 卷，人民出版社 2015 年版，第 313 页。

俗经济学”等[①]。

在编辑《资本论》第二卷时，恩格斯已经碰到了资本流通过程中“理论史批判”的问题。在恩格斯编辑的《资本论》第二卷中，可以看到大量的与理论阐述交织在一起的历史阐述的内容，如第十章“关于固定资本和流动资本的理论。重农学派和亚当·斯密”、第十一章“关于固定资本和流动资本的理论。李嘉图”，以及第十九章“前人对这个问题的阐述”和第二十章“简单再生产”的“XⅢ. 德斯杜特·德·特拉西的再生产理论”等。在这些“理论史批判”的章节中，明显地留存了马克思政治经济学体系中从理论逻辑到历史逻辑的序列结构。

值得注意的是，为了体现这一序列结构的特征，恩格斯甚至根据马克思关于《资本论》第二卷的不同手稿重新作出编辑整理。例如，第十八章关于社会总资本的再生产和流通理论阐述的“导言”属于第Ⅱ手稿，但接续的历史阐述的第十九章“前人对这个问题的阐述”，主要采自第Ⅷ手稿（也有第Ⅱ手稿的部分内容）；再如第七章到第九章关于固定资本和流动资本的理论阐述部分，同接续的第十章和第十一章“关于固定资本和流动资本的理论。李嘉图”的历史阐述部分，是由第Ⅳ手稿和第Ⅱ手稿连接而成的。这些都体现了在《资本论》第二卷中，同样存在着大量的“剩余价值理论”之外的“理论史批判”的内容，它们应该共同构成《资本论》第四卷“理论史批判”或者说“17世纪中叶以来的政治经济学史”的内容。

正是由于这样一些实际情况，卡尔·考茨基在编辑“剩余价值理论”时，最后没有能够按照《资本论》第四卷来编辑，只是按照

① 《马克思恩格斯全集》第36卷，人民出版社2015年版，第312页。

同《资本论》前三卷“并行的著作”来对待。考茨基坦言：“我把这一部《剩余价值学说》，不当做《资本论》的第四卷来整理，却照它原来的姿态编辑时，我并不把这个当做是一种损失，却认它是一种利益。”[①]

恩格斯虽然最后没有编辑完成《资本论》第四卷，但他对《资本论》整体结构中从理论逻辑到历史逻辑序列的深刻理解，以及对《资本论》第四卷编辑的基本设想，对我们深化《资本论》研究特别是《资本论》在现时代的发展依然有着重要的启迪，也为当代马克思主义政治经济学完成“17 世纪中叶以来的政治经济学史”研究奠定了方法论上和理论上的重要基础。

① 考茨基：《剩余价值学说史》，郭大力译，上海三联书店 2009 年版，“编者序”第 3 页。

第八章　科学技术进步与社会生产力发展理论

1883 年 3 月 14 日，马克思与世长辞。恩格斯在怀念马克思一生的科学成就时深情地指出：“马克思在他所研究的每一个领域，甚至在数学领域，都有独到的发现，这样的领域是很多的，而且其中任何一个领域他都不是浅尝辄止”；马克思“作为科学家就是这样。但是这在他身上远不是主要的。在马克思看来，科学是一种在历史上起推动作用的、革命的力量。任何一门理论科学中的每一个新发现——它的实际应用也许还根本无法预见——都使马克思感到衷心喜悦，而当他看到那种对工业、对一般历史发展立即产生革命性影响的发现的时候，他的喜悦就非同寻常了”①。科学和技术及其与社会生产力的关系、与社会经济发展的联系，是马克思经济思想的重要组成部分，也是《政治经济学批判》手稿研究的基本问题。

一、科学技术问题研究的政治经济学意义

在写作《57—58 年手稿》和《61—63 年手稿》中，马克思高

① 《马克思恩格斯文集》第 3 卷，人民出版社 2009 年版，第 601—602 页。

度关注自然科学的新成就和科学技术发展的前沿问题。在《61—63年手稿》关于“机器。自然力和科学的应用”问题的阐释中，马克思在经济学视野内对科学技术进行深刻理解，就是最显著的证明，体现了马克思对科学技术在社会发展中的革命性作用的最充分的论述。

在关于“机器。自然力和科学的应用”问题的阐释中，马克思对科学和技术在直接生产过程中的作用问题作出了深刻论述。马克思认为，应用机器的大规模协作，才第一次使自然力——风、蒸汽、电，大规模地从属于直接的生产过程，使自然力成为社会劳动的因素。同时，自然力的广泛应用，也使科学成为直接生产过程的一种独立因素发挥作用。这样，生产过程成了科学的应用过程，科学则成为生产过程的要素。

在关于“机器。自然力和科学的应用”问题研究中，马克思还对科学和技术在工厂制度、劳动组织乃至社会经济基础和上层建筑变革中的作用问题作了深刻的论述。马克思通过对他那个时代的纺织、造纸、制针、机器制造等工业部门工艺过程的大量资料的研究，认为机器生产的特点就是自动化和联合化。这种自动化和联合化将从根本上改变传统的工厂制度及其相应的劳动制度，也就是改变现实的生产关系。这就是马克思所指出的：“一旦机器生产成为占统治地位的生产，它的生产资料——它所使用的机器和工具——本身就应当是用机器生产的。”①马克思还高度评价了火药、指南针、印刷术这三大发明对封建制度的瓦解所起的革命作用。他指出：“火药把骑士阶层炸得粉碎，指南针打开了世界市场并建立了殖民地，而印刷术则变成新教的工具，总的来说变成科学复兴的手

①《马克思恩格斯全集》第37卷，人民出版社2019年版，第100页。

段，变成对精神发展创造必要前提的最强大的杠杆。”[①]科学技术的发展对社会制度变革的巨大作用，表现在对没落的社会制度的摧毁上，也表现在对上升的社会制度的引领和推进作用上。科学技术的标志性成果甚至会成为一个社会制度的象征。

在《政治经济学批判》手稿中，马克思对科学技术所作的政治经济学意义上的研究表明，恩格斯对马克思的以下评价是如此的确切。恩格斯认为，马克思“把科学首先看成是历史的有力的杠杆，看成是最高意义上的革命力量。而且他正是把科学当做这种力量来加以利用，在他看来，他所掌握的渊博的知识，特别是有关历史的一切领域的知识，用处就在这里”[②]。

马克思对科学技术在社会发展中的重要意义的深刻理解，是以他对自然科学和技术科学的深刻理解为基础的。在《政治经济学批判》手稿之后，马克思在全力创作《资本论》的过程中，不仅把手稿中得出的理论成果运用于《资本论》的创作，而且对当时出现的最新的科学技术成就予以高度关注，作出了多方面的研究。1864年7月，因患病完全不能从事经济学研究的时候，马克思阅读了英国生理学家威·本·卡本特尔的《一般生理学和比较生理学原理》、医学家珀·马·洛德的《通俗生理学》、约·克·施普尔茨海姆的四卷本《整个神经系统，特别是大脑的解剖学和生理学》，以及泰·施旺的《用显微镜考察动植物的结构和生长的协调一致》、马·雅·施莱登的《关于植物起源的资料》等学术著作。1865年8月，马克思又“顺便‘钻了一下’天文学”，并对法国天文学家拉

① 《马克思恩格斯全集》第37卷，人民出版社2019年版，第50页。
② 《马克思恩格斯全集》第19卷，人民出版社1963年版，第372—373页。

普拉斯的“行星系形成学说”和美国天文学家柯克伍德的“行星自转的多样性的规律”作了比较研究。[①] 实际上，马克思在经济学研究的全部过程中，对物理学、化学、农学、地质学、实用工艺学、机械学、统计学、会计学、数学都作过不同程度的研究。

马克思对科学技术的研究，实际上是他对经济学研究的必要的知识准备，因为如果不了解机械学，就不可能对机器有直接的了解。对化学、农学和地质学知识的了解，直接为马克思研究农业及其地租等问题提供了科学上的根据。统计学和会计学则更是从事政治经济学研究的不可缺少的工具。同时，通过对自然科学的研究，马克思把数学分析方法引入经济学的研究，不仅使经济学达到完善，而且对当代人文科学发展都有极重要的启迪。

自然科学是融于马克思经济学研究之中的，因为自然科学虽然着重研究的是自然现象及其运动形式，反映的是社会物质的、自然的关系，但一旦与资本相联系，成为具有资本形态规定性的科学，或影响着资本的存在和发展并使资本产生新的特殊的规定性，就成为经济学的研究对象，尽管这还是从研究范围的角度来看待的。

二、科学技术、生产力与社会经济发展的关系

马克思对生产力发展和科技革命的认识与研究，在总体上循着两条思路展开：一是以唯物史观的发现和完善为主线的思路；二是以对资本主义经济关系的剖析为主线的思路。在前一思路中，马克思注重科学技术发展及其对生产力推进作用的研究；在后一思路中，

① 《马克思恩格斯全集》第 31 卷，人民出版社 1972 年版，第 149 页。

马克思注重生产力发展和科技革命的交互作用及其对资本主义生产方式运行的意义和作用的研究。

马克思通常是在对资本主义生产方式分析的基础上，探讨科学技术发展和进步的经济学意义，探讨科学技术在生产力的发展和生产关系的变革中的地位与作用。社会生产力的发展是推进资本主义经济关系发展的巨大杠杆，马克思认为："在现代制度下，生产力不仅在于它也许使人的劳动更有效或者使自然的力量和社会的力量更富于成效，而且它同样还在于使劳动更加便宜或者使劳动对工人来说生产效率更低了。"[①]但是，资本主义社会生产力在富有成效地利用自然力的同时，也形成了对人本身的生产力的更大规模的掠夺。生产力的进一步发展和对人本身生产力掠夺的加剧，必然导致在生产力的资本主义发展过程中孕育着变革资本主义社会的力量。生产力的进一步发展，必将砸碎束缚自身的"锁链""桎梏"，使生产力发展引致的自然力量和社会力量变成"人类发展的承担者"[②]。这是马克思从社会生产力发展的角度，理解资本主义社会经济关系的性质及其历史地位的主要方法和基本观点。

科学的发展在社会生产力发展中的直接后果是机器的产生和应用，马克思在《61—63 年手稿》中，高度关注生产力发展过程中科学因素的作用，提出"机器劳动这一革命因素是直接由于需要超过了用以前的生产手段来满足这种需要的可能性而引起的"[③]。在马克思看来，一旦传统的生产手段无法满足资本获取利润的需

①《马克思恩格斯全集》第 42 卷，人民出版社 1979 年版，第 263 页。
②《马克思恩格斯全集》第 42 卷，人民出版社 1979 年版，第 259 页。
③《马克思恩格斯全集》第 37 卷，人民出版社 2019 年版，第 99—100 页。

要，资本就迫切地追求一种新的效率更高的生产工具的出现，这就是资本主义社会生产力发展的基本动力。

科学介入生产的过程，使得科学成为社会生产力向其高度发展的革命性因素。在《57—58 年手稿》中，马克思指出："资本的趋势是赋予生产以科学的性质，而直接劳动则被贬低为只是生产过程的一个要素。同价值转化为资本时的情形一样，在资本的进一步发展中，我们看到：一方面，资本是以生产力的一定的现有的历史发展为前提的——在这些生产力中也包括科学——，另一方面，资本又推动和促进生产力向前发展。"[①]这就是说，科学因素介入社会生产力的发展过程，是资本本质作用的结果，是资本积累和资本扩张的必然趋势，也是资本更有效率地吸收活劳动的必然要求。因此，在《57—58 年手稿》中，马克思还指出："知识和技能的积累，社会智力的一般生产力的积累，就同劳动相对立而被吸收在资本当中，从而表现为资本的属性"[②]，科学与资本的结合，必将导致社会生产力的巨大发展。同时，在本质上，作为劳动的社会生产力，科学本身"既包括科学的力量，又包括生产过程中社会力量的结合，最后还包括从直接劳动转移到机器即死的生产力上的技巧"[③]。在人类经济发展史上，科学技术和生产力的发展从来就是与社会经济关系的发展紧密地联系在一起的，科学技术进步、生产力发展和经济关系演进之间存在着互动的关系。

①《马克思恩格斯全集》第 31 卷，人民出版社 1998 年版，第 94 页。
②《马克思恩格斯全集》第 31 卷，人民出版社 1998 年版，第 92—93 页。
③《马克思恩格斯全集》第 31 卷，人民出版社 1998 年版，第 111 页。

三、生产力和科学技术发展与资本主义生产方式的变化

生产力和科学技术的变化贯穿于资本主义生产方式运行的始终，马克思经济学对资本主义社会本质的研究，同对资本主义生产力和科学技术变化的研究是密切地联系在一起的。恩格斯指出："分工，水力特别是蒸汽力的利用，机器装置的应用，这就是从上世纪中叶起工业用来摇撼世界基础的三个伟大的杠杆。小工业创造了中间阶级，大工业创造了工人阶级，并把中间阶级的少数选民拥上宝座，但是，这只是为了有朝一日更有把握地推翻他们。"①分工的出现和发展与生产技术构成的变化交织在一起，这种交互变化是交换的前提；而交换范围的扩大，直接导致了资本的最初形式——货币的出现。蒸汽机的发明及其在工业上的运用，使得资本主义生产关系得以迅速发展。最后，机器的大规模运用，才真正使资本主义开始成熟，并在机器广泛应用的基础上，相对立的两大阶级——资产阶级和无产阶级才真正形成。所以，在资本主义生产关系的形成和发展过程中，生产力的发展，尤其是科学技术的应用起着关键性的作用。马克思曾指出，机器只有在资本主义生产关系下才成为剥削雇佣劳动的资本。马克思在《61—63 年手稿》中指出："对别人劳动（剩余劳动）的贪欲，并不是使用机器的人的独特本性，它是推动整个资本主义生产的动机。"②显然，机器的资本主义利用过程，就是围绕对利润的占有展开的。

---

①《马克思恩格斯文集》第 1 卷，人民出版社 2009 年版，第 406 页。

②《马克思恩格斯全集》第 32 卷，人民出版社 1998 年版，第 377 页。

马克思深刻分析了资本主义应用机器的前提和后果。在《61—63 年手稿》中，马克思指出，资本使用机器的直接目的是降低工资，实质上是为了缩短必要劳动时间，并在必要劳动时间缩短的基础上相对地延长剩余劳动时间。这也就是资本使用机器的根本动机。马克思对资本使用机器的动机的基本过程作了如下概述：其一，机器的应用，使暂时还受旧生产方式支配的工人的必要劳动时间延长，也使他们的总工作日延长。其二，一旦机器开始被资本主义应用，一旦这些机器作为资本的形式成为同工人对立的独立力量，那么绝对劳动时间即总工作日不是缩短，而是延长了。其三，一旦竞争把用机器生产的商品价格降低到它的价值水平，机器的应用之所以能够增加剩余价值即资本家的利润，只是由于商品变便宜而使工资价值或劳动力价值即再生产劳动力所必需的时间减少了。其中的另一种情况是机器的使用通过提高劳动强度的所谓“浓缩劳动时间”的办法增加绝对剩余价值。其四，机器体系代替简单协作。其五，为了抵制罢工和提高工资的要求而发明和应用机器。其六，工人果敢地要求享有因采用机器而使自己的劳动生产率提高的一部分果实。其七，劳动的更大的连续性。废料的利用等。如果借助机器能提供更多的原料，那么在最后阶段就可以制造出更多的产品。其八，代替劳动。①

可见，资本主义生产方式本身需要使用机器，而机器也只有实现资本主义的使用才成为与无产阶级相对立的力量。没有机器的发展和使用，就没有资本主义的大工业，也就不会引起工场手工业的革命，更不会形成一个政治上独立的无产阶级。所以，在资本主义

①《马克思恩格斯全集》第 32 卷，人民出版社 1998 年版，第 374—394 页。

的发展中，生产力发展的一个重要方面——生产工具的进步及其科学技术的进步，对资本主义生产方式的发展是至关重要的。而对生产力发展的影响因素——生产工具的改进与应用，本身就是科学技术的进步和应用。

在人类历史的发展过程中，只有到了资本主义社会，才可能对科学技术如此大规模地加以利用。在《61—63 年手稿》中，马克思从三个方面作出阐释：一是“只有资本主义生产方式才第一次使自然科学为直接的生产过程服务，同时，生产的发展反过来又为从理论上征服自然提供了手段。科学获得的使命是：成为生产财富的手段，成为致富的手段”；二是“随着资本主义生产的扩展，科学因素第一次被有意识地和逐级提升地加以发展、应用并确立起来，其规模是以往的时代根本想象不到的”；三是“只有资本主义生产才把物质生产过程变成科学在生产中的应用——被运用于实践的科学——，但是，这只是通过使劳动从属于资本，只是通过压制工人本身的智力和专业的发展来实现的”[①]。可以看到，这三个方面的阐释，对资本主义在把科学技术运用于生产实践中所起的巨大作用作出了高度评价，其中的主要观点在于以下几个方面。

首先，资本主义生产的动机和唯一目的就是赚钱，在实质上就是：“对别人劳动（剩余劳动）的贪欲，并不是使用机器的人的独特本性，它是推动整个资本主义生产的动机。”[②]对剩余价值的追求，使得资本产生了通过发展更有效率的生产工具以压低工人的工资，直接缩减雇佣工人的人数，以达到最大的竞争力和获取最大的

①《马克思恩格斯全集》第 37 卷，人民出版社 2019 年版，第 202、205、209 页。
②《马克思恩格斯全集》第 32 卷，人民出版社 1998 年版，第 377 页。

剩余价值。所以，在资本主义现实经济中，机器的运用只要能够带来生产效率的提高、能够减少必要劳动和增加剩余劳动，资本必然给予强烈的关注。

其次，与此相联系的是，资本愿意把科学作为重要的投资场所，因为科学在生产中的运用所带来的收益，是呈几何级数增长的。不仅如此，随着资本主义生产对科学利用程度的不断增长，对科学的需求必然超过自然状态下科学的发展，马克思在《61—63年手稿》中指出："由于自然科学被资本用做致富手段，从而科学本身也成为那些发展科学的人的致富手段，所以，搞科学的人为了探索科学的实际应用而互相竞争。另一方面，发明成了一种特殊的职业。"[①]于是，科学从原先与技术相混合的状态中独立出来，科学研究和发明成为社会的一种新的专门化分工。这一新的专门化分工，在资本的作用下，并受资本本质的制约，其结果既可能推进社会生产力的发展，也可能阻碍社会生产力的发展。

最后，科学在生产中的应用，使社会物质生产力的能力和水平不断得到提升，与此同时，物质生产力也越来越成为促进精神生产力快速发展的载体或前提。马克思在《57—58 年手稿》中提出，机器等固定资本不过是"对象化的知识力量"，它们的发展最显著地表明："一般社会知识，已经在多么大的程度上变成了直接的生产力，从而社会生活过程的条件本身在多么大的程度上受到一般智力的控制并按照这种智力得到改造。它表明，社会生产力已经在多么大的程度上，不仅以知识的形式，而且作为社会实践的直接器

①《马克思恩格斯全集》第 37 卷，人民出版社 2019 年版，第 205 页。

官，作为实际生活过程的直接器官被生产出来。”[①]在马克思看来，社会生产力包括“物质生产力”和“精神生产力”两种形态，随着资本主义生产的发展，精神生产力的生产比物质生产力的生产更为重要。

四、科技革命与资本主义生产方式的历史趋势

马克思早就对人类运用工具的历史作过深入考察，并在人类社会对工具使用的变化中，揭示了生产力与生产关系变化的规定性。分工是商品交换的起点，同时，分工也是生产力发展的结果，并且由于分工的变化带来了生产关系的变化，从而使分工的内涵由一般分工扩大到社会分工。分工的扩大和人类需求的增长，成为机器发明的基础动因。在资本主义关系的产生和发展过程中，机器的发明和运用就成为雇主和工人之间斗争的焦点之一。所以，马克思曾认为机器的运用是现代经济制度的重要关系之一。科学技术的运用不仅带来社会生产力的发展，而且对社会生产关系产生重要影响。

科技革命对资本主义经济关系产生着显著的影响，它促使资本主义生产关系作出相应调整，以适应科技革命带来的社会经济形式的变化。从某种意义上说，科技革命使得资本主义生产关系的自我调节能力增强了，从而在很大程度上缓解了资本主义社会的基本矛盾，促进了社会生产力的发展。

在《57—58 年手稿》中，马克思认为，在资本主义社会，“一方面，资本唤起科学和自然界的一切力量，同样也唤起社会结合和

①《马克思恩格斯全集》第 31 卷，人民出版社 1998 年版，第 102 页。

社会交往的一切力量，以便使财富的创造不取决于（相对地）耗费在这种创造上的劳动时间。另一方面，资本想用劳动时间去衡量这样造出来的巨大的社会力量，并把这些力量限制在为了把已经创造的价值作为价值来保存所需要的限度之内。生产力和社会关系——这二者是社会个人的发展的不同方面——对于资本来说仅仅表现为手段，仅仅是资本用来从它的有限的基础出发进行生产的手段。但是，实际上它们是炸毁这个基础的物质条件"[①]。科技革命使资本主义社会的基本矛盾愈加尖锐，使社会革命的呼声日渐提高。科学技术的发展及其在生产中的应用，使资本对剩余价值的掠夺强度加大。马克思在《57—58 年手稿》中指出："资本还添加了这样一点：它采用技艺和科学的一切手段，来增加群众的剩余劳动时间，因为它的财富直接在于占有剩余劳动时间；因为它的直接目的是价值，而不是使用价值。"[②]科学技术的进步和广泛采用，排斥了越来越多的工人，使得他们的生活恶化，同时物质基础的雄厚正好为社会革命提供了有利的物质条件。技术革命使得工业几乎可以摆脱地方条件的界限，从而成为城乡差别消失的"最强有力的杠杆"。恩格斯认为："非常明显的是，生产力将因此得到极大的发展，以致于资产阶级对生产力的管理愈来愈不能胜任。"[③]从本质上和根本趋势上来看，资本主义生产关系束缚着生产力的发展，马克思在《61—63 年手稿》中提出："一旦生产力发生了革命——这一革命表现在工艺技术方面——，生产关系也就会发生革命。"[④]但同时，

①《马克思恩格斯全集》第 31 卷，人民出版社 1998 年版，第 101 页。
②《马克思恩格斯全集》第 31 卷，人民出版社 1998 年版，第 103 页。
③《马克思恩格斯全集》第 35 卷，人民出版社 1971 年版，第 446 页。
④《马克思恩格斯全集》第 37 卷，人民出版社 2019 年版，第 100 页。

科学技术的进步，也使资本主义经济关系发生了新的变化，使资本主义社会生产关系和生产力之间的矛盾在一定范围内和一定程度上得到了缓解。

首先，科技革命带来了生产力的巨大发展，社会财富以更大的规模被创造出来，工人的收入相对得到提高。马克思指出："由于资本积累而提高的劳动价格，实际上不过表明，雇佣工人为自己铸造的金锁链已经够长够重，容许把它略微放松一点。"[①]这种"略微放松"，使工人的收入得到提高，生活水平得到改善；同时，由于新的管理方式的出现，雇佣工人和资本家之间的对立得到了某些缓和，甚至出现了资本家和雇佣工人之间的某些形式的"合作关系"。

其次，科技革命带来了生产和交通工具方面的巨大变革，在信息传递手段上也取得了日新月异的发展。人类可以制造运载量更大、航程更远的轮船，可以制造大型的运输机，可以通过卫星实现全球任何一个角落的通话，可以通过互联网络实现全球的信息交流，等等。这时，巨大的生产规模产生的大量产品，可以更加便捷地输往海外市场，从而使危机的可能性降低，经济的"繁荣"局面可能持续更长一段时期。经济危机压力的减轻和从海外市场获取的巨额利润，又可以适当地提高工人的收入水平，于是就形成了一个尽管工人创造的剩余价值仍被资本无偿占有，但工人的名义收入却可能增加的局面。雇佣工人对资本的反抗情绪也在一定程度上得到了缓解。

再次，科技革命使资本主义国家对宏观经济的管理、调节和控制的能力加强，从而使资本主义社会基本矛盾的对抗性暂时缓解。

①《马克思恩格斯文集》第 5 卷，人民出版社 2009 年版，第 714 页。

在 1929—1933 年席卷世界的“大萧条”后，国家干预的新的经济调节模式取代了自由放任的经济传统，资本主义国家开始把“看得见的手”和“看不见的手”结合起来，运用政府力量对宏观经济运行进行调节：一方面针对经济自发运动带来的失业等现象加强了社会保障体系的建设，另一方面通过一系列的反垄断、反不正当竞争等的立法来规范经济行为，经济的发展有了某种程度的“平衡”和“繁荣”，形成了缓解社会基本矛盾的新条件。

最后，科技革命使劳动对资本的实际隶属关系进一步加深，从而使每一个劳动个体越来越丧失独立性。科技革命带来的生产力的发展除了技术上的进步，就是加深了分工的广度、深度和细致程度。这样，每一个劳动者，无论是体力劳动者还是脑力劳动者都被细化到了更加微观的地步，任何一个劳动者几乎不能独立地进行生产和研究。同时，由于在科学技术方面掌握的不平衡的存在，这种生产和研究跨越国界成为一种普遍现象。于是，科学越发展，技术越进步，劳动者就越从属于资本，劳动对资本的实际隶属关系就越加重、加深。

科技革命推动着社会生产力的极大发展，同时生产力的发展必然带来生产关系的变革。资本主义社会作为第一个把科学大规模应用于生产实践的社会，它自身也必然随着科技革命的进一步发展而发生急剧变动。这种变动突出表现在科技革命带来的社会生产、社会生活等方面的变化，乃至对社会制度变化的能动作用。

第一次科技革命带来了资本主义生产关系的巩固和迅速发展。在这种巩固和发展的同时，资本主义社会固有的各种矛盾开始积聚，并逐渐尖锐起来。以后的新的科技革命在一定程度上缓解了资本主义社会的基本矛盾，但并没有消除这些矛盾，相反使这些矛盾以新的形式表现出来。

在《资本论》第一卷论及资本主义发展的历史趋势时，马克思对科学技术发展与资本主义历史命运变化的关系作了深刻的论述。马克思指出："这种剥夺是通过资本主义生产本身的内在规律的作用，即通过资本的集中进行的。一个资本家打倒许多资本家。随着这种集中或少数资本家对多数资本家的剥夺，规模不断扩大的劳动过程的协作形式日益发展，科学日益被自觉地应用于技术方面，土地日益被有计划地利用，劳动资料日益转化为只能共同使用的劳动资料，一切生产资料因作为结合的、社会的劳动的生产资料使用而日益节省，各国人民日益被卷入世界市场网，从而资本主义制度日益具有国际的性质。随着那些掠夺和垄断这一转化过程的全部利益的资本巨头不断减少，贫困、压迫、奴役、退化和剥削的程度不断加深，而日益壮大的、由资本主义生产过程本身的机制所训练、联合和组织起来的工人阶级的反抗也不断增长。资本的垄断成了与这种垄断一起并在这种垄断之下繁盛起来的生产方式的桎梏。生产资料的集中和劳动的社会化，达到了同它们的资本主义外壳不能相容的地步。这个外壳就要炸毁了。资本主义私有制的丧钟就要响了。剥夺者就要被剥夺了。"①马克思的这一论述，阐明了在资本主义生产方式下，资本主义生产本身的内在规律与科技进步和社会发展之间的内在冲突，这种冲突是不可避免的。科技进步并不是资本主义的"福音"，相反是宣告资本主义制度将走向其反面的"宣判书"。

1825 年，资本主义世界第一次经济危机的爆发，昭示了资本主义社会基本矛盾的尖锐性，这时第一次科技革命方兴未艾。20

①《马克思恩格斯文集》第 5 卷，人民出版社 2009 年版，第 873—874 页。

世纪 20 年代末，在第二次科技革命后不久，爆发了资本主义历史上最严重的一次经济危机，即 1929—1933 年的“大萧条”。这次“大萧条”席卷了整个资本主义世界，生产力遭到了严重破坏，经济发生了严重倒退。第二次世界大战的爆发及“战时经济”的刺激作用，在一定程度上掩盖了经济危机的更为严重的后果。由于在战争期间受压抑的“消费需求”的支持，以及国家干预经济和世界多边经济协定的签订，战后经济获得了增长和发展。

从现实的情况看，随着科技革命的深入，经济全球化趋势得以形成和发展。在经济全球化背景下，资本主义生产和国际分工发生了重大变化，对海外市场的争夺也更加激烈。科技革命领域的不平衡发展，使各资本主义国家之间的力量对比发生了显著变化。在掌握科技进步成果方面领先的国家及垄断组织，有可能利用这些成果提高自己商品的竞争能力，并把危机的重压转嫁到国外竞争对手的身上，从而使得世界经济危机具有特殊性。

五、未来社会生产力、科学技术发展及其特征

马克思对社会生产力的未来发展，以及科学技术的发展作出了科学的预测和分析。实践证明，马克思所作的预测和分析是符合社会生产力和科学技术的发展方向的，对于我们今天大力发展社会主义生产力和现代科学技术也有着重要的指导意义。

在对未来社会的生产力和科学技术发展的研究中，马克思关注的重要问题是人与自然的物质变换过程的转变，以及由此而产生的人对自然力的大规模的有效利用问题。

科学技术与生产的结合，使人与自然的物质变换过程中的科学的因素独立了出来，“发明成了一种特殊的职业”，从而实现了对自然力的大规模利用。在《61—63 年手稿》中，马克思指出：“大生产——应用机器的大规模协作——第一次使自然力，即风、水、蒸汽、电大规模地从属于直接的生产过程，使自然力变成社会劳动的因素。”[①]对自然力的大规模利用，使劳动具有了更高的生产能力，手和脑实现了分离。科学作为生产的独立因素，使生产过程实际上成了科学的应用，科学成了生产过程的职能，“这样一来，科学作为应用于生产的科学同时就和直接劳动相分离”。科学分离出来成为与劳动相对立的、服务于资本的独立力量，一般说来属于生产条件与劳动相分离的范畴，“正是科学的这种分离和独立（最初只是对资本有利），同时成为发展科学和知识的潜力的条件”。[②]科学及其科学研究的独立有利于科学水平的快速提高，在未来的生产中，科学和从事科学研究的人将越来越受到重视。现在，我们提出“科学技术是第一生产力”，强调科技工作者的地位，以及在世界范围内展开的在高科技领域和高技术人才领域的竞争等，证明了马克思预见的科学性。

未来社会为科学技术的发展提供了生产方式发展的新空间，实现了人在生产过程中的新解放，马克思作出了“与机器相适应的生产方式在自动工厂中获得最纯粹最典型的表现”的科学预测。在马克思看来，“自动工厂是适应机器体系的完善的生产方式，而且它越是成为完备的机械体系，要靠人的劳动来完成的单个过程（如在

①《马克思恩格斯全集》第 37 卷，人民出版社 2019 年版，第 201—202 页。
②《马克思恩格斯全集》第 37 卷，人民出版社 2019 年版，第 203、231 页。

不使用自动纺纱机的机械纺纱厂中）越少，它也就越完善”[①]。

马克思在19世纪50年代末60年代初第一次工业革命浪潮过后不久进行的这种探讨，已经明确地指出了现代机器体系发展的基本趋向。在现时代，生产的自动化成为现代生产的最为显著的特征；在自动化的发展过程中，机器体系在进一步完善；同时，自动化生产的控制、协调、管理体系也愈加完善。第三次科技革命实现的信息传输体系，使自动化体系更加完备起来，马克思在《57—58年手稿》中就预言，到那时“工人不再是生产过程的主要作用者，而是站在生产过程的旁边”[②]。机器体系的现代发展是机器人的出现和使用，所以，随着科学技术的进一步发展，“自动工厂”就可能变成“无人工厂”，从而使人从机器的束缚下解放出来。

马克思通过对社会生产力提高的各种因素的分析，探索了未来社会生产力发展的条件及其变化问题，提出了拓展社会生产力发展的新空间的构想。1865年5月到6月，马克思在《工资、价格和利润》一文中写道：“除了各个人的先天的能力和后天获得的生产技能的区别，劳动生产力主要应当取决于：首先，劳动的自然条件，如土地的肥沃程度、矿山的丰富程度等等；其次，劳动的社会力的日益改进，引起这种改进的是：大规模的生产，资本的积聚，劳动的结合，分工，机器，改良的方法，化学力和其他自然力的应用，利用交通和运输工具而达到时间和空间的缩短，以及其他各种发明，科学就是靠这些发明来驱使自然力为劳动服务，劳动的社会性质或协作性质也由于这些发明而得以发展。”[③]在这里，马克思论

①《马克思恩格斯全集》第37卷，人民出版社2019年版，第146—147页。
②《马克思恩格斯全集》第31卷，人民出版社1998年版，第100页。
③《马克思恩格斯文集》第3卷，人民出版社2009年版，第50—51页。

述了对社会生产力发展至关重要的三个基本条件：首先是自然条件，这是基础性的条件，也是人类生存、生产的基础；其次是生产方式的变化，分工、协作、物质资本的作用等；最后是科学技术的进步。这一概括，充分显示了马克思对人类生存及其生产实质和过程的认识。

在《资本论》第一卷中，马克思指出："劳动生产力是由多种情况决定的，其中包括：工人的平均熟练程度，科学的发展水平和它在工艺上应用的程度，生产过程的社会结合，生产资料的规模和效能，以及自然条件。"①在这里，马克思把"自然条件"放在了最后的位置，因为在人类生产力发展的新阶段上，许多生产要素已经居于自然条件之上，这些因素包括人（劳动者或工人）的作用、科学基础及其应用、社会生产关系。这是一种自然的"人化"的过程，它展示的是人在生产中的主体作用不断提高，即在生产力发展到一定程度之后，人和科学发展是社会生产力进步的根本力量。

科学技术在大规模生产过程中的广泛运用，进一步拓展了生产资料，特别是劳动对象的广泛的和深层次的利用。马克思认为："总的说来，这种再利用的条件是：这种排泄物必须是大量的，而这只有在大规模的劳动的条件下才有可能；机器的改良，使那些在原有形式上本来不能利用的物质，获得一种在新的生产中可以利用的形态；科学的进步，特别是化学的进步，发现了那些废物的有用性质。"②

在这里，马克思深刻阐明，由于生产规模的扩大及科学技术的

①《马克思恩格斯文集》第 5 卷，人民出版社 2009 年版，第 53 页。
②《马克思恩格斯文集》第 7 卷，人民出版社 2009 年版，第 115 页。

运用，原来被当作废料处理的生产资料和劳动对象，即马克思所说的“生产排泄物”和“消费排泄物”得到了再利用。19 世纪中叶，马克思就曾指出：“生产排泄物和消费排泄物的利用，随着资本主义生产方式的发展而扩大”，其原因就是“原料的日益昂贵，自然成为废物利用的刺激”[①]。对不变资本使用上的节约，一方面缘于资本追逐最大化利润的动机，另一方面基于科学技术的发展。在现代经济发展过程中，日益严重的资源危机使得人类对物质经济提出了疑问，于是产生了大量的对资源再利用的技术，并且随着物质资源匮乏的种种警告的出现，人类开始逐渐认识到单纯对自然资源的掠夺是对自身发展的一种障碍。在这一意义上，马克思对物质经济及其未来的走向，作出了深刻的和有远见的理解，对科学技术的发展及其对生产规模扩大后产生的作用，给予了准确的和富有创见的探索。

科学技术在生产力发展中的作用之一，就是加大了个别劳动转化为社会劳动的速度和规模，从而为现代化大生产和全社会的协作提供了理论基础。马克思在《57—58 年手稿》中指出：“在大工业的生产过程中，一方面，发展为自动化过程的劳动资料的生产力要以自然力服从于社会智力为前提，另一方面，单个人的劳动在它的直接存在中已成为被扬弃的个别劳动，即成为社会劳动。”[②]这就是说，随着时间的推移，科学技术的进步和社会生产力的发展，可能使原来的生产发展的基础——直接劳动被“社会活动的组合”所代替。这与科学所具有的独立性、渗透性、互补性和传导性的特点是

①《马克思恩格斯文集》第 7 卷，人民出版社 2009 年版，第 115 页。
②《马克思恩格斯全集》第 31 卷，人民出版社 1998 年版，第 105 页。

分不开的。现代社会生产力发展的实践证明了这一点。由于科学技术的发展，尤其是信息技术的发展，生产和交换全过程真正地被联结了起来，这是迄今为止的生产社会化的最高形式。

科学技术对资本扩张有着重要的推进作用。马克思指出：“正像只要提高劳动力的紧张程度就能加强对自然财富的利用一样，科学和技术使执行职能的资本具有一种不以它的一定量为转移的扩张能力。同时，这种扩张能力对原资本中已进入更新阶段的那一部分也发生反作用。资本以新的形式无代价地合并了在它的旧形式背后所实现的社会进步。”①

在对资本积累过程中劳动生产率进步作用问题的论述时，马克思提出，科学和技术在资本积累和资本运行中的作用，不仅使资本本身得到增殖，而且使资本利用原有的原材料的能力得到加强；由于科学和技术因素的加入，资本有可能在更为广泛的领域和范围发挥作用。这一意义上的资本扩张，就是科学和技术的资本主义利用形式所发生的新变化，它使资本更快地增殖，使资本的控制力得以加强。

在早期资本主义的发展甚至在帝国主义最初的发展中，虽然人本身是生产力中最革命的因素，但是，人始终是围绕着生产工具或机器进行活动的。在一般意义上，这被看作是生产工具在生产力发展中起着重要作用的体现；在特殊意义上，这被看作是劳动力对机器的一种隶属关系，这是人与物的异化。自从科学技术被广泛使用，人及其智力在经济发展中的作用日益显著。对此，马克思在《57—58 年手稿》中谈道：“随着大工业的发展，现实财富的创造

①《马克思恩格斯文集》第 5 卷，人民出版社 2009 年版，第 699 页。

较少地取决于劳动时间和已耗费的劳动量，较多地取决于在劳动时间内所运用的作用物的力量，而这种作用物自身——它们的巨大效率——又和生产它们所花费的直接劳动时间不成比例，而是取决于科学的一般水平和技术进步，或者说取决于这种科学在生产上的应用。（这种科学，特别是自然科学以及和它有关的其他一切科学的发展，本身又和物质生产的发展相适应。）例如，农业将不过成为一种物质变换的科学的应用，这种物质变换能加以最有利的调节以造福于整个社会体。”①

在耗费的劳动时间和劳动产品之间惊人的不成比例上，最主要的表现就是“劳动表现为不再像以前那样被包括在生产过程中，相反地，表现为人以生产过程的监督者和调节者的身分同生产过程本身发生关系”②。这其实已经证明科学研究独立性对资本增殖和生产关系变化的影响。在《61—63 年手稿》中，马克思进一步阐述了这样的思想：“随着资本主义生产的发展，科学和劳动相分离。与此同时，科学本身被应用到物质生产上去。”③显然，随着生产力的发展和资本主义生产关系的演进，人——特别是智力不断增长的人，成为生产力发展的前提。这样，对人及其智力在生产力活动中作用的研究、在生产关系变化中作用的研究，在经济学体系中的作用愈益重要。

正因为如此，科技革命对政治经济学理论体系的作用，已经超越了亚当·斯密在《国富论》中所论述的知识的作用，知识成为现代社会经济增长的基础和最基本的推动力，而这种推动力最根本的

①《马克思恩格斯全集》第 31 卷，人民出版社 1998 年版，第 100 页。
②《马克思恩格斯全集》第 31 卷，人民出版社 1998 年版，第 100 页。
③《马克思恩格斯全集》第 36 卷，人民出版社 2015 年版，第 334 页。

来源是人。只有人在对客观物质世界深刻认识的基础上，才能够发掘出加速生产力发展的因素。这就是说，经济学不仅要研究人与物的异化所导致的物对人的控制、资本对人的统治下人与人之间在生产中的关系，还要研究在人与物关系的复归条件下人与人在生产中形成的新的关系。

马克思经济学历来重视人的自由发展与社会经济全面增长之间的关系的研究，并把人的因素提升到了人类的历史、现代和未来的高度。把人以及人与人在生产过程中的相互关系摆在突出的位置，而不是把物的研究或者纯粹的资源配置的研究摆在突出的位置，这应该是经济学当代发展的显著特点之一，也是科技革命对当代经济学发展的新要求之一。

第九章　未来社会与人的现实联系和观念联系的全面性

马克思从来不打算教条式地预测未来社会，更不打算用未来社会的幻想图景作为救世之道；他只是希望在批判旧世界中发现新世界，只是希望在对现实的资本主义社会的批判分析中对未来社会作出科学的预测。即如马克思在《57—58 年手稿》中一再强调的：未来社会的产生是以现存的“物质条件和精神条件的发展为前提”的；正是资产阶级社会内部产生的“一些交往关系和生产关系”，才是“炸毁这个社会的地雷”。他认为：“如果我们在现在这样的社会中没有发现隐蔽地存在着无阶级社会所必需的物质生产条件和与之相适应的交往关系，那么一切炸毁的尝试都是唐·吉诃德的荒唐行为。”①

在《57—58 年手稿》中，马克思对未来社会的产生及其基本特征作了许多精辟的论述。当然，马克思所预言的取代资本主义社会的未来社会，并不是现存的社会主义社会。但是，从社会发展的趋势来看，现存的社会主义社会却是马克思所预言的未来社会发展的一个过渡阶段。因此，马克思在《57—58 年手稿》中对未来社

①《马克思恩格斯全集》第 30 卷，人民出版社 1995 年版，第 109 页。

会的理论思考，必然产生以下两方面的重要意义：一方面，马克思对未来社会据以产生的物质条件和精神条件的思考，对理解现存社会主义社会的特征具有十分重要的指导意义；另一方面，马克思对未来社会基本特征的思考，对理解现存社会主义社会的发展方向也有极其重要的启迪。

一、对未来社会产生的物质前提的思考

在《57—58 年手稿》中，马克思把人的现实联系和观念联系的全面性，看作是未来社会的根本特征。按照马克思的思路，个人的全面性决不是“想象的”或者是“设想的”，而是以全面发展的社会生产力形式为基础的。这就是说：“要达到这点，首先必须使生产力的充分发展成为生产条件，不是使一定的生产条件表现为生产力发展的界限。”①解放和全面发展生产力，是未来社会发展的根本动势。

马克思并不打算割裂联结人类社会世代发展的生产力的纽带，相反，他一直认为：“新的生产力和生产关系不是从无中发展起来的，也不是从空中，也不是从自己设定自己的那种观念的母胎中发展起来的，而是在现有的生产发展过程内部和流传下来的、传统的所有制关系内部，并且与它们相对立而发展起来的。”②未来社会产生的必然性并不存在于“观念的母胎中”，而是存在于资本主义所有制关系内部，存在于高度发展的社会生产力和越来越狭隘的生产

①《马克思恩格斯全集》第 30 卷，人民出版社 1995 年版，第 541 页。
②《马克思恩格斯全集》第 30 卷，人民出版社 1995 年版，第 236 页。

关系的矛盾冲突中。

马克思认为，资本主义社会生产力的发展具有二重性：一方面，资本总是“力求全面地发展生产力，这样就成为新的生产方式的前提，这种生产方式的基础，不是为了再生产一定的状态或者最多是扩大这种状态而发展生产力，相反，在这里生产力的自由的、无阻碍的、不断进步的和全面的发展本身就是社会的前提，因而是社会再生产的前提；在这里唯一的前提是超越出发点”；另一方面，资本所具有的全面发展生产力的趋势，“同时又是同资本这种狭隘的生产形式相矛盾的，因而把资本推向解体，这种趋势使资本同以往的一切生产方式区别开来，同时意味着，资本不过表现为过渡点”[①]。马克思正是以资本主义社会生产力发展的二重性为基点，展开对未来社会产生的物质前提问题的论述。

马克思从来不讳言资本主义制度中社会生产力的巨大进步这一事实。他认为，“资本是生产的，也就是说，是发展社会生产力的重要的关系”[②]。首先，资本主义生产力的发展，大大增加了超过工人维持生命力的直接需要而形成的剩余劳动，使“超过必要劳动的剩余劳动本身成为普遍需要，成为从个人需要本身产生的东西”，从而为人的需要的丰富性和人的发展的全面性创立了坚实的物质前提；其次，资本主义生产力的发展培育了劳动过程的“严格纪律”，并使之发展成“新的一代的普遍财产”；再次，资本主义生产力的发展，为科学在直接生产过程中的运用开创了广阔的前景，科学力量成为不费资本分文的生产力；最后，资本对科学力量的占

①《马克思恩格斯全集》第30卷，人民出版社1995年版，第539页。
②《马克思恩格斯全集》第30卷，人民出版社1995年版，第286页。

有，是通过使用机器实现的。因而，资本主义生产力的发展越来越多地表现为机器和机器体系的广泛运用，最终有可能使“劳动的社会将科学地对待自己的不断发展的再生产过程，对待自己的越来越丰富的再生产过程，从而，人不再从事那种可以让物来替人从事的劳动”。[①]

在马克思看来，资本主义生产力全面发展的历史功绩就在于：创造出一个普遍的劳动体系，创造出一个普遍利用自然属性和人的属性的体系。普遍的劳动体系，意味着社会各种生产发展越来越成为一个不断扩大和日益广泛的完整体；与之相适应，人的需要也不断地扩大为一个日益丰富的体系。而普遍利用自然属性和人的属性的体系，则意味着“要把自然科学发展到它的最高点；同样要发现、创造和满足由社会本身产生的新的需要。培养社会的人的一切属性，并且把他作为具有尽可能丰富的属性和联系的人，因而具有尽可能广泛需要的人生产出来——把他作为尽可能完整的和全面的社会产品生产出来”[②]。无论是普遍的劳动体系，还是普遍利用自然属性和人的属性的体系，都是马克思设想的未来社会中全面发展的人所必须具备的前提，而这一切又都依赖于社会生产力的高度发展。

应该看到，在《57—58 年手稿》中，马克思把未来社会看作是高度发达的资本主义生产方式发展的直接过渡形式。这时，未来社会的起点就是高度发展的社会生产力，这当然是在资本主义社会“母胎”内成长起来的生产力水平。但是，在现实中，取代资本主

①《马克思恩格斯全集》第 30 卷，人民出版社 1995 年版，第 286 页。
②《马克思恩格斯全集》第 30 卷，人民出版社 1995 年版，第 389 页。

义社会的现存的社会主义社会，从旧社会接受而来的并不是高度发展的社会生产力。马克思设想的未来社会，必然在现存的社会主义的基础上生长起来。因此，未来社会所必须具备的高度发展的社会生产力，自然应该在现存的社会主义基础上形成。没有高度发展的社会生产力水平，就不可能有未来社会的全面发展。

马克思在充分肯定资本主义社会生产力的巨大进步的同时，也十分强调资本主义狭隘的生产方式对生产力发展的极大限制。消除这些狭隘的限制，解放和发展社会生产力，成为马克思对未来社会产生的物质前提思考的重要论题。在《57—58 年手稿》中，马克思认为："作为资本的资本的生产率，并不是增加使用价值的生产力，而是资本创造价值的能力，是资本生产价值的程度。"[①]只有在增强资本价值增殖能力的限度内，生产力才能成为资本主义经济意义上的生产力。生产力的发展受到资本固有关系的限制。因此，在本质上，"资本既不是生产力发展的绝对形式，也不是与生产力发展绝对一致的财富形式"[②]。当对生产力的训育和发展，不能给资本带来剩余价值时，其就会被资本视作多余的累赘。

马克思认为，资本主义生产方式对生产力发展的限制，集中体现在以下四个方面。

第一，"必要劳动是活劳动能力的交换价值的界限，或产业人口的工资的界限"[③]。资本价值增殖的内在动力，驱使社会经济的发展必然以限制必要劳动为代价，从而强使劳动主体在"萎缩状态"下发展。因此，在这一意义上，资本生产力发展的局限性就在

①《马克思恩格斯全集》第 31 卷，人民出版社 1998 年版，第 18 页。
②《马克思恩格斯全集》第 30 卷，人民出版社 1995 年版，第 396 页。
③《马克思恩格斯全集》第 30 卷，人民出版社 1995 年版，第 396 页。

于：资本在具有无限度地提高生产力趋势的同时，又在极大程度上使主要生产力，即人本身片面化，使人本身的发展受到限制。

第二，“剩余价值是剩余劳动时间的界限；就相对剩余劳动时间来说，是生产力发展的界限”[①]。资本攫取剩余价值这一绝对规律，成为衡量社会生产力发展的唯一准则；当生产力的发展并不能直接创造剩余价值时，即使这是一种高度发展的生产力，也不可能转化为现实的、直接的生产力。资本不可避免地成为生产力发展的桎梏。

资本对生产力发展的以上两个限制表明：资本本身就是矛盾的，因为它总是力图取消必要劳动时间，但是剩余劳动时间总是作为对立物，总是同必要劳动时间对立地存在着，因此，资本把必要劳动时间作为它的再生产和价值增殖的必要条件。物质生产力的发展——同时又是工人阶级力量的发展——到一定时候就会扬弃资本本身。

第三，“向货币的转化，交换价值本身，是生产的界限；换句话说，以价值为基础的交换，或以交换为基础的价值是生产的界限”。

第四，“使用价值的生产受交换价值的限制；换句话说，现实的财富必须采取一定的、与自身不同的形式，即不是绝对和自身同一的形式，才能成为生产的对象”[②]。

以上两个限制表明，当商品生产和商品交换采取资本主义形式时，交换价值生产就成了社会生产的基础，用于满足社会需要的使用价值则受交换价值的限制。这已孕育着生产的无限扩大趋势和消

①《马克思恩格斯全集》第 30 卷，人民出版社 1995 年版，第 396 页。
②《马克思恩格斯全集》第 30 卷，人民出版社 1995 年版，第 396 页。

费的相对萎缩之间的矛盾。这一矛盾的发展，就可能导致为获取交换价值而进行的生产过程本身成为普遍的价值丧失过程。“因此很明显，资本的发展程度越高，它就越是成为生产的界限，从而也越是成为消费的界限，至于使资本成为生产和交往的棘手的界限的其他矛盾就不用谈了。”[①]

总之，资本主义生产方式的发展对生产力的种种限制表明，这一生产方式只是社会生产力世代发展的“一个必然的过渡点”。这就是说，资本的本质规定“已经自在地、但还只是以歪曲的头脚倒置的形式，包含着一切狭隘的生产前提的解体，而且它还创造和建立无条件的生产前提，从而为个人生产力的全面的、普遍的发展创造和建立充分的物质条件”。[②]

在现实中，直接取代资本主义的尽管不是马克思所设想的未来社会，而是现存的社会主义社会；但是，社会主义取代资本主义本身，从根本上说，也是为了解放生产力和发展生产力。一方面，社会主义生产资料公有制的建立，改变了社会生产的目的——社会生产不再是为了资本的价值增殖，而是为了提高劳动者的物质文化生活水平，即为了人的发展及其需要，从而消除了资本对生产力发展的固有限制。另一方面，社会主义具有自我完善和自我调节的机能，能适时地调整和改革经济发展中机制和体制上的失衡，改变那些束缚社会生产力发展的经济管理体制，给社会生产力的发展创造更为广阔的天地。

因此，在社会主义阶段，社会生产力的发展必然出现二重性

①《马克思恩格斯全集》第30卷，人民出版社1995年版，第397页。
②《马克思恩格斯全集》第30卷，人民出版社1995年版，第512页。

质：一方面，社会生产力的全面发展是社会主义生产方式存在与发展的物质前提，也是向马克思所设想的未来社会过渡的物质基点。在这一方面，社会主义新生产力决不是从“无”中发展而来的，它继承了旧的社会制度中留下的一切物质生产成果，吸收和借鉴了与之并存的其他社会制度中一切先进的、有用的物质生产力的经验。另一方面，社会生产力的发展也表现为对限制其发展的各种因素、机能、体制的改革和完善，在改革中逐步建立起适应社会生产力发展的经济运行机制和经济管理体制。社会生产力发展的世代连续性，规定了社会主义经济运行机制和经济管理体制改革与完善的长期性。

二、科学发展趋势与未来社会利用形式

19 世纪中叶，当资本主义经济发展中机器体系还只初具规模，生产的自动化还只初露端倪时，马克思就已敏锐地觉察到科学技术革命的强大潜能，就已对科学技术革命的实质及其对资本主义命运的影响作了深刻的分析，对科学在未来社会的发展趋势和利用形式问题作了预测和展望。

在马克思所处的资本主义时代，亘古未有的科学技术革命的爆发并不是偶然。这正如马克思在《57—58 年手稿》中所指出的：“劳动资料发展为机器体系，对资本来说并不是偶然的，而是使传统的继承下来的劳动资料适合于资本要求的历史性变革。”[①]概括地说，这种“历史性变革”，突出地表现在以下两个方面。

①《马克思恩格斯全集》第 31 卷，人民出版社 1998 年版，第 92 页。

第一，机器体系成为科学技术运用于生产过程的结晶。马克思认为，“直接从科学中得出的对力学规律和化学规律的分解和应用，使机器能够完成以前工人完成的同样的劳动。然而，只有在大工业已经达到较高的阶段，一切科学都被用来为资本服务的时候，机器体系才开始在这条道路上发展”①。马克思坚信，科学运用于生产过程，是适合社会发展的历史性变革，也是未来社会科学发展的方向。

第二，现代化大工业的发展，越来越依赖于科学这一“动因的力量”，科学成为推动社会生产发展的决定性力量。马克思相信，科学在直接生产上的应用本身就成为对科学具有决定性的和推动作用的要素。对于现代工业的发展来说，其根本的“动因的力量”，完全取决于一般的科学水平和技术进步，取决于科学在工艺上的应用。马克思同样坚信，科学在社会生产力发展上的这种“动因的力量”，在未来社会将表现得更为突出。这是因为，科学，特别是自然科学，以及和它有关的其他一切科学的发展，又和物质生产的发展相适应。随着未来社会物质生产的发展，科学的发展及其在生产过程中的运用也将更为可观。马克思举例说：“例如，农业将不过成为一种物质变换的科学的应用，这种物质变换能加以最有利的调节以造福于整个社会体。”②马克思对科学运用于生产过程而可能产生的光辉前景无限憧憬。

同时，马克思也深刻地感受到，科学在资本主义生产过程中的利用形式有其不可避免的局限性。这些局限性绝不是科学运用于生

①《马克思恩格斯全集》第 31 卷，人民出版社 1998 年版，第 99 页。

②《马克思恩格斯全集》第 31 卷，人民出版社 1998 年版，第 100 页。

产过程本身造成的，而是科学的资本利用形式造成的。马克思指出，在资本主义的利用过程中，“科学通过机器的构造驱使那些没有生命的机器肢体有目的地作为自动机来运转，这种科学并不存在于工人的意识中，而是作为异己的力量，作为机器本身的力量，通过机器对工人发生作用”①。按其本性而言，“资本的趋势是赋予生产以科学的性质，而直接劳动则被贬低为只是生产过程的一个要素”②。

因此，马克思相信，自然科学在生产过程和在工艺上运用的经济现实，预示着资本作为一种统治形式解体的必然性；绝不能把一切科学只有在资本主义时代才被广泛地运用于生产过程这一现实，反证资本主义才是利用科学最适当和最完善的时代。相反，马克思认为，资本主义经济过程中对科学利用形式上的局限性，完全是由资本主义生产关系本身造成的。只有在消除了资本主义生产关系的未来社会中，科学才能最广泛、最有效地利用于生产过程。在马克思看来，消除了资本主义生产关系弊端的未来社会，是有可能最适当、最完善地利用科学于生产过程的社会。

在《57—58 年手稿》中，针对资本主义社会科学发展和利用形式上的局限性，马克思对科学在未来社会中的发展趋势和利用形式作了极有价值的预测。

首先，马克思认为，科学在未来社会中的利用形式，将高扬劳动主体在生产过程中的地位；在对科学的实际运用过程中，劳动主体是作为社会活动的结合体的一部分出现的，是作为“个人的自我

①《马克思恩格斯全集》第 31 卷，人民出版社 1998 年版，第 91 页。
②《马克思恩格斯全集》第 31 卷，人民出版社 1998 年版，第 94 页。

实现”过程出现的。这时，劳动主体的活动，作为一种真正自由的劳动，一方面具有“社会性”，另一方面具有“科学性”。这就是说，“这种劳动不是作为用一定方式刻板训练出来的自然力的人的紧张活动，而是作为一个主体的人的紧张活动，这个主体不是以单纯自然的，自然形成的形式出现在生产过程中，而是作为支配一切自然力的活动出现在生产过程中”[①]。生产过程中劳动主体的异化状态已经复归，与此同时，劳动客体中存在的“自然力”，也完全服从于劳动主体结合的“社会智力”。

其次，劳动主体和劳动客体在直接生产活动中的控制关系得到调整。马克思认为，大工业发展的必然趋势就是，“直接劳动本身不再是生产的基础，一方面因为直接劳动变成主要是看管和调节的活动，其次也是因为，产品不再是单个直接劳动的产品，相反地，作为生产者出现的，是社会活动的结合”[②]。劳动主体借助科学的力量，改变了传统劳动过程的作用程序。这时，已经不再是工人把改变了形态的自然物作为中间环节放在自己和劳动对象之间；而是工人把由他“改变为工业过程的自然过程”作为“中介”放在自己和被他支配的无机自然界之间。工人不再是生产过程的主要当事者，而是站在生产过程的旁边。这样，劳动主体在直接生产过程中的功能发生了根本变化。劳动主体不再是直接的操作者，而是监督者和调节者，即劳动“表现为人以生产过程的监督者和调节者的身分同生产过程本身发生关系”[③]。

最后，马克思认为，科学运用于生产过程所发生的以上两个方

①《马克思恩格斯全集》第 30 卷，人民出版社 1995 年版，第 616 页。
②《马克思恩格斯全集》第 31 卷，人民出版社 1998 年版，第 105 页。
③《马克思恩格斯全集》第 31 卷，人民出版社 1998 年版，第 100 页。

面的变化，完全取决于“人对自然界的了解和通过人作为社会体的存在来对自然界的统治，总之，是社会个人的发展”[①]。这种“社会个人的发展”，集中表现为进行科学活动的主体和运用科学于直接生产过程的主体的有机结合。在这一意义上，马克思十分强调劳动主体自身的劳动技能的培养和科学知识的积累。他认为，“对于正在成长的人来说，这个直接生产过程同时就是训练，而对于头脑里具有积累起来的社会知识的成年人来说，这个过程就是［知识的］运用，实验科学，有物质创造力的和对象化中的科学”[②]。总之，未来社会的发展，为所有人的全面发展“腾出了时间和创造了手段”，而且“个人会在艺术、科学等等方面得到发展”[③]。

马克思对科学的发展趋势的预测，已为近一个世纪以来科学在生产过程中的实际运用和发展所证明；马克思对未来社会中科学利用形式的预测，已在现存的社会主义社会中部分地得到实现。同时，马克思的这些极有价值的预测，也给社会主义社会更适当、更完善地把科学运用于生产过程以重要启迪。在当代社会，科学在社会生产力发展中的作用，得到了前所未有的提高；在现存的社会主义社会，科学已无可置疑地成为社会生产力发展的第一要素。

三、对未来社会所有制理论的探索

在对未来社会经济关系的科学预测中，马克思特别强调未来社

①《马克思恩格斯全集》第 31 卷，人民出版社 1998 年版，第 101 页。
②《马克思恩格斯全集》第 31 卷，人民出版社 1998 年版，第 108 页。
③《马克思恩格斯全集》第 31 卷，人民出版社 1998 年版，第 101 页。

会生产资料公有制这一本质特征。马克思关于未来社会所有制性质的理论，是马克思创立的科学社会主义理论的重要组成部分，也是建立社会主义政治经济学理论体系的重要原理之一。纵观马克思思想发展的历史可以看到，马克思的这一理论，是在对资本主义经济关系的深入批判和研究中发现并得到科学论证的。

对资本主义私有制的批判，是马克思关于未来社会所有制理论形成和发展的起点。19 世纪 40 年代初，马克思在对政治经济学的最初研究中，就受恩格斯的《国民经济学批判大纲》的启发，把“私有制”列为对资本主义经济关系批判的起始范畴。在《1844 年经济学哲学手稿》中，马克思为自己的理论研究确定的两大任务之一就是：“从私有财产对真正人的和社会的财产的关系来规定作为异化劳动的结果的私有财产的普遍本质。”他还认为，“共产主义是对私有财产即人的自我异化的积极的扬弃”。这里所说的“积极的扬弃”，指的是“自觉实现并在以往发展的全部财富的范围内实现的复归”的“扬弃”[①]。这时，马克思已在“财产”这一较生产资料外延更为广泛的用语上，提出了共产主义的社会占有形式是对资本主义私人占有形式的直接否定这一重要结论。同时，马克思也强调，共产主义在财产占有形式上的变革，是以完全的、自觉的保存以往社会已有的全部物质财富为基础的。

19 世纪 40 年代后半期，马克思唯物史观的创立，使他对所有制范畴、所有制变革在社会经济形态演进中的意义等问题有了更为科学的认识。马克思在与恩格斯合著的《德意志意识形态》一书中指出：“分工的各个不同发展阶段，同时也就是所有制的各种不同

①《马克思恩格斯文集》第 1 卷，人民出版社 2009 年版，第 167、185 页。

形式。这就是说，分工的每一个阶段还决定个人在劳动材料、劳动工具和劳动产品方面的相互关系。”[①]分工作为社会生产力发展的结果，直接决定了各种所有制形式的性质及其演化关系。由社会生产力发展决定的所有制形式，既包括个人同劳动资料、工具等生产资料的关系，也包括个人同劳动产品的关系。马克思已把生产资料及其劳动产品的所有关系，看作是所有制的本质内容。据此，马克思和恩格斯提出了取代资本主义占有制的“无产阶级占有制”的概念。这一新型的所有制的特征就在于：在消除旧的社会分工和实现社会对全部生产的调节的基础上，“许多生产工具必定归属于每一个个人，而财产则归属于全体个人”[②]。

在稍后完成的《哲学的贫困》中，马克思在对资本主义私有制的批判中，更为深刻地认识到：“在每个历史时代中所有权是以各种不同的方式、在完全不同的社会关系下面发展起来的。因此，给资产阶级的所有权下定义不外是把资产阶级生产的全部社会关系描述一番。”[③]马克思已经完全清楚，任何社会的所有制关系，都不是一种孤立的关系，也不是一种抽象的和永恒的范畴。这里已奠定了马克思后来对未来社会所有制关系探讨的方法论基础。

接着，马克思在与恩格斯合著的《共产党宣言》中，从对资本主义生产力和生产关系的矛盾运动的分析中，揭示了资本主义私有制的历史命运，并把变革资本主义私有制确立为无产阶级革命的“基本问题”之一，提出了“共产主义的特征并不是要废除一般的所有制，而是要废除资产阶级的所有制”这一明确的革命目标，并

①《马克思恩格斯文集》第 1 卷，人民出版社 2009 年版，第 521 页。
②《马克思恩格斯文集》第 1 卷，人民出版社 2009 年版，第 581 页。
③《马克思恩格斯文集》第 1 卷，人民出版社 2009 年版，第 638 页。

把共产党人的理论概括为“消灭私有制”[①]。

马克思关于未来社会所有制问题的这些初步论述，主要是在运用唯物史观对资本主义制度进行整体考察中得出的。之后不久，在对1848年欧洲革命的反思中，在运用唯物史观对当时资本主义特殊事件的考察中，马克思首次对“无产阶级的占有制”的对象和主体问题作了科学的论证。在《1848年至1850年的法兰西阶级斗争》一书中，马克思明确提出：“劳动权就是支配资本的权力，支配资本的权力就是占有生产资料，使生产资料受联合起来的工人阶级支配，也就是消灭雇佣劳动、资本及其相互间的关系。”[②]后来，恩格斯高度评价了马克思的这一结论，认为马克思“在这里第一次提出了世界各国工人政党都一致用以扼要表述自己的经济改造要求的公式，即：生产资料归社会所有”。从而“第一次表述了一个使现代工人社会主义既与封建的、资产阶级的、小资产阶级的等形形色色的社会主义截然不同，又与空想的以及自发的工人共产主义所提出的模糊的财产公有截然不同的原理”[③]。无产阶级革命实践是马克思关于未来社会所有制理论发展的重要基础。

19世纪50年代初，马克思在对政治经济学的“重新”研究中，集中于对货币理论、危机理论和地租理论的探讨。与此同时，他十分注意所有制问题的研究，认真搜集有关所有制问题的现实材料和理论资料。在这一时期完成的《伦敦笔记》中，他就较为详细地摘录了有关西欧小农所有制和土地所有制历史演变的材料。这一时期，马克思还和恩格斯讨论了在东方社会经济关系中是否存在土

①《马克思恩格斯文集》第2卷，人民出版社2009年版，第45页。
②《马克思恩格斯文集》第2卷，人民出版社2009年版，第113页。
③《马克思恩格斯文集》第4卷，人民出版社2009年版，第536—537页。

地私有制关系的问题。他认为，“改造建立在农业基础上的所有制这种肮脏东西，应该成为未来的变革的核心”[①]。马克思的这些研究，为他以后从社会经济史的视角，阐明未来社会公有制产生的历史必然性作了重要的理论准备。

在《57—58 年手稿》中，马克思在对资本主义经济关系进行深入研究的同时，也对未来社会的所有制理论作了更深入的探讨。这时，马克思主要从政治经济学研究的视角，对未来共产主义社会公有制形成的客观必然性及其基本特征作了周详的论述。在《57—58 年手稿》和《61—63 年手稿》中，马克思创立的未来共产主义社会的所有制理论，可概括为以下两方面内容。

第一，对资本主义私有制向未来共产主义公有制过渡的历史必然性的探讨。马克思认为，资本主义生产方式的基本条件，或者说资本主义所有制的基本内容就在于，“工人丧失所有权，而对象化劳动拥有对活劳动的所有权，或者说资本占有他人劳动”[②]。在一定的历史条件下，资本主义所有制有其“伟大的文明作用”，它突出表现为“创造出社会成员对自然界和社会联系本身的普遍占有”。资本按照这种趋势，破坏以前社会中存在的一切的地方性的发展和对自然的崇拜，“摧毁一切阻碍发展生产力、扩大需要、使生产多样化、利用和交换自然力量和精神力量的限制”[③]。

但是，资本力图克服以往社会生产力发展受到的限制，并不等于它“实际上”已经克服了它们。因为旧社会存在的每一种限制，在本质上与生产资料私有制有着天然的联系。因此，资本在克服旧

①《马克思恩格斯文集》第 10 卷，人民出版社 2009 年版，第 91 页。
②《马克思恩格斯全集》第 31 卷，人民出版社 1998 年版，第 245 页。
③《马克思恩格斯全集》第 30 卷，人民出版社 1995 年版，第 390 页。

有限制的同时，新的限制又不断地产生，最后，“资本不可遏止地追求的普遍性，在资本本身的性质上遇到了限制，这些限制在资本发展到一定阶段时，会使人们认识到资本本身就是这种趋势的最大限制，因而驱使人们利用资本本身来消灭资本”①。

从社会发展的整个历史过程来看，资本主义所有制与先前存在的所有制是相对立的。在这之前的所有制，表现为劳动和所有权的“同一性”，即劳动主体以私人形式占有生产资料，并对自己的劳动产品拥有所有权；而资本主义所有制则表现为劳动主体不占有自己的劳动产品，劳动产品表现为他人财产，即“劳动表现为被否定的所有权，或者说，所有权表现为对他人劳动的异己性的否定”②。因此，资本主义私有制是对之前存在的小私有制的否定。

但是，资本主义私有制的发展，又必然造成对自身的否定，形成社会经济史发展中的否定之否定的过程。这时，与资本主义私有制相对立的就是劳动主体共同的生产能力，也成为他们共同的社会财富的所有制形式，亦即在共同占有和共同控制生产资料的基础上，以联合起来的个人所进行的自由交换为特征的社会所有制形式。当然，这种新型的所有制形式，完全是以物质条件和精神条件的发展为前提的。

马克思的这一探讨，深刻地揭示了资本主义私有制发展的历史趋势和未来社会公有制产生的客观必然性。在《57—58 年手稿》之后，马克思在《61—63 年手稿》和《资本论》第一卷中，对这一思想作出了更为深刻的表述。在《61—63 年手稿》中，马克思

①《马克思恩格斯全集》第 30 卷，人民出版社 1995 年版，第 390—391 页。
②《马克思恩格斯全集》第 30 卷，人民出版社 1995 年版，第 463 页。

认为，随着社会生产力的巨大发展，资本主义经济中“个别人占有生产条件不仅表现为不必要的事情，而且表现为和这种大规模生产不相容的事情”。资本主义生产方式发展中的这一“对立形式”，必然导致“社会地占有而不是作为各个私的个人占有这些生产资料”的结果，从而“资本主义所有制只是生产资料的这种社会所有制的对立的表现，即被否定的单个人对生产条件的所有制（从而对产品的所有制，因为产品不断转化为生产条件）的对立的表现”①。在《资本论》第一卷中，马克思通过对人类社会辩证发展过程的分析，揭示了资本主义私有制正在扬弃自身，正在为新社会的公有制经济创造物质前提的客观必然性。

第二，对未来社会公有制的本质规定及其在未来社会生产关系中的重要地位的探讨。在《57—58 年手稿》中，马克思只是从最一般的意义上概述了未来社会公有制的本质规定，他着重指出了三个方面的特征：一是对社会生产资料的“共同占有和共同控制”；二是“共同的社会生产能力”成为社会的共同财富；三是占有和控制这些生产资料的主体是“社会化的工人”，即以高度的“社会性”和“科学性”为基础结合起来的劳动主体，或者说是“联合起来的个人”。

马克思强调，生产资料公有制是未来社会全部生产关系和社会关系的“基础”。

首先，在这一基础上，社会宏观经济活动发生了本质变化，形成了以有计划分配社会劳动时间为特征的经济运行模式。这就是说，“劳动时间在不同的生产部门之间有计划的分配”，成为这一社

①《马克思恩格斯全集》第 37 卷，人民出版社 2019 年版，第 299—300 页。

会经济运行的"首要的经济规律"[①]。

其次，在"共同生产"的基础上，形成了新的消费品分配原则。"单个人的劳动一开始就被设定为社会劳动。因此，不管他所创造的或协助创造的产品的特殊物质的形态如何，他用自己的劳动所购买的不是一定的特殊产品，而是共同生产中的一定份额"，从而建立起来的是"某种以单个人参与共同消费为结果的劳动组织"[②]。这种以共同生产为基础、以社会劳动时间为尺度的个人消费品的分配原则，包含了马克思后来作了详尽阐述的按劳分配理论的基本思想。

最后，在生产资料公有制基础上，社会生产的目的发生了根本变化，社会生产完全是为了"实现符合社会全部需要的生产"[③]。于是，人及其需要、人的全面发展就成了社会经济发展的最高目标——"人不是在某一种规定性上再生产自己，而是生产出他的全面性"，如个人的需要、才能、享用的普遍发展，人对自然力的统治和充分利用，人的创造天赋的绝对发挥，等等，都成了社会经济发展的"目的本身"[④]。社会发展、社会享用和社会活动的全面性，也为社会生产力的全面发展提供了更高层次的主体因素。

四、时间节约规律与社会劳动时间的有计划分配

在《57—58 年手稿》中，马克思明确指出："时间的节约，以

---

①《马克思恩格斯全集》第 30 卷，人民出版社 1995 年版，第 123 页。
②《马克思恩格斯全集》第 30 卷，人民出版社 1995 年版，第 122 页。
③《马克思恩格斯全集》第 30 卷，人民出版社 1995 年版，第 123 页。
④《马克思恩格斯全集》第 30 卷，人民出版社 1995 年版，第 480 页。

及劳动时间在不同的生产部门之间有计划的分配，在共同生产的基础上仍然是首要的经济规律。这甚至在更加高得多的程度上成为规律。”①在马克思看来，时间的节约作为未来社会首要的经济规律，发生着两方面的作用：一是在经济运行中，时间的节约就意味着劳动时间在不同生产部门的有计划的分配。这是马克思对未来社会经济形式的深层次思考。二是在整个社会发展上，时间的节约就等于生产能力的发展，就等于必要时间的缩短和自由时间的增长。这是马克思对未来社会中人的全面发展的深层次思考。在这里，先对马克思关于时间的节约在社会经济运行中的作用问题作一些探讨。

早在 19 世纪 40 年代初，马克思在对政治经济学的初步研究中，就已表露了对资本主义无政府状态经济的否定。在《1844 年经济学哲学手稿》中，马克思已提出资本主义私有制中“经济规律盲目地支配着世界”的见解，他还赞赏经济学文献中关于资本积累和扩张将导致“生产过剩”的看法。但是，马克思这时还没提到未来社会经济运行的形式问题。

19 世纪 40 年代后半期，随着唯物史观的创立和对政治经济学的初步研究，马克思开始从社会经济“自发”和“自觉”运行这一视角，提出未来共产主义社会有计划经济形式的设想。他在与恩格斯合著的《德意志意识形态》一书中指出：“共产主义和所有过去的运动不同的地方在于：它推翻一切旧的生产关系和交往关系的基础，并且第一次自觉地把一切自发形成的前提看做是前人的创造，消除这些前提的自发性，使这些前提受联合起来的个人的支配。”这种“自觉”的“联合”，一方面自然是以当时已经发达的生产力

①《马克思恩格斯全集》第 30 卷，人民出版社 1995 年版，第 123 页。

为基础的，另一方面“把个人的自由发展和运动的条件置于他们的控制之下”[1]。这里的“条件”主要是指社会全体成员的生存条件，也就是社会赖以发展的生产资料和生活资料。发达的生产力水平和受社会控制的生产资料所有制形式，是形成“自觉”的、“联合”的社会经济形式的必要经济条件。这是马克思和恩格斯运用唯物史观基本原理，在对资本主义社会结构的探讨中得出的逻辑结论。

在《57—58 年手稿》中，马克思对未来社会经济运行形式问题作了开创性的研究，其中得出的最重要的结论就是：未来社会的经济运行是以有计划地分配社会劳动时间为基本特征的。

在“货币章”中，马克思在论及交换价值的“内在尺度”和外在的货币形式问题时认为，在商品经济中，货币作为商品交换的媒介，起着一般劳动时间的化身的作用。因此，商品经济的一般运行形式就是，“商品必须先同这种一般商品，同劳动时间的象征性的一般产品或化身相交换，然后才能作为交换价值随便同任何其他商品相交换，变形为任何其他商品”[2]。这就是说，货币对商品交换的调节，实质上是以劳动时间为其内在尺度的。不过，在商品经济运行中，从单个人的劳动来看，“劳动者的特殊劳动时间不能直接同任何其他特殊劳动时间相交换，它的这种一般交换能力还需要通过中介而取得，它必须采取与本身不同的、对象的形式，才能获得这种一般交换能力”[3]。

值得注意的是，马克思在论及商品经济一般运行形式时，以及

①《马克思恩格斯文集》第 1 卷，人民出版社 2009 年版，第 573—574 页。
②《马克思恩格斯全集》第 30 卷，人民出版社 1995 年版，第 118—119 页。
③《马克思恩格斯全集》第 30 卷，人民出版社 1995 年版，第 121 页。

后来在论及资本一般的性质时，都撇开了市场和市场机制问题。他曾提到："市场的抽象范畴应该放在什么地方，以后将会知道。"[①]尽管如此，马克思还是对市场和市场机制的最一般的意义作了一些提示，他认为，"每一种产品都必定要投入市场"，"产品只有到达市场才是处于经济流通中"，货币到产品的转化"形成各种不同的市场"等。[②]市场和市场机制是以货币为媒介的商品流通的必要场所和必要经济机制。

马克思始终认为，未来社会不存在商品经济，与商品经济相联系的交换价值、货币、市场等范畴也不再发生作用。因为在未来社会的经济运行中，"共同生产，作为生产的基础的共同性是前提"。在这一既定的前提下，"单个人的劳动一开始就被设定为社会劳动。因此，不管他所创造的或协助创造的产品的特殊物质的形态如何，他用自己的劳动所购买的不是一定的特殊产品，而是共同生产中的一定份额"。[③]

但是，在未来社会的经济运行中，也有与商品经济运行形式相同的方面，这就是决定商品经济中交换价值"实质"和"内在尺度"的劳动时间，在未来社会"仍有重要意义"。例如，社会为生产小麦、牲畜等物质产品所需要的劳动时间越少，社会用于其他物质产品生产和精神产品生产的时间就越多。因此，"正像单个人必须正确地分配自己的时间，才能以适当的比例获得知识或满足对他的活动所提出的各种要求一样，社会必须合乎目的地分配自己的时

①《马克思恩格斯全集》第 30 卷，人民出版社 1995 年版，第 241 页。
②《马克思恩格斯全集》第 30 卷，人民出版社 1995 年版，第 240、521、534 页。
③《马克思恩格斯全集》第 30 卷，人民出版社 1995 年版，第 122 页。

间，才能实现符合社会全部需要的生产”[①]。正是在这一意义上，马克思认为，劳动时间的节约应作为社会经济运行的“首要的经济规律”，“甚至在更加高得多的程度上成为规律”[②]。这一“更加高得多的程度”，指的就是未来社会经济运行中劳动时间在社会不同生产部门中的有计划的分配。

在马克思看来，未来社会经济运行形式，与商品经济条件下的运行形式具有本质的区别。但同时，马克思也不否认，就制约这两种经济运行形式的内在尺度来看，它们具有密切的联系，都是以社会劳动时间为其基本规定的。在商品经济中，社会劳动时间通过迂回的形式，以交换价值及其“化身”货币，通过市场和市场机制的作用而得到表现和实现。而在未来社会中，社会劳动时间以直接的社会形式，通过劳动在交换以前就成为一般劳动，再通过有计划分配的机制得到表现和实现。这也就是说，商品经济主要是通过“自发”的市场机制的作用，实现劳动时间在社会各生产部门之间的比例分配。未来社会经济主要通过“自觉”的计划机制的作用，实现劳动时间在社会各生产部门之间的比例分配。

《57—58 年手稿》对这两种经济运行形式本质区别的论述，显然是马克思对社会经济运行形式进行历时性考察所得出的结论。但是，如果从同时性的角度考察这两种经济运行形式，那么，它们在各自的表现和实现过程中所具有的相互兼容就变得明显起来，这种相互兼容的基础就是社会劳动时间。商品经济的运行实质上就是利用市场机制，由商品生产者个人对社会劳动时间进行自发的调节；

①《马克思恩格斯全集》第 30 卷，人民出版社 1995 年版，第 123 页。
②《马克思恩格斯全集》第 30 卷，人民出版社 1995 年版，第 123 页。

未来社会经济运行则利用计划机制，在全社会范围内对社会劳动时间进行自觉的调节。

毋庸置疑，马克思在《57—58 年手稿》中并没有论及这种兼容性。但是，1868 年马克思重提这一问题时曾指出：“没有一种社会形式能够阻止社会所支配的劳动时间以这种或那种方式调节生产”；因而“这种按一定比例分配社会劳动的必要性，决不可能被社会生产的一定形式所取消，而可能改变的只是它的表现方式，这是不言而喻的。自然规律是根本不能取消的。在不同的历史条件下能够发生变化的，只是这些规律借以实现的形式”[①]。马克思的这些论述，似乎是对他 10 年前的论述所作的补充说明。

在现存的社会主义经济中，建立以市场调节为社会资源配置主要手段的经济体已成为现实。这种体制并不排斥计划调节和计划机制的作用，因而仍然存在市场机制和计划机制的兼容性问题。应该看到，无论是市场机制还是计划机制，它们实质都是对社会劳动时间的调节形式，时间节约规律是这两种机制作用形式的内在规定。

五、人的现实联系和观念联系的全面性

人的全面发展问题是马克思思考未来社会特征的中心论题。在《57—58 年手稿》中，马克思对这一论题最集中的概述就是：“个人的全面性不是想象的或设想的全面性，而是他的现实联系和观念联系的全面性。由此而来的是把他自己的历史作为过程来理解，把对自然界的认识（这也作为支配自然界的实践力量而存在着）当作

①《马克思恩格斯文集》第 10 卷，人民出版社 2009 年版，第 276、289 页。

对他自己的现实躯体的认识。发展过程本身被设定为并且被意识到是这个过程的前提。但是，要达到这点，首先必须使生产力的充分发展成为生产条件，不是使一定的生产条件表现为生产力发展的界限。”①这不仅是对《57—58 年手稿》中有关这一论题的概述，也是马克思自 19 世纪 40 年代到 50 年代末长期研究这一论题的总结。

19 世纪 40 年代，马克思在对这一论题的最初研究中，就以唯物史观的基本原理为指导，提出了以下两个基本命题。

第一，人的发展问题，在其本质上是一定的社会关系总和的反映。在《关于费尔巴哈的提纲》中，马克思指出：“人的本质不是单个人所固有的抽象物，在其现实性上，它是一切社会关系的总和。”②纵观从前的一切唯物主义，它们都撇开社会历史的进程，抽象地、孤立地考察人及其本质，把人的本质及其发展理解为许多个人之间的一种纯粹的自然的联系。

第二，人的发展问题，应该从现实的生产力的发展状况、现实的社会经济关系的性质中去理解。马克思在与恩格斯合著的《德意志意识形态》一书中指出：“个人怎样表现自己的生命，他们自己就是怎样。因此，他们是什么样的，这同他们的生产是一致的——既和他们生产什么一致，又和他们怎样生产一致。因而，个人是什么样的，这取决于他们进行生产的物质条件。”③这就是说，对人的发展现状及其发展趋势的理解，应该从对生产力的发展、对生产力与生产关系矛盾运动性质的分析中去寻找。马克思当时已认识到，人的全面性发展问题，一方面取决于社会生产力的充分发展，另一

①《马克思恩格斯全集》第 30 卷，人民出版社 1995 年版，第 541 页。
②《马克思恩格斯文集》第 1 卷，人民出版社 2009 年版，第 505 页。
③《马克思恩格斯文集》第 1 卷，人民出版社 2009 年版，第 520 页。

方面取决于社会生产关系适应于生产力发展的性质，亦即生产条件和生产关系不表现为生产力发展的界限。

19 世纪 40 年代，马克思在对人的全面发展问题的最初研究中，提出了对他以后理解这一问题具有十分重要的价值的两条基本思路。

第一，从对资本主义私有制中人的发展现状的分析中，揭示出未来共产主义社会中人的全面发展的必然性。在《1844 年经济学哲学手稿》中，马克思通过对私有财产制和异化劳动性质的分析，揭露了资本主义社会人的发展现状："一方面随着分工的扩大，另一方面随着资本的积累，工人日益完全依赖于劳动，依赖于一定的、极其片面的、机器般的劳动。这样，随着工人在精神上和肉体上被贬低为机器，随着人变成抽象的活动和胃，工人也越来越依赖于市场价格的一切波动，依赖于资本的使用和富人的兴致。"[①]资本的分工，不仅使工人越来越片面化和从属化，而且使工人的整个劳动都成为一种被迫的强制劳动。马克思认为，在未来的共产主义社会，随着人向自身、向社会的人的复归，"人以一种全面的方式，就是说，作为一个完整的人，占有自己的全面的本质"[②]。

第二，从社会经济发展的历史转化中，揭示出人的全面发展是对人的片面性和从属性的一种积极的扬弃。在《1844 年经济学哲学手稿》中，马克思把共产主义看作是对私有财产制、人的异化的一种"积极的扬弃"，即是一种完全的、自觉的保存以往社会已有的全部物质财富的"扬弃"。同样，资本主义财产私有制和异化劳

① 《马克思恩格斯文集》第 1 卷，人民出版社 2009 年版，第 120 页。
② 《马克思恩格斯文集》第 1 卷，人民出版社 2009 年版，第 189 页。

动的发展，实际上也为未来社会人的全面发展奠定了现实条件。他认为，“通过私有财产及其富有和贫困——或物质的和精神的富有和贫困——的运动，正在生成的社会发现这种形成所需的全部材料；同样，已经生成的社会创造着具有人的本质的这种全部丰富性的人，创造着具有丰富的、全面而深刻的感觉的人作为这个社会的恒久的现实”①。

马克思在这一时期的其他著作，如《神圣家族》(与恩格斯合著)、《德意志意识形态》(与恩格斯合著)、《哲学的贫困》中，对这两条基本思路曾作过一些补充说明。

在《57—58 年手稿》中，马克思对这一论题的论证，不仅是对他早年研究的赓续，更是对这一论题研究的深化。

第一，通过对资本主义经济中生产力和生产关系矛盾性质及其发展趋势的分析，马克思对人的全面发展的社会经济基础作了科学论证。马克思多次指出，就资本的本性而言，它必然把财富、交换价值的生产，以及把对现有物质基础的不断变革，把社会生产力的全面发展，当作整个社会生产方式发展的前提。同时，这一生产方式的高度发展，必然产生其难以克服的限制，因为“这一切发展都是对立地进行的，生产力，一般财富等等，知识等等的创造，表现为从事劳动的个人本身的外化；他不是把他自己创造出来的东西当作他自己的财富的条件，而是当作他人财富和自身贫穷的条件。但是这种对立的形式本身是暂时的，它产生出消灭它自身的现实条件”②。马克思从人的异化的社会经济条件的分析中，得出了人的

①《马克思恩格斯文集》第 1 卷，人民出版社 2009 年版，第 192 页。
②《马克思恩格斯全集》第 30 卷，人民出版社 1995 年版，第 540—541 页。

全面发展的必然性。他认为，“生产力——财富一般——从趋势和可能性来看的普遍发展成了基础，同样，交往的普遍性，从而世界市场成了基础。这种基础是个人全面发展的可能性，而个人从这个基础出发的实际发展是对这一发展的限制的不断扬弃，这种限制被意识到是限制，而不是被当作神圣的界限”[①]。因此，人的全面发展决不是想象的或设想的，相反，它的必然性已深深蕴藏在现存的社会物质基础和社会生产关系之中。

第二，对人的全面发展，即人的全面性的内涵作了新的探讨。在《德意志意识形态》中，马克思和恩格斯在论及人的全面发展时，还主要是从消除旧的分工的角度说明其内涵的。他们曾提到：“在共产主义社会里，任何人都没有特殊的活动范围，而是都可以在任何部门内发展，社会调节着整个生产，因而使我有可能随自己的兴趣今天干这事，明天干那事，上午打猎，下午捕鱼，傍晚从事畜牧，晚饭后从事批判，这样就不会使我老是一个猎人、渔夫、牧人或批判者。”[②]马克思和恩格斯这一不无浪漫主义的论述，还没有阐明人的全面发展的深刻内涵。

在《57—58 年手稿》中，马克思对人的全面发展的高度概括就是：人的“现实联系和观念联系的全面性”。在“资本章”中，马克思在同资本主义社会中人的异化、片面化的比较研究中，对人的全面发展的内涵作了以下两方面说明。

一是针对资本主义剩余价值生产中人的异化的现状，马克思指出，未来社会的生产是为发展丰富的个性创造物质要素，因而“个

①《马克思恩格斯全集》第 30 卷，人民出版社 1995 年版，第 541 页。
②《马克思恩格斯文集》第 1 卷，人民出版社 2009 年版，第 537 页。

性无论在生产上和消费上都是全面的”[①]。个性在生产上的全面性，表现为人在劳动中已形成严格的纪律和普遍的勤劳，但人在劳动过程中不再从事那种可以让物来替代人从事的劳动，社会将科学地对待自己不断发展和越来越丰富的再生产过程；个性在消费上的全面性，表现为由人的需要本身产生的普遍需要得到充分的满足，人的享用、天赋和才能，在社会再生产过程中得到充分的发挥。总之，“人不是在某一种规定性上再生产自己，而是生产出他的全面性；不是力求停留在某种已经变成的东西上，而是处在变易的绝对运动之中”[②]。

二是个性在生产上和消费上的全面性，集中反映了个人生产力的全面性；而个人生产力的全面性又为社会物质产品和精神产品的发展开辟了更为广阔的前景。马克思在《57—58 年手稿》中提到的“个人生产力的全面的、普遍的发展”，主要是指消除了资本主义生产狭隘界限的、在共同占有生产资料基础上发展起来的、劳动者具有的高度科学和文明的生产能力。

马克思认为，一旦人在劳动过程中不再从事那种可以让物来替代人的劳动，劳动者就不再是劳动过程的直接当事人；劳动者通过调节改变为工业过程的自然过程，支配着无机自然界。马克思强调，“在这个转变中，表现为生产和财富的宏大基石的，既不是人本身完成的直接劳动，也不是人从事劳动的时间，而是对人本身的一般生产力的占有，是人对自然界的了解和通过人作为社会体的存在来对自然界的统治，总之，是社会个人的发展”[③]。社会个人的发

①《马克思恩格斯全集》第 30 卷，人民出版社 1995 年版，第 286 页。
②《马克思恩格斯全集》第 30 卷，人民出版社 1995 年版，第 480 页。
③《马克思恩格斯全集》第 31 卷，人民出版社 1998 年版，第 100—101 页。

展，即个人生产力的发展，成为社会物质产品和精神产品生产的最重要的前提。这也从根本上改变了资本主义经济中人的异化和人的片面性发展的状况。

马克思认为："全面发展的个人——他们的社会关系作为他们自己的共同的关系，也是服从于他们自己的共同的控制的——不是自然的产物，而是历史的产物。要使这种个性成为可能，能力的发展就要达到一定的程度和全面性，这正是以建立在交换价值基础上的生产为前提的，这种生产才在产生出个人同自己和同别人相异化的普遍性的同时，也产生出个人关系和个人能力的普遍性和全面性。"①

在《57—58 年手稿》中，马克思多次提到，在资本主义经济中，固定资本像一个"有灵性的怪物"把科学思想客体化。与此同时，科学知识对直接劳动者来说，却成为一种外在的、异己的东西。科学并不存在于工人的意识之中，而是作为异己的力量，作为机器本身的力量，通过机器对工人发生作用。资本在驱使劳动过程中物的因素的科学化的同时，也湮灭了劳动过程中人的因素的科学化；资本主义社会生产力的发展是以牺牲个人生产力的发展为昂贵代价的。相反，在共产主义社会中，在劳动过程中物的因素的科学化的同时，更是高扬了人的因素的科学化；社会生产力的发展是以个人生产力的全面发展为基础和目标的。

①《马克思恩格斯全集》第 30 卷，人民出版社 1995 年版，第 112 页。

第十章 《政治经济学批判》手稿与中国特色社会主义经济学的创新性发展

学习马克思主义基本理论是我们的必修课。2018 年，在纪念《共产党宣言》发表 170 周年之际，习近平指出："与时代同步伐，与人民共命运，关注和回答时代和实践提出的重大课题，是马克思主义永葆生机活力的奥妙所在。"在当代，在马克思主义中国化时代化的发展中，"我们要以科学的态度对待科学，以真理的精神追求真理，不断赋予马克思主义以新的时代内涵。我们要洞察时代风云，把握时代大势，站在人类发展前沿，积极探索关系人类前途命运的重大问题，为应对当今世界面临的全球性挑战、解决人类面临的共性问题贡献中国智慧、中国方案"。[①]这也是《政治经济学批判》手稿的基本理论在当代中国得以发展的道理和学理。

一、科学技术生产力理论在新时期和新时代的探索与创新

改革开放以来中国化时代化马克思主义的发展，突出地体现在

① 习近平：《论党的宣传思想工作》，中央文献出版社 2020 年版，第 315 页。

对马克思的《政治经济学批判》手稿关于科学技术生产力理论的运用和发展上。1978 年 3 月，在首次全国科学大会上，邓小平提到马克思的生产力理论时认为："科学技术是生产力，这是马克思主义历来的观点。早在一百多年以前，马克思就说过：机器生产的发展要求自觉地应用自然科学。并且指出：'生产力中也包括科学。'现代科学技术的发展，使科学与生产的关系越来越密切了。科学技术作为生产力，越来越显示出巨大的作用。"[①]马克思在写作《57—58 年手稿》时，劳动价值论和剩余价值论日臻完善，政治经济学学科体系开始形成。到 1858 年初，马克思不仅在《57—58 年手稿》"货币章"中对劳动价值论作了体系性阐释，还在"资本章"关于资本生产过程的阐释中，阐明了剩余价值理论的基本原理。正是在政治经济学体系基石奠定后，在"资本章"第二篇"资本的流通过程"的阐释中，马克思才作出"生产力中也包括科学"的新概括，才有马克思生产力理论的创见。邓小平在作出"科学技术是生产力"的新概括时，也是以他对政治经济学体系的理解为基础的，以他对马克思主义基本原理的整体把握为支撑的。在 1977 年和 1978 年，邓小平反复强调"必须从毛泽东思想的整个体系去获得正确的理解"，"要花相当多的功夫，从各个领域阐明"马克思列宁主义和毛泽东思想理论体系。[②]对马克思主义理论体系和基本原理的全面把握，是实现政治经济学理论创新的基础和前提。

生产力理论是马克思主义政治经济学的基本原理。在拨乱反正

①《邓小平文选》第 2 卷，人民出版社 1994 年版，第 87 页。
②《邓小平文选》第 2 卷，人民出版社 1994 年版，第 43—44 页。

的过程中，怎样澄清生产力理论认识中的种种偏误，怎样厘清生产力问题在中国社会主义经济关系中的意义，怎样理解生产力在中国社会主义经济增长和发展中的作用等问题，有其突出的理论的和实践的意义。“科学技术是生产力”的当代诠释，是马克思主义生产力理论中国话语形成的起点，也是中国特色社会主义政治经济学发轫的显著标识。首先，发展生产力是马克思主义的基本原则，是中国社会主义经济发展的基础。邓小平认为：“马克思主义的基本原则就是要发展生产力。马克思主义的最高目的就是要实现共产主义，而共产主义是建立在生产力高度发展的基础上的。”回顾中国社会主义经济建设的历史，邓小平指出：“社会主义的首要任务是发展生产力，逐步提高人民的物质和文化生活水平。从一九五八年到一九七八年这二十年的经验告诉我们：贫穷不是社会主义，社会主义要消灭贫穷。不发展生产力，不提高人民的生活水平，不能说是符合社会主义要求的。”[①]中国社会主义经济关系的历史发展，为生产力理论的中国话语确立了社会历史基础。其次，在推进改革开放的过程中，邓小平指出：“过去，只讲在社会主义条件下发展生产力，没有讲还要通过改革解放生产力，不完全。应该把解放生产力和发展生产力两个讲全了。”[②]解放生产力和发展生产力的“完全”，就是生产力和生产关系相结合的问题。“讲全”解放生产力和发展生产力的中国话语，抓住了新政治经济学的基本问题，显示了中国新政治经济学鲜明的时代特色。最后，以解放生产力和发展生产力为最基本的前提和最根本的规定性，邓小平对社会主义本质作

①《邓小平文选》第 3 卷，人民出版社 1993 年版，第 116 页。
②《邓小平文选》第 3 卷，人民出版社 1993 年版，第 370 页。

出了“解放生产力，发展生产力，消灭剥削，消除两极分化，最终达到共同富裕”的新概括。社会主义本质新概括是生产力理论中国话语的接续，拓展了中国特色社会主义政治经济学发展的新境界。

“最大限度解放和激发科技作为第一生产力所蕴藏的巨大潜能”的概括，是习近平在新时代对生产力理论的中国话语的崭新表达。根据 21 世纪以来中国和世界经济社会和科学技术发展的新态势，习近平 2014 年 6 月 3 日在国际工程科技大会上发表的“让工程科技造福人类、创造未来”的主旨演讲中，从工程科技推进科学技术进步，特别是从社会生产力发展的高度提出了“人类生存与社会生产力发展水平密切相关，而社会生产力发展的一个重要源头就是工程科技”。20 世纪下半叶信息技术引发的新工业革命，使社会生产和消费从工业化向自动化、智能化转变，使工程科技的发展出现“重大突破”，社会生产力再次发生革命性变革。工程科技成为经济社会发展及其过程的主要驱动力，实现了科学发现同产业发展的直接结合，使得科学技术第一生产力的作用与国家创新驱动发展战略的关系发生了深刻变化。习近平提出：“要发展就必须充分发挥科学技术第一生产力的作用。我们把创新驱动发展战略作为国家重大战略，着力推动工程科技创新，实现从以要素驱动、投资规模驱动发展为主转向以创新驱动发展为主。”①在工程科技的作用下，社会生产力的发展呈现出由数量增速向质态变化的新趋势。

在 2014 年 6 月 9 日召开的两院院士大会上，习近平再次提到：“党的十八大作出了实施创新驱动发展战略的重大部署，强调科技创新是提高社会生产力和综合国力的战略支撑，必须摆在国家发展

①《习近平关于科技创新论述摘编》，中央文献出版社 2016 年版，第 15 页。

全局的核心位置。”实施创新驱动发展战略，“最根本的是要增强自主创新能力，最紧迫的是要破除体制机制障碍，最大限度解放和激发科技作为第一生产力所蕴藏的巨大潜能”。[①]显然，“最大限度解放和激发科技作为第一生产力所蕴藏的巨大潜能”的新概括，同“科学技术是第一生产力”的理论融为一体，对新科学技术革命中生产力变革的新认识，是对马克思《57—58 年手稿》中生产力理论的中国话语的新表达，是马克思主义政治经济学理论在当代中国的新发展。

二、马克思社会发展思想在新发展理念中的创新性探索

新发展理念是对马克思主义政治经济学理论的当代运用和丰富，其中包含了对《57—58 年手稿》和《61—63 年手稿》中相关理论的当代阐释与现实应用。

在人的本质的意义上，马克思、恩格斯认为，人的全面发展是随着经济社会的发展而发展的，共产主义作为实现人的主观性与自然的客观性真正统一的新社会，最根本的就在于实现了人的自由且全面的发展，也就是“已经生成的社会创造着具有人的本质的这种全部丰富性的人，创造着具有丰富的、全面而深刻的感觉的人作为这个社会的恒久的现实”[②]。马克思以人的发展的三大形式理论，从政治经济学的意义上阐明了这一过程的必然性及其内涵。马克思在《57—58 年手稿》中指出，在社会经济关系的演进中，由于

①《十八大以来重要文献选编》中，中央文献出版社 2016 年版，第 19、21 页。

②《马克思恩格斯文集》第 1 卷，人民出版社 2009 年版，第 192 页。

“社会条件”的变化，作为生产主体的人的发展，以“人的依赖关系”为第一大形式的特征。这时，人的生产能力只是在狭窄的范围内和孤立的地点上发展着，人只是直接从自然界再生产自己。以物的依赖性为基础的人的独立性的形成，是第二大形式的特征。这时，一方面生产中人的一切固定的依赖关系已经解体，另一方面毫不相干的个人之间互相的全面的依赖，构成人们之间的社会联系，而这一联系的纽带就是普遍发展起来的产品交换关系，从而“人的社会关系转化为物的社会关系；人的能力转化为物的能力”。正是在这种普遍的社会物质交换关系中，才形成了人们之间的“全面的关系、多方面的需要以及全面的能力的体系”。第三大形式就是以自由个性发展为特征。这一社会形态中的“自由个性”，具有两方面的规定性：一是个人的全面的发展；二是人们共同的社会生产能力成为他们共同的社会财富。第三大形式的发展是以第二大形式的发展为基础的。[①]实现人的发展的第二大形式到第三大形式的演进，成为当代马克思主义政治经济学关于发展问题探讨的根本课题。

马克思在对社会经济关系发展问题的探讨中，虽然没有直接使用过“创新”概念，但他对创新的政治经济学意义还是作过多方面的论述的。马克思特别注重从生产力的根本变革的意义上，探讨生产力作为经济社会的“创新”源泉和动力问题。他认为，“蒸汽、电力和自动走锭纺纱机甚至是比巴尔贝斯、拉斯拜尔和布朗基诸位公民更危险万分的革命家”[②]。在《61—63 年手稿》中，马克思提出：“一旦生产力发生了革命——这一革命表现在工艺技术方

①《马克思恩格斯全集》第 30 卷，人民出版社 1995 年版，第 107 页。
②《马克思恩格斯文集》第 2 卷，人民出版社 2009 年版，第 579 页。

面——，生产关系也就会发生革命。”[①]以生产力发展和科学技术革命为根本牵引力的创新理念，既强调了科学技术作为社会生产力要素的根本驱动力量，又强调了这种驱动力量对经济运行、经济体制乃至经济制度变迁的根本推动力。恩格斯在对马克思这一理论取向进行评价时，认为："任何一门理论科学中的每一个新发现——它的实际应用也许还根本无法预见——都使马克思感到衷心喜悦，而当他看到那种对工业、对一般历史发展立即产生革命性影响的发现的时候，他的喜悦就非同寻常了。例如，他曾经密切注视电学方面各种发现的进展情况，不久以前，他还密切注视马塞尔·德普勒的发现。”[②]

创新处于新发展理念之首位，强调的是创新在培育发展新动力、形成促进新的体制框架、塑造更多驱动、发挥更多先发优势的引领型发展等方面的意义。创新是涵盖科学技术、经济运行、经济体制及经济制度的创新的总体理念，如习近平所指出的："实施创新驱动发展战略，最根本的是要增强自主创新能力，最紧迫的是要破除体制机制障碍，最大限度解放和激发科技作为第一生产力所蕴藏的巨大潜能。面向未来，增强自主创新能力，最重要的就是要坚定不移走中国特色自主创新道路，坚持自主创新、重点跨越、支撑发展、引领未来的方针，加快创新型国家建设步伐。”[③]创新发展理念彰显了马克思主义政治经济学关于创新思想的深刻内涵，展示了当代中国马克思主义政治经济学关于创新理念的新境界。

在马克思、恩格斯的经济思想中，经济运行和经济关系的协

①《马克思恩格斯全集》第 37 卷，人民出版社 2019 年版，第 100 页。
②《马克思恩格斯文集》第 3 卷，人民出版社 2009 年版，第 602 页。
③《十八大以来重要文献选编》中，中央文献出版社 2016 年版，第 21 页。

调，在根本上就是通过人类自身社会性的实践和交往方式，合理改变人与物和人与人之间的关系，使物质财富和对生产资料的占有不再是使人和人类社会“异化”的物质力量，而成为每个人自由且全面发展的现实条件。在《资本论》中，马克思在“自由人联合体”的概述中认为，社会对资源的分配方式，“会随着社会生产有机体本身的特殊方式和随着生产者的相应的历史发展程度而改变”，社会对社会经济过程的协调功能显著增长，人与自然的物质变换过程也真正成为人与自然“调节”发展的“自觉”的过程。[①]在《资本论》中，马克思还对社会化大生产条件下社会生产的部门和部类之间的协调发展理论作出了系统分析。

习近平在谈到协调发展理念时提到，“坚持协调发展、着力形成平衡发展结构，从推动区域协调发展、推动城乡协调发展、推动物质文明和精神文明协调发展、推动经济建设和国防建设融合发展四个方面展开”[②]。这是对马克思主义政治经济学关于协调经济社会发展思想的赓续，从多方面提升了中国特色社会主义经济学关于协调理论的视界。

绿色发展在根本上就是人与自然之间物质变换中的和谐协调问题，是事关人类社会发展的基本问题。从发展的自然的和物质的层面上看，发展意味着更有效地利用自然物质资源，不断改善人类生存的自然物质环境，使之符合人类的物质和精神需要，也就是自然的人化的过程和结果。马克思指出：“自然界，就它自身不是人的身体而言，是人的无机的身体。人靠自然界生活。这就是说，自然

①《马克思恩格斯文集》第5卷，人民出版社2009年版，第96页。

②《十八大以来重要文献选编》中，中央文献出版社2016年版，第776页。

界是人为了不致死亡而必须与之处于持续不断的交互作用过程的、人的身体。所谓人的肉体生活和精神生活同自然界相联系，不外是说自然界同自身相联系，因为人是自然界的一部分。”[①]马克思认为，自然界提供了人类劳动与生存的物质对象，没有自然界，人的现实的生活就失去了存在和发展的基础。人对自然界索取同人对自然界回馈之间的协调，既体现在社会生产力的发展水平上，“整个所谓世界历史不外是人通过人的劳动而诞生的过程，是自然界对人来说的生成过程”[②]，更体现在社会劳动过程中，一定形式的社会劳动，总是“制造使用价值的有目的的活动，是为了人类的需要而对自然物的占有，是人和自然之间的物质变换的一般条件，是人类生活的永恒的自然条件，因此，它不以人类生活的任何形式为转移，倒不如说，它为人类生活的一切社会形式所共有”[③]。

在马克思看来，这种“一切社会形式所共有”的人与自然的物质变化形式，在不同的经济的社会形态中有着不同的实现形式。在资本主义生产方式的历史演进中，曾经有过以牺牲生态来谋取资本利润的惨痛教训，马克思提到，“资本主义农业的任何进步，都不仅是掠夺劳动者的技巧的进步，而且是掠夺土地的技巧的进步”[④]。恩格斯更是在回溯人类久远的历史过程中指出：“我们每走一步都要记住：我们决不像征服者统治异族人那样支配自然界，决不像站在自然界之外的人似的去支配自然界——相反，我们连同我们的肉、血和头脑都是属于自然界和存在于自然界之中的；我们

①《马克思恩格斯文集》第 1 卷，人民出版社 2009 年版，第 161 页。
②《马克思恩格斯文集》第 1 卷，人民出版社 2009 年版，第 196 页。
③《马克思恩格斯文集》第 5 卷，人民出版社 2009 年版，第 215 页。
④《马克思恩格斯文集》第 5 卷，人民出版社 2009 年版，第 579 页。

对自然界的整个支配作用，就在于我们比其他一切生物强，能够认识和正确运用自然规律。”①

习近平指出：“要构筑尊崇自然、绿色发展的生态体系。人类可以利用自然、改造自然，但归根结底是自然的一部分，必须呵护自然，不能凌驾于自然之上。我们要解决好工业文明带来的矛盾，以人与自然和谐相处为目标，实现世界的可持续发展和人的全面发展。”②绿色作为中国发展理念的内涵，是对世纪之交中国生态文明建设实践经验的总结和理论探索的凝练，奠定了当代中国马克思政治经济学生态经济理论的坚实基础。

马克思在《资本论》中提到：“一般说来，世界市场是资本主义生产方式的基础和生活环境。但资本主义生产的这些比较具体的形式，只有在理解了资本的一般性质以后，才能得到全面的说明；不过这样的说明不在本书计划之内，而属于本书一个可能的续篇的内容。”③因此，在马克思政治经济学体系中，《资本论》在对“资本的一般性质”的探索中，诸如国际贸易、国际经济关系还不是其直接的叙述对象。开放发展理念，是对马克思预言的《资本论》“可能的续篇”中论述的国际经济关系和世界市场理论的新的拓展。在对国际经济关系的基本判断中，习近平认为：“经济全球化、社会信息化极大解放和发展了社会生产力，既创造了前所未有的发展机遇，也带来了需要认真对待的新威胁新挑战。”④中国开放发展的基本理念就是：“在经济全球化时代，各国要打开大门搞建

①《马克思恩格斯文集》第 9 卷，人民出版社 2009 年版，第 560 页。
②《十八大以来重要文献选编》中，中央文献出版社 2016 年版，第 697 页。
③《马克思恩格斯文集》第 7 卷，人民出版社 2009 年版，第 126 页。
④《十八大以来重要文献选编》中，中央文献出版社 2016 年版，第 695 页。

设，促进生产要素在全球范围更加自由便捷地流动。各国要共同维护多边贸易体制，构建开放型经济，实现共商、共建、共享。要尊重彼此的发展选择，相互借鉴发展经验，让不同发展道路交汇在成功的彼岸，让发展成果为各国人民共享。”[①]开放理念强调开创对外开放新格局，丰富对外开放内涵，提高对外开放水平。形成深度融合的互利合作的开放新格局等观点，是对中国改革开放理论的新的概括，也是当代中国马克思主义政治经济学关于国际经济关系和经济全球化理论的升华。

共享理念，强调共建共享相统一，注重机会公平，保障基本民生等观点。这是对马克思主义经典作家关于社会主义生产目的和社会主义基本经济规律理论、人的自由且全面发展思想的继承，是对马克思主义政治经济学理论视野的重要拓展。

三、马克思生产力和劳动过程理论在新质生产力中的创新性发展

党的十八大以来，习近平经济思想的形成和发展，从经济新常态、供给侧结构性改革，到新发展阶段、新发展理念、新发展格局，以及现代化经济体系、高质量发展，再到全面推进中国式现代化和新质生产力的理论探索和实践过程，是以生产力理论和现实为可靠依据，为发展引擎和推动力量的，由此也构成了新质生产力理论创新的思想过程。新质生产力理论的创新，是习近平经济思想中最具时代性和学理性的标志，是对中国经济学自主知识体系建构的

①《习近平外交演讲集》第 1 卷，中央文献出版社 2022 年版，第 276 页。

显著成就，是新时代“系统化的经济学说”及其“术语的革命”的最新成果，也是当代马克思主义社会生产力理论的科学革命。

马克思在《资本论》第一卷中明确提出，“劳动生产力是随着科学和技术的不断进步而不断发展的”[①]。2014 年 6 月 3 日，习近平在北京召开的国际工程科技大会上所作的“让工程科技造福人类、创造未来”的主旨演讲，提出了“工程科技与人类生存息息相关”的观点，作出了“人类生存与社会生产力发展水平密切相关，而社会生产力发展的一个重要源头就是工程科技”[②]的论断。工程科技作为“社会生产力发展的一个重要源头”，是习近平经济思想对劳动过程中社会生产力组织方式和结构形式变化的深刻概括。

从科学与技术结合的演进过程来看，劳动过程中“人的器官的延长”发生着由单一的直接的工具性“延长”向工程科技系统变革的转化；这一转化中，“人的器官的延长”开始以工程科技的系统形式，嵌入劳动者运用劳动资料、作用劳动对象的环节和过程之中，劳动者的直接劳动部分地甚至是全部地被工程科技环节或者过程所取代，劳动者的劳动本身也部分地甚至是全部地被游离出劳动过程。马克思在《57—58 年手稿》中，对劳动过程中工程科技这一变革特征就已经作出科学预测，认为科学作为生产的独立因素一旦形成，劳动过程就将成为科学的应用过程、科学就将成为生产过程的职能，科学作为应用于生产的科学也开始同直接的生产过程相分离，这时“劳动表现为不再像以前那样被包括在生产过程中，相反地，表现为人以生产过程的监督者和调节者的身分同生产过程本

①《马克思恩格斯文集》第 5 卷，人民出版社 2009 年版，第 698 页。
② 习近平：《让工程科技造福人类、创造未来》，《人民日报》2014 年 6 月 4 日。

身发生关系”[①]。劳动过程中工程技术潜藏的巨大势能，必将引发社会生产力新的质态变化。在马克思作出这一预测的一百多年后，在人类社会由信息技术快速进步引致的新工业革命中，工程科技系统地转化为推动生产方式从工业化向自动化、智能化迅速转变的巨大力量，社会生产力由此发生深刻的变革。

习近平站在新时代劳动过程变革的新高度，在对马克思这一科学预测的阐释中指出：“我们比以往任何时候都更加需要强大的科技创新力量。党的十八大作出了实施创新驱动发展战略的重大部署，强调科技创新是提高社会生产力和综合国力的战略支撑，必须摆在国家发展全局的核心位置。”[②]在对加快发展新质生产力的阐释中，习近平对工程科技发展格局作出了进一步阐释，提出“要及时将科技创新成果应用到具体产业和产业链上，改造提升传统产业，培育壮大新兴产业，布局建设未来产业，完善现代化产业体系。要围绕发展新质生产力布局产业链，提升产业链供应链韧性和安全水平，保证产业体系自主可控、安全可靠。要围绕推进新型工业化和加快建设制造强国、质量强国、网络强国、数字中国和农业强国等战略任务，科学布局科技创新、产业创新”[③]。

在这次国际工程科技大会的主旨演讲中，习近平还提出：“工程科技的每一次重大突破，都会催发社会生产力的深刻变革，都会推动人类文明迈向新的更高的台阶。”[④]工程科技作为社会生产力发

①《马克思恩格斯全集》第 31 卷，人民出版社 1998 年版，第 100 页。

②《十八大以来重要文献选编》中，中央文献出版社 2016 年版，第 19 页。

③《习近平在中共中央政治局第十一次集体学习时强调：加快发展新质生产力 扎实推进高质量发展》，《人民日报》2024 年 2 月 2 日。

④ 习近平：《让工程科技造福人类、创造未来》，《人民日报》2014 年 6 月 4 日。

展的重要源头和驱动力量，同时表现为向经济、文化、社会各领域的辐射和扩展，如习近平所指出的："当今世界，科学技术作为第一生产力的作用愈益凸显，工程科技进步和创新对经济社会发展的主导作用更加突出，不仅成为推动社会生产力发展和劳动生产率提升的决定性因素，而且成为推动教育、文化、体育、卫生、艺术等事业发展的重要力量。"习近平联系实际，从科学技术第一生产力在国家创新驱动发展战略中的地位和作用方面作出新的阐释，提出"发展是解决中国所有问题的关键。要发展就必须充分发挥科学技术第一生产力的作用。我们把创新驱动发展战略作为国家重大战略，着力推动工程科技创新，实现从以要素驱动、投资规模驱动发展为主转向以创新驱动发展为主"[①]。

在 2014 年 6 月 9 日召开的两院院士大会上，习近平对科学技术是第一生产力，以及其与工程技术的关系作出进一步论述，提出"党的十八大作出了实施创新驱动发展战略的重大部署，强调科技创新是提高社会生产力和综合国力的战略支撑，必须摆在国家发展全局的核心位置"[②]。创新驱动发展战略的实施，"最根本的是要增强自主创新能力，最紧迫的是要破除体制机制障碍，最大限度解放和激发科技作为第一生产力所蕴藏的巨大潜能"[③]。这种"巨大潜能"，一方面是由科学进步引起的，具体表现就是"学科交叉融合加速，新兴学科不断涌现，前沿领域不断延伸，物质结构、宇宙演化、生命起源、意识本质等基础科学领域正在或有望取得重大突破性进展"；另一方面是科学技术直接转化为生产力的结果，在工程科技

① 习近平：《让工程科技造福人类、创造未来》，《人民日报》2014 年 6 月 4 日。
②《十八大以来重要文献选编》中，中央文献出版社 2016 年版，第 19 页。
③《十八大以来重要文献选编》中，中央文献出版社 2016 年版，第 21 页。

的作用下，“信息技术、生物技术、新材料技术、新能源技术广泛渗透，带动几乎所有领域发生了以绿色、智能、泛在为特征的群体性技术革命”。站在时代发展的新高度，应该更加深刻地理解：“我们比以往任何时候都更加需要强大的科技创新力量。”①

显然，“最大限度解放和激发科技作为第一生产力所蕴藏的巨大潜能”的新概括，是驱动创新、驱动发展战略的最有力的引擎，是催生新产业、新模式、新动能的最强大的动力，也是破除体制机制障碍的最强劲的力量。这一新概括与科学技术是第一生产力的理论融为一体，是对新科学技术革命和新工业革命特征的新认识，是对劳动过程中社会生产力结构和方式部分质变的创新性探索，也是对新质生产力的劳动过程特征的创新性探索。

新质生产力是马克思经济思想在新时代的创新性理论。列宁在将唯物史观运用于哲学社会科学研究问题时认为：“只有把社会关系归结于生产关系，把生产关系归结于生产力的水平，才能有可靠的根据把社会形态的发展看做自然历史过程。”②2013 年 12 月，习近平在对“坚持历史唯物主义，不断开辟当代中国马克思主义发展新境界”问题的阐释时也认为：生产力理论为“分析社会发展提供了可靠依据”，“生产力发展是衡量社会发展的带有根本性的标准”③。党的十八大以后，作为“可靠依据”的社会生产力理论，成为习近平对中国经济学自主知识体系探索的思想精粹。

2024 年 2 月，习近平在中共中央政治局第 11 次集体学习的讲

①《十八大以来重要文献选编》中，中央文献出版社 2016 年版，第 19 页。
②《列宁专题文集·论辩证唯物主义和历史唯物主义》，人民出版社 2009 年版，第 161 页。
③ 习近平：《论党的宣传思想工作》，中央文献出版社 2020 年版，第 35 页。

话中指出："新质生产力是创新起主导作用，摆脱传统经济增长方式、生产力发展路径，具有高科技、高效能、高质量特征，符合新发展理念的先进生产力质态。它由技术革命性突破、生产要素创新性配置、产业深度转型升级而催生，以劳动者、劳动资料、劳动对象及其优化组合的跃升为基本内涵，以全要素生产率大幅提升为核心标志，特点是创新，关键在质优，本质是先进生产力。"[①]习近平对新质生产力这一阐释，结合了中国新发展阶段、新发展理念和新发展格局的实际，从学理上揭示了新质生产力的基本特征和重要标识，提炼了十八大以来中国经济学自主知识体系的精粹和要义，为准确把握新质生产力的理论内涵提供了学术和学理遵循。新质生产力所形成的"可靠依据"，不仅集中体现了中国经济学自主知识体系集成的精粹，还赋予了马克思主义生产力理论作为新时代"可靠依据"的新内涵，创立了中国特色"系统化的经济学说"的逻辑起点。

在《57—58 年手稿》中，马克思提到"主体是人，客体是自然"是社会生产力发展最简单的规定，也是检测社会生产力在特定阶段发展水平的基本因素。全面推进中国式现代化，首先就在于劳动者主体素质和能力的发展，在社会生产力要素上就是劳动者的劳动能力在科技创新的驱动下提升到新的高度，成长为掌握先进技术、知识和劳动技能并能够从事科技创新，适应数字化、智能化需要的新型劳动者。

中国式现代化最根本的是人的现代化。2024 年 1 月，在"国

①《习近平在中共中央政治局第十一次集体学习时强调：加快发展新质生产力 扎实推进高质量发展》，《人民日报》2024 年 2 月 2 日。

家工程师奖”首次评选表彰之际，习近平对工程师和工程科技在推进中国式现代化进程中的作用作出了阐释，提出了“希望全国广大工程技术人员坚定科技报国、为民造福理想，勇于突破关键核心技术，锻造精品工程，推动发展新质生产力，加快实现高水平科技自立自强，服务高质量发展，为以中国式现代化全面推进强国建设、民族复兴伟业作出更大贡献”[①]。习近平从突破关键核心技术、锻造精品工程、加快实现高水平科技自立自强等方面，对发展新质生产力与推进中国式现代化过程中劳动主体的发展作出了深刻阐释。2024 年 2 月，习近平在对“加快发展新质生产力 扎实推进高质量发展”问题的阐释时指出：“要按照发展新质生产力要求，畅通教育、科技、人才的良性循环，完善人才培养、引进、使用、合理流动的工作机制。要根据科技发展新趋势，优化高等学校学科设置、人才培养模式，为发展新质生产力、推动高质量发展培养急需人才。”[②]作为劳动主体的劳动者，要成为适应中国式现代化全部过程的需要，适应劳动过程革命性变化整体要求的新型劳动者。劳动主体自身的现代化发展水平，成为新质生产力作为中国式现代化的“可靠依据”的首要因素。

在劳动客体上，劳动资料和劳动对象同样发生着革命性变革。马克思指出：“各种经济时代的区别，不在于生产什么，而在于怎样生产，用什么劳动资料生产。劳动资料不仅是人类劳动力发展的

①《习近平在“国家工程师奖”首次评选表彰之际作出重要指示强调：坚定科技报国为民造福理想 加快实现高水平科技自立自强服务高质量发展》，《人民日报》2024 年 1 月 20 日。

②《习近平在中共中央政治局第十一次集体学习时强调：加快发展新质生产力 扎实推进高质量发展》，《人民日报》2024 年 2 月 2 日。

测量器，而且是劳动借以进行的社会关系的指示器。”[①]在新质生产力中，一方面劳动资料在科学技术变革巨大“潜能”的作用下，不仅生成了大批的更具智能化也更高效低碳的新型生产工具，而且劳动资料作用的深度和广度也得到了显著拓展；另一方面劳动对象在工程科技的作用下创新了数智化设施、新材料、新能源等劳动对象，拓新了物质形态的高端智能设备和非实体形态的数据等生产要素。

新质生产力以劳动者、劳动资料、劳动对象及其优化组合的跃升为基本内涵。在新质生产力的作用下，劳动主体和客体即劳动者和劳动资料、劳动对象的结合方法和方式发生着显著变化。马克思认为：“不论生产的社会的形式如何，劳动者和生产资料始终是生产的因素。但是，二者在彼此分离的情况下只在可能性上是生产因素。凡要进行生产，它们就必须结合起来。实行这种结合的特殊方式和方法，使社会结构区分为各个不同的经济时期。”[②]中国式现代化作为中国新发展阶段的标志，对劳动者和生产资料（劳动资料、劳动对象）要素的结合方法和方式，同样提出了要与新质生产力发展相适应的新要求。

这两个方面的优化组合，引致了新产业、新业态、新模式的产生，形成了驱动经济发展的新动能、新优势。生产力决定生产关系，生产关系反作用于生产力。新质生产力的作用过程，必然引起生产关系的革命性变化。不断改革和完善生产关系，形成新的体制机制、新的管理模式，成为促进新质生产力不断发展的重要保障。

①《马克思恩格斯文集》第 5 卷，人民出版社 2009 年版，第 210 页。
②《马克思恩格斯文集》第 6 卷，人民出版社 2009 年版，第 44 页。

从劳动过程中生产要素的结合方式上看，中国式现代化过程中劳动者和生产资料“这种结合的特殊方式和方法”，就是新质生产力的基本特征，就是新质生产力所昭示的科技革命和产业变革的新方向、新趋势，代表着先进生产力的发展标杆和前进方向。

四、资本理论与社会主义市场经济条件下资本问题的研究

在新发展阶段深化社会主义市场经济条件下资本理论问题的研究中，习近平作出了“对资本性质的理解逐步深化，对资本作用的认识更趋全面，对资本规律的把握更加深入，对资本运行的治理能力不断提高”[①]的总结性概述，这一概述也是对资本的性质、作用和规律理论的探索提出新的课题。

资本理论作为马克思政治经济学最重要的内容，作为马克思关于资本主义政治经济学最基本的理论，不仅对我们正确认识和理解当代资本主义问题，而且对我们“深化社会主义市场经济条件下资本理论研究”[②]，都有着重要的理论和方法论意义。马克思对资本理论的探索，主要是以《57—58 年手稿》“资本章”为思想历史逻辑和理论叙述逻辑起点的。在“资本章”对资本问题的开创性探索中，马克思作出的最突出的理论建树可以概括为三个“第一次”：第一次对资本理论体系结构作出开创性探索，奠定了马克思政治经

①《习近平谈治国理政》第 4 卷，外文出版社 2022 年版，第 218 页。

②《习近平在中共中央政治局第三十八次集体学习时强调：依法规范和引导我国资本健康发展 发挥资本作为重要生产要素的积极作用》，《人民日报》2022 年 5 月 1 日。

济学体系结构的理论基础和学理依循；第一次以“资本一般”和“许多资本”为线索，形成了资本特性和资本行为规律研究的理论主题；第一次对资本“总体”问题作出创造性探索，确定了资本理论历史性、社会性、阶级性的基本规定。这三个“第一次”意义上的创造性的理论探索，不仅为马克思之后正式出版《资本论》第一卷奠定了重要的理论基础，而且为当代中国“要加强新的时代条件下资本理论研究”[①]提供了深厚的思想资源。

在“资本章”中，“资本一般”和“许多资本”作为资本理论的“二分结构”，最重要的意义在于对资本的本质特征、展开形式和行为规律探索提出了新的思路，把资本理论分列为资本特性和资本行为规律这两个主要课题，展示了资本的历史性、社会性和阶级性的根本属性。

在《57—58 年手稿》的“资本章”中，马克思在最初提出“资本一般”（Das Kapital im Allgemeinen）范畴时就认为：“在这里作为必须同价值和货币相区别的关系来考察的资本，是资本一般，也就是把作为资本的价值同单纯作为价值或货币的价值区别开来的那些规定的总和。价值、货币、流通等等，价格等等，还有劳动等等也一样，都是前提。但是我们研究的既不是资本的某一特殊形式，也不是与其他各单个资本相区别的某一单个资本，等等。我们研究的是资本的产生过程。这种辩证的产生过程不过是产生资本的实际运动在观念上的表现。以后的关系应当看作是这一萌芽的发展。”[②]

①《习近平在中共中央政治局第三十八次集体学习时强调：依法规范和引导我国资本健康发展 发挥资本作为重要生产要素的积极作用》，《人民日报》2022 年 5 月 1 日。

②《马克思恩格斯全集》第 30 卷，人民出版社 1995 年版，第 269—270 页。

这里的“资本一般”范畴，是同“许多资本”（viele Kapitalien）相对应的范畴。“资本一般”和“许多资本”来源于黑格尔《逻辑学》的“一”和“多”的辩证思想。在黑格尔看来，“一”作为过程的起点，蕴含着“多”的最抽象的规定性；“多”作为过程的展开形态，既具有与“一”相区别的规定性，又存在与“一”有着内在联系的规定性。“资本章”提出的“资本一般”和“许多资本”及其转化关系的思想，是对黑格尔“一”和“多”的辩证思想的创新性运用。

“资本章”在对“许多资本”内涵的最初阐释中指出：“从概念来说，竞争不过是资本的内在本性，是作为许多资本彼此间的相互作用而表现出来并得到实现的资本的本质规定，不过是作为外在必然性表现出来的内在趋势。”在这种情况下，“资本是而且只能是作为许多资本而存在，因而它的自我规定表现为许多资本彼此间的相互作用”[①]。因此，“许多资本”是以多个资本之间的竞争为运动特征的资本形态，是“资本一般”内在规定性在众多资本运动中的展开形态。

“资本章”在对“资本一般”和“许多资本”辩证关系的阐释中提出：“按照资本的一般概念考察资本时，资本的一切要素是包含在资本中的，这些要素只有当资本实在地表现为许多资本时，才能获得独立的现实性，才能显示出来。那个在竞争范围内并且通过竞争而存在的内在的活的组织，只有这时候才更广泛地展开。”[②]在这一辩证关系中，“许多资本”是“资本一般”的更为具体的、现实的资本形态，一方面使资本的内在规定性获得外部的独立的形

①《马克思恩格斯全集》第 30 卷，人民出版社 1995 年版，第 394 页。
②《马克思恩格斯全集》第 30 卷，人民出版社 1995 年版，第 517 页。

态，展示出各别资本自身的、复杂的、具体的规定性；另一方面使竞争机制和机能在多个资本的行为过程中得以实现，在竞争过程中获得外在化形态。竞争在“许多资本”中的作用形式，既有助于对资本的“独立的现实性”的理解，也有助于对资本的“内在的活的组织”行为和全部过程的理解。

“资本章”提出的“资本一般”和“许多资本”的“二分结构”，直接成为马克思对资本理论的本质特性和行为规律两大主题探讨的理论特征和学理依循。《资本论》的资本理论结构，对“资本一般”和“许多资本”的理论特征和学理依循作出了创新性的运用。

习近平提出的“正确认识和把握资本的特性和行为规律”问题，把社会主义市场经济条件下的资本理论明确地分为资本“特性”和资本“行为规律”两个主要课题，赋予马克思提出的“资本一般”和“许多资本”理论以新的时代内涵：一方面是资本“特性”课题，突出对资本属性和本质规定的认识。在社会主义经济关系的作用下，“诸资本”中包括民营资本在内的多种资本形态，不仅在可能性上而且在国民经济现实中，同生产资料公有制“主体”的经济关系具有相兼容、相结合、相协同的基础；同时，包括民营资本在内的“诸资本”形态的属性并没有完全改变，如习近平所指出的：“资本主义社会的资本和社会主义社会的资本固然有很多不同，但资本都是要追逐利润的。‘合天下之众者财，理天下之财者法。’我们要探索如何在社会主义市场经济条件下发挥资本的积极作用，同时有效控制资本的消极作用。”[①]另一方面是资本“行为”

① 习近平：《正确认识和把握我国发展重大理论和实践问题》，《求是》2022 年第 10 期。

课题，突出对资本在具体经济运行和过程中的“行为”的认识，对“诸资本”的“行为”分析表明：“各类资本都不能横冲直撞。要防止有些资本野蛮生长。要反垄断、反暴利、反天价、反恶意炒作、反不正当竞争。”对“行为规律”的探讨，着力于“遏制资本无序扩张”，绝不是消除资本的有序竞争和积累的能动力，“不是不要资本，而是要资本有序发展”①。习近平对社会主义市场经济条件下资本“特性”和“行为”的关系、本质规定和运行过程的关系等课题作出了开创性的探讨。

“资本章”对资本理论的阐释，突出了对资本本质和特性及资本行为规律的总体关系和整体过程的探讨，凸显了马克思资本理论中“总体”的学理特色和方法要义。在“资本章”提出资本理论“三分结构”时，马克思对“总体”的学理特色作过如下说明：“新的生产力和生产关系不是从无中发展起来的，也不是从空中，也不是从自己设定自己的那种观念的母胎中发展起来的，而是在现有的生产发展过程内部和流传下来的、传统的所有制关系内部，并且与它们相对立而发展起来的。如果说，在完成的资产阶级体制中，每一种经济关系都以具有资产阶级经济形式的另一种经济关系为前提，从而每一种设定的东西同时就是前提，那么，任何有机体制的情况都是这样。这种有机体制本身作为一个总体有自己的各种前提，而它向总体的发展过程就在于：使社会的一切要素从属于自己，或者把自己还缺乏的器官从社会中创造出来。有机体制在历史上就是这样生成为总体的。生成为这种总体是它的过程即它的发展

① 习近平：《正确认识和把握我国发展重大理论和实践问题》，《求是》2022 年第 10 期。

的一个要素。”[①]

资本理论“总体”的学理特色主要在于：第一，既定社会占统治地位的所有制关系，都是现实的生产力和生产关系矛盾运动的产物和结果，也都同旧有的所有制关系保持着一定的联系，是在同旧有的所有制关系相对立的斗争中发展起来的。第二，在每一种“完成”的经济关系如在“完成的资产阶级体制”中，虽然已经“具有资产阶级经济形式”的性质，但仍然存有其他一些经济关系的“前提”。也就是说，每一种新的经济关系与旧有的经济关系之间存有多个方面的联系。第三，在由互为前提和互相联系的多种经济关系构成的“总体”中，占统治地位的所有制关系使这一“总体”中的各种关系和一切要素“从属于自己”，或者不断地把自己还缺乏的器官“从社会中创造出来”。马克思的结论就是：一方面“有机体制在历史上就是这样生成为总体的”；另一方面“生成为这种总体是它的过程即它的发展的一个要素”[②]。

资本理论“总体”的这些学理特色，在“资本章”之前撰写的《导言》中已经涉及。在《导言》中，马克思在对资本运行和行为过程“总体”的阐释中提出：“在一切社会形式中都有一种一定的生产决定其他一切生产的地位和影响，因而它的关系也决定其他一切关系的地位和影响。这是一种普照的光，它掩盖了一切其他色彩，改变着它们的特点。这是一种特殊的以太，它决定着它里面显露出来的一切存在的比重。”[③]在资本主义经济关系的“总体”中，资本就是“普照的光”“特殊的以太”，就是资产阶级社会“有机体

① 《马克思恩格斯全集》第 30 卷，人民出版社 1995 年版，第 236—237 页。
② 《马克思恩格斯全集》第 30 卷，人民出版社 1995 年版，第 237 页。
③ 《马克思恩格斯选集》第 2 卷，人民出版社 2012 年版，第 707 页。

制”中“支配一切的经济权力”①。

资本作为“普照的光”，不仅决定着而且改变着存在于资本主义经济关系“总体”中其他一切经济关系和经济范畴的“色彩”和“比重”，即“总体”中存在的各种非资本主义经济关系的成分或因素，发生着性质上的部分变化或本质上的局部改变。这是因为，“总体”的根本性质是由占据主体地位的经济关系的性质决定的；存在于这一“总体”中的各经济范畴，所反映的只是经济关系总体的个别侧面或局部规定，这些范畴“只能作为一个具体的、生动的既定整体的抽象的单方面的关系而存在”②，甚至总体内存在的各范畴先后次序的排列，也不取决于它们在历史上起决定作用的先后次序，而是由“普照的光”来测定和评价它们各自在这一“总体”中的地位和作用，决定它们在这一“总体”中的相互关系。

对社会主义市场经济条件下资本理论“总体”的探讨，始于党的十四大确立社会主义市场经济为我国经济体制目标模式之后。1993 年，党的十四届三中全会通过的《中共中央关于建立社会主义市场经济体制若干问题的决定》，第一次使用了“资本”范畴，从金融市场意义上提出“资本市场要积极稳妥地发展债券、股票融资”③。党的十五大在确立公有制为主体、多种所有制经济共同发展为社会主义初级阶段的基本经济制度时，提出“股份制是现代企业的一种资本组织形式，有利于所有权和经营权的分离，有利于提高企业和资本的运作效率，资本主义可以用，社会主义也可以用”，特别提到“劳动者的劳动联合和劳动者的资本联合为主的集

①《马克思恩格斯选集》第 2 卷，人民出版社 2012 年版，第 707 页。
②《马克思恩格斯选集》第 2 卷，人民出版社 2012 年版，第 701 页。
③《十四大以来重要文献选编》上，人民出版社 1996 年版，第 528 页。

体经济，尤其要提倡和鼓励”[①]。2003 年 10 月，党的十六届三中全会通过的《中共中央关于完善社会主义市场经济体制若干问题的决定》在提出“大力发展资本和其他要素市场”时强调：“积极推进资本市场的改革开放和稳定发展，扩大直接融资。建立多层次资本市场体系，完善资本市场结构，丰富资本市场产品”[②]。2005 年 2 月《国务院关于鼓励支持和引导个体私营等非公有制经济发展的若干意见》提出：“大力发展国有资本、集体资本和非公有资本等参股的混合所有制经济。”[③]

党的十八大以来，习近平在对社会主义市场经济条件下资本理论的探讨中，创造性地运用了马克思资本理论“总体”的学理和方法。2013 年，党的十八届三中全会通过的《中共中央关于全面深化改革若干重大问题的决定》在提出“积极发展混合所有制经济”问题时指出，混合所有制经济是“基本经济制度的重要实现形式，有利于国有资本放大功能、保值增值、提高竞争力，有利于各种所有制资本取长补短、相互促进、共同发展”[④]。在这一阐释中，首次提出的“所有制资本”的概念，对于揭示社会主义市场经济条件下资本的多种形态及其基本特征问题有着重要的意义。“所有制资本”，一是突出生产资料所有制形式及其本质特征同资本形态及其性质的内在的本质联系；二是明确社会主义初级阶段所有制结构中资本形态多样性的内在必然性；三是确定公有制为主体的前提下资本整体结构中公有资本的主体地位。在对“所有制资本”概念认识

①《十五大以来重要文献选编》上，人民出版社 2000 年版，第 22 页。
②《十六大以来重要文献选编》上，中央文献出版社 2005 年版，第 470 页。
③《十六大以来重要文献选编》中，中央文献出版社 2006 年版，第 686 页。
④《十八大以来重要文献选编》上，中央文献出版社 2014 年版，第 515 页。

的基础上，十八届三中全会相应地提出了涵盖“国有资本”和“集体资本”的“公有资本”概念，也提出了与“公有资本”相对应的“非公有资本”概念。

站在新发展阶段社会主义市场经济历史与现实发展的高度上，习近平指出：“我国改革开放 40 多年来，资本同土地、劳动力、技术、数据等生产要素共同为社会主义市场经济繁荣发展作出了贡献，各类资本的积极作用必须充分肯定。现阶段，我国存在国有资本、集体资本、民营资本、外国资本、混合资本等各种形态资本，并呈现出规模显著增加、主体更加多元、运行速度加快、国际资本大量进入等明显特征。”[①]以“所有制资本”为思想要义，习近平在此第一次提出了涵盖“国有资本、集体资本、民营资本、外国资本、混合资本等各种形态资本”在内的“资本结构”概念。社会主义市场经济条件下的“资本结构”，在“总体”关系上，与社会主义初级阶段所有制的“总体”关系和结构相对应。在“资本结构”的“总体”关系中，与生产资料公有制相联系的国有资本和集体资本，是这一资本形态结构的“普照的光”，在对其他各种资本形态作用的过程中，使得其他各种资本形态发生着性质上的部分变化或本质上的局部改变。

在社会主义初级阶段经济关系的总体中，非公有资本改变着自身的“色彩”和“比重”，如习近平指出的：“包括非公有资本在内的各类资本活力，发挥其促进科技进步、繁荣市场经济、便利人民生活、参与国际竞争的积极作用，使之始终服从和服务于人民和国家利益，为全面建设社会主义现代化国家、实现中华民族伟大复兴

①《习近平在中共中央政治局第三十八次集体学习时强调：依法规范和引导我国资本健康发展 发挥资本作为重要生产要素的积极作用》，《人民日报》2022 年 5 月 1 日。

贡献力量。”[①]由此形成了非公有资本在社会主义经济关系总体作用下的“积极作用”。这些“积极作用”是社会主义公有制经济“普照的光”作用的结果，也是非公有资本在这一总体中才呈现的“色彩”，才显露的“比重”。但同时，非公有资本主要如民营资本自身固有的资本属性和本质规定性依旧发生着作用，特别是“资本具有逐利本性”及“以权力为依托的资本逐利行为”等还在不同程度上发生作用，与社会主义经济关系“总体”的属性是相矛盾的。随着社会主义公有制经济形态主体作用的增强，这一矛盾的对抗性质虽然可能逐渐减弱，但不可能完全消除，在许多场合甚至还会导致一定的冲突。这一过程中产生的各种经济行为，就是民营资本仍然存在的“消极作用”。

习近平在提到正确理解和对待资本的“积极”和“消极”这两个方面的作用时指出：“要历史地、发展地、辩证地认识和把握我国社会存在的各类资本及其作用。在社会主义市场经济体制下，资本是带动各类生产要素集聚配置的重要纽带，是促进社会生产力发展的重要力量，要发挥资本促进社会生产力发展的积极作用。同时，必须认识到，资本具有逐利本性，如不加以规范和约束，就会给经济社会发展带来不可估量的危害。”立足新发展阶段、贯彻新发展理念、构建新发展格局、推动高质量发展的新的实践，将形成中国特色的“正确处理不同形态资本之间的关系，在性质上要区分，在定位上要明确，规范和引导各类资本健康发展”[②]的新

①《习近平在中共中央政治局第三十八次集体学习时强调：依法规范和引导我国资本健康发展 发挥资本作为重要生产要素的积极作用》，《人民日报》2022 年 5 月 1 日。

②《习近平在中共中央政治局第三十八次集体学习时强调：依法规范和引导我国资本健康发展 发挥资本作为重要生产要素的积极作用》，《人民日报》2022 年 5 月 1 日。

思想和新道路。

在“资本章”中，马克思在对资本带来社会生产力巨大进步进行阐释的同时，也深刻揭示了资本主义生产方式对生产力发展的极大限制。在一定的历史条件下，资本私有制有其“伟大的文明作用”，它破坏以前社会中存在的一切的地方性的发展和对自然的崇拜，“摧毁一切阻碍发展生产力、扩大需要、使生产多样化、利用和交换自然力量和精神力量的限制”[①]。资本逻辑是资本辩证历史的逻辑，马克思认为，资本虽然具有克服以往社会生产力发展受到的限制的意向，但并不等于它“实际上”就能克服这些限制；相反，资本在克服旧有限制的同时也在不断产生新的限制，最后“资本不可遏止地追求的普遍性，在资本本身的性质上遇到了限制，这些限制在资本发展到一定阶段时，会使人们认识到资本本身就是这种趋势的最大限制，因而驱使人们利用资本本身来消灭资本”[②]。

社会主义市场经济条件下的资本特性和行为规律，已经从根本上摆脱了资本主义经济关系中的羁绊；但是，在新发展阶段五种资本并存的资本格局下，公有资本和非公有资本之间、国内资本和国际资本之间，还可能出现社会主义市场经济条件下特有的“限制”，特别是在社会主义资本总体关系还不成熟的情况下，防止这些“限制”，着力于资本治理还是十分重要的课题。显然，对资本主义经济关系中各种“限制”和“界限”的研究就成为重要的课题，这对社会主义市场经济条件下形成有效的资本治理结构是有重要的借鉴意义的。

---

①《马克思恩格斯全集》第 30 卷，人民出版社 1995 年版，第 390 页。

②《马克思恩格斯全集》第 30 卷，人民出版社 1995 年版，第 390—391 页。